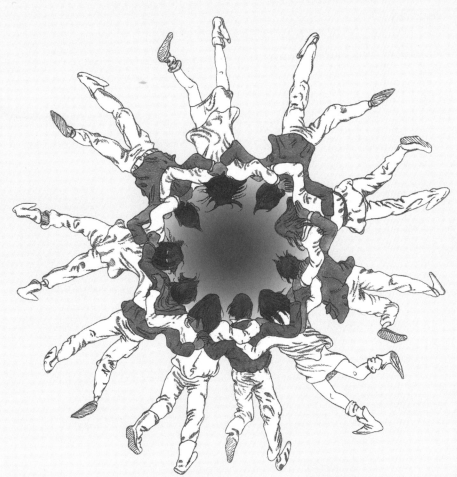

Treffpunkt RU 5/6

Neuausgabe

Kösel

Treffpunkt RU – Neuausgabe
Unterrichtswerk für katholische Religionslehre in der Sekundarstufe I
Lehrerkommentar
Jahrgangsstufe 5/6

Herausgegeben von Prof. Dr. Clauß Peter Sajak
in Zusammenarbeit mit Ann-Kathrin Muth

Erarbeitet von Dr. Claudia Gärtner, Ute Lonny-Platzbecker, Dieter Miedza, Gabriele Otten, Olaf Windeln, Dr. Jan Woppowa

Bitte beachten Sie:
Das Internet ist ein schnelllebiges Medium, dessen Inhalte sich einer wirksamen Kontrolle entziehen. Herausgeber, Autorinnen, Autoren und der Verlag haben sich bei allen Link-Angaben im Lehrerkommentar bemüht, ausschließlich »langlebige« Adressen seriöser Quellen anzugeben, die jugendgemäß sind und keinerlei Gewalt verherrlichende, diskriminierende, pornografische oder sonstige sittenwidrige Inhalte transportieren. Alle Angaben werden auch bei jeder Neuauflage der Bücher überprüft. Dennoch kann nicht restlos ausgeschlossen werden, dass durch Veränderungen (z.B. Übernahme einer Domain durch einen neuen Inhaber) unerwünschte Inhalte auf den Seiten stehen, Links nicht mehr funktionieren oder auf andere Seiten mit unerwünschten Inhalten verweisen. Der Verlag, die Herausgeber und alle Autorinnen und Autoren von *Treffpunkt RU* distanzieren sich von solchen Inhalten, weisen Sie als Lehrkraft auf die besondere Aufsichtspflicht bei der Nutzung des Internets im Unterricht hin und bitten Sie um Hinweise an den Verlag, sollten Ihnen unerwünschte Inhalte auf den angegebenen Internetseiten auffallen.
Vielen Dank für Ihre Bemühungen!
Der Herausgeber, die Autorinnen und Autoren von Treffpunkt RU und der Kösel-Verlag

Folgt der aktuellen Rechtschreibung (2006)
Das Werk und seine Teile sind urheberrechtlich geschützt.
Jede Verwertung in anderen als den gesetzlich zugelassenen
Fällen bedarf deshalb der vorherigen schriftlichen Einwilligung des Verlags.
Hinweis zu § 52 a UrhG: Weder das Werk noch seine Teile
dürfen ohne eine solche Einwilligung eingescannt und
in ein Netzwerk eingestellt werden.
Das gilt auch für Intranets von Schulen
oder sonstigen Bildungseinrichtungen.

ABKÜRZUNGSVERZEICHNIS

AA:	Arbeitsauftrag
AB:	Arbeitsblatt
atl:	alttestamentlich
EA:	Einzelarbeit
GA:	Gruppenarbeit
HA:	Hausaufgabe
KG:	Kleingruppen
L:	Lehrer/in(nen)
LP:	Lehrplan
ntl:	neutestamentlich
OHP:	Overheadprojektor
PA:	Partner(innen)arbeit
RU:	Religionsunterricht
Sch:	Schüler/in(nen)
TA:	Tafelanschrieb
UE:	Unterrichtseinheit
UG:	Unterrichtsgespräch

Copyright © 2010 by Kösel-Verlag, München,
in der Verlagsgruppe Random House GmbH
Umschlag: Kaselow-Design, München, unter Verwendung eines Motivs
von Peter Schimmel
Satz: Kösel-Verlag, München
Notensatz: Christa Pfletschinger, München
Illustration: Maria Ackmann, Hagen
Druck und Bindung: Franz X. Stückle Druck und Verlag, Ettenheim
Printed in Germany

ISBN 978-3-466-50790-0

Der **Kösel-Verlag** ist Mitglied im »Verlagsring Religionsunterricht« (VRU), www.vru-online.de
www.koesel.de

Vorwort

Der fachdidaktische Ansatz der **Kompetenzorientierung** ist inzwischen auch im Religionsunterricht verpflichtend geworden. Die meisten Bundesländer haben inzwischen kompetenzorientierte Curricula für den Katholischen Religionsunterricht vorgelegt, in denen nicht mehr zentral vorgeschriebene Inhalte die Unterrichtsprozesse lenken sollen, sondern Kompetenzen, also konkrete Problemlösefähigkeiten von Schülerinnen und Schülern in den Mittelpunkt gerückt werden.

Der vorliegende didaktische *Lehrerkommentar* will Ihnen **Anregung und Unterstützung** geben, mit unserem bewährten Unterrichtswerk *Treffpunkt RU* Ihren Religionsunterricht kompetenzorientiert zu planen, durchzuführen und zu evaluieren. Wir sind damit dem vielfach geäußerten Wunsch nachgekommen, den *Lehrerkommentar* zum Unterrichtswerk neu aufzulegen und dabei die aktuellen bildungspolitischen wie religionsdidaktischen Entwicklungen aufzugreifen.

Der *Lehrerkommentar* ist als didaktischer Leitfaden konzipiert:
Sie finden zu jedem Kapitel **fachliche Hintergrundinformation**, **unterrichtspraktische Anregungen** und **zusätzliches Unterrichtsmaterial**, z.B. alternative Unterrichtsbausteine und Arbeitsblätter.
Als neues Element ist jedem Kapitel eine **Sterngrafik** vorangestellt, in der die religiösen Kompetenzen markiert sind, die in diesem Kapitel erarbeitet und entwickelt werden können.
Material für die Überprüfung von Kompetenzen finden Sie im **Anhang** des *Lehrerkommentars*. Hier sind Bausteine für die Evaluation der Kompetenzen zusammengestellt: eine Kompetenz-Synopse zur Selbstkontrolle bei der Unterrichtsplanung, ein exemplarisches Quiz zur Überprüfung von Kompetenzen am Ende einer Unterrichtseinheit und ein kapitelübergreifendes Großprojekt, in dem die im Zweijahreszeitraum entwickelten Kompetenzen konkret angewendet und eingesetzt werden können.
Neu sind ebenfalls die **Methodenkarten** im Anhang des Kommentars: Kopiert, zugeschnitten und laminiert bieten sie Ihren Schülerinnen und Schülern – als Methodenkartei im Klassenraum aufgestellt – ein Werkzeug für die Entwicklung ihrer Problemlösefähigkeit.

Alle Elemente zusammen – Sterngrafik, didaktischer Leitfaden, Synopse, Quiz, Projektidee und Methodenkarten – sollen Ihnen das Rüstzeug an die Hand geben, Ihren Religionsunterricht an den Kompetenzen Ihrer Schülerinnen und Schüler auszurichten.

Dazu wünsche ich gutes Gelingen
Ihr

Inhalt

Vorwort 3

| 1 | Miteinander leben. Ich und die anderen |

Kompetenzen erwerben 13
Didaktischer Leitfaden 13
Mögliche Verbindungen 14

1.0. Eröffnungsseite (S. 5) 14
Hintergrund 14
Unterrichtsbausteine 14

1.1. Jeder hat einen Namen (S. 6–7)
Hintergrund 15
Unterrichtsbausteine 16

1.2. Alle haben verschiedene Aufgaben und Rollen (S. 8–11)
Hintergrund 16
Unterrichtsbausteine 17

1.3. Regeln für das Zusammenleben (S. 12–13)
Hintergrund 17
Unterrichtsbausteine 17

1.4. Leben in einer Familie (S. 14–19)
Hintergrund 17
Unterrichtsbausteine 18

1.5. Zwischen Angst und Vertrauen (S. 20–24)
Hintergrund 19
Unterrichtsbausteine 20

1.1	*Spielanleitungen:*	Wir lernen uns mit Namen kennen	21
1.2	*Gedicht:*	»Ich bin ich«	22
1.3a–b	*Text-Bild-Collage:*	Du kennst mich (1)	23
1.4	*Gestaltungsvorlage:*	Du kennst mich (2)	25
1.5	*Gestaltungsvorlage:*	Der Elefant, der sang	26
1.6	*Gestaltungsvorlage:*	Betreten des Rasens verboten!	27
1.7	*Bildergeschichte:*	Betreten des Rasens verboten!	28
1.8	*Arbeitsblatt:*	Das vierte Gebot erforschen	29
1.9	*Arbeitsblatt:*	Ängste, die mich packen	30
1.10	*Gestaltungsvorlage:*	Wer schreit?	31
1.11	*Infoblatt:*	E. Munch, Der Schrei, 1895	32
1.12	*Textblatt:*	Psalm 22	33
1.13	*Arbeitsblatt:*	Omas Ängste – ein Teufelskreis	34

| 2 | Das Leben feiern. Feste – Feiern – Bräuche |

Kompetenzen erwerben.. 35
Didaktischer Leitfaden 35
Mögliche Verbindungen 36

2.0.		Eröffnungsseite (S. 25)	
Hintergrund			36
Unterrichtsbaustein			36

2.1.		Feste feiern (S. 26)	
Hintergrund			37
Unterrichtsbausteine			37

2.2.		Ein Fest – was ist das? (S. 27–28)	
Hintergrund			37
Unterrichtsbausteine			38

2.3.		Den Sonntag feiern (S. 29–31)	
Hintergrund			38
Unterrichtsbausteine			39

2.4.		Feste und Bräuche (S. 32)	
Hintergrund			39
Unterrichtsbausteine			40

2.5.		Osterbräuche (S. 33)	
Hintergrund			40
Unterrichtsbausteine			40

2.6.		Weihnachten feiern (S. 34–37)	
Hintergrund			40
Unterrichtsbausteine			41

2.1	*Artikel:*	Kölner Karneval von Gewaltanstieg überschattet	42
2.2	*Gestaltungsvorlage:*	Max Hunziker: »Rad«	43
2.3	*Arbeitsblatt:*	Was ist ein guter Brauch?	44
2.4	*Gestaltungsvorlage:*	Den Jahresfestkreis ausgestalten	45
2.5	*Arbeitsblatt:*	Farbe ins Leben bringen	46
2.6	*Lied mit Tanzanleitung:*	Mache dich auf und werde Licht	47
2.7a–b	*Memory:*	Feste – Feiern – Bräuche-Memory	48

3 Geschichten zum Leben. Die Bibel

Kompetenzen erwerben	50
Didaktischer Leitfaden	50
Mögliche Verbindungen	50

3.0	Eröffnungsseite (S. 37)	
Hintergrund		51
Unterrichtsbausteine		51

3.1	Lebenswichtige Geschichten (S. 38–41)	
Hintergrund		51
Unterrichtsbausteine		52

3.2	Erfahrungen in Glaubensgeschichten weitersagen (S. 42–43)	
Hintergrund		53
Unterrichtsbausteine		54

3.3	Die hl. Schriften der Juden und Christen entstehen (S. 44–45)	
Hintergrund		54
Unterrichtsbausteine		54

3.4		Vom Weg der Bibel – bis heute (S. 46–48)	
Hintergrund			55
Unterrichtsbausteine			55
3.1	*Gestaltungsvorlage:*	Die vier Evangelistensymbole erkennen, deuten, gestalten	56
3.2	*Textblatt:*	Blind vertrauen?	57
3.3	*Bildvorlage:*	Berufen werden	58
3.4	*Gedicht:*	Wo geht es hin?	59
3.5	*Bibel-Puzzle:*	Die Überlieferung rekonstruieren	60
3.6	*Rätsel:*	Forscher/in sein – einen Text entschlüsseln	61
3.7	*Kreuzworträtsel:*	Nachschlagen in der Bibel	62
3.8	*Bildvorlage:*	Der schlafende Jesus	63

4 Gott ist mit seinem Volk unterwegs. Exodus

Kompetenzen erwerben	64
Didaktischer Leitfaden	64
Mögliche Verbindungen	65

4.0.   Eröffnungsseite (S. 49)

Hintergrund	65
Unterrichtsbausteine	66

4.1.   Der biblische Exodus (S. 50–51)

Hintergrund	66
Unterrichtsbausteine	66

Unterdrückt und unfrei in unserer Welt (S. 52–54)

Hintergrund	66
Unterrichtsbaustein	66

Ich bin da (S. 55)

Hintergrund	67
Unterrichtsbausteine	68

Die Israeliten wagen die Flucht (S. 56–57)

Hintergrund	68
Unterrichtsbausteine	69

Israels Weg durch die Wüste (S. 58–59)

Hintergrund	69
Unterrichtsbausteine	69

4.2.   Erinnerung an den Exodus – Hoffnung für heute (S. 63)

Hintergrund	70
Unterrichtsbausteine	71

Der Bund Gottes mit den Menschen (S. 60–62)

Hintergrund	69
Unterrichtsbaustein	69

Schlussseite (S.64)

Hintergrund	71
Unterrichtsbaustein	71

4.1	*Gestaltungsvorlage:*	Aufbrechen	72
4.2	*Arbeitsblatt:*	Bleiben oder fliehen?	73
4.3	*Arbeitsblatt:*	Den Auszug aus Ägypten erzählen	74
4.4	*Arbeitsblatt:*	Juanitas Hoffnungen	75

4.5	Arbeitsblatt:	Singt dem Herrn ein Lied!	76
4.6	Gestaltungsvorlage:	Die gelungene Flucht aus Ägypten kommentieren	77
4.7	Gestaltungsvorlage:	Stationen der Flucht zeichnen	78
4.8	Arbeitsblatt:	Wenn ich mit Mirjam in die Zukunft tanzen könnte – Meine Vision malen	79

5 Menschen beten zu Gott

Kompetenzen erwerben	80
Didaktischer Leitfaden	80
Mögliche Verbindungen	81

5.0. Eröffnungsseite (S. 65)
| Hintergrund | 81 |
| Unterrichtsbausteine | 81 |

5.1. Menschen verschiedener Völker beten zu Gott (S. 66–67)
| Hintergrund | 82 |
| Unterrichtsbausteine | 82 |

5.2. Beten ist Schweigen (S. 68–69)
| Hintergrund | 83 |
| Unterrichtsbausteine | 84 |

5.3. Beten ist Hören (S. 70–71)
| Hintergrund | 84 |
| Unterrichtsbausteine | 85 |

5.4. Beten ist Sprechen – aber wie? (S. 72–73)
| Hintergrund | 85 |
| Unterrichtsbausteine | 86 |

5.5. Beten und Handeln (S. 74–75)
| Hintergrund | 86 |
| Unterrichtsbausteine | 86 |

5.6. Beten mit Händen und Füßen – Wallfahrten (S. 76–77)
| Hintergrund | 87 |
| Unterrichtsbausteine | 87 |

Schlussseite (S. 78)
| Hintergrund | 87 |
| Unterrichtsbaustein | 87 |

5.1	Bild:	Der Lauscher	88
5.2	Hörübung:	Hören	89
5.3a	Arbeitsblatt:	Schreibwerkstatt Gebet (1)	90
5.3b	Arbeitsblatt:	Schreibwerkstatt Gebet (2)	91
5.4	Arbeitsblatt:	Der Rabbi und das verlassene Kind	92
5.5a	Textblatt:	Der betende Gaukler (1)	93
5.5b	Textblatt:	Der betende Gaukler (2)	94

6 Aus einer Wurzel. Juden und Christen

Kompetenzen erwerben	95
Didaktischer Leitfaden	95
Mögliche Verbindungen	96

6.0.		Eröffnungsseite (S. 79)	
Hintergrund			96
Unterrichtsbausteine			96

6.1.		Jüdische Spuren bei uns (S. 80)	
Hintergrund			97
Unterrichtsbausteine			97

6.2.		»erez Israel« – Das Land der Juden (S. 81–82)	
Hintergrund			97
Unterrichtsbausteine			98

6.3.		Wie Juden ihren Glauben leben (S. 83)	
Hintergrund			98
Unterrichtsbausteine			98

		(S. 84)	
Hintergrund			99
Unterrichtsbaustein			99

		(S. 85–87)	
Hintergrund			99
Unterrichtsbausteine			100

		(S. 88–89)	
Hintergrund			100
Unterrichtsbausteine			100

6.4.		Was Juden und Christen verbindet (S. 90–91)	
Hintergrund			101
Unterrichtsbausteine			101

6.5.		Aus der Leidensgeschichte der Juden (S. 92–93)	
Hintergrund			101
Unterrichtsbausteine			101

6.6.		Ihr seid unsere älteren Brüder und Schwestern (S. 94)	
Hintergrund			102
Unterrichtsbausteine			102

6.1	Arbeitsblatt:	»erez Israel« zwischen Religion und Politik	103
6.2	Lückentext:	Die Feier von Shabbat und Bat Mizwa	104
6.3	Rätsel:	Begriffe gesucht!	105
6.4	Arbeitsblatt:	Den jüdischen Festkalender füllen	106

7 Ein neuer Mensch werden. Paulus

Kompetenzen erwerben	107
Didaktischer Leitfaden	107
Mögliche Verbindungen	108

7.0.	Eröffnungsseite (S. 95)	
Hintergrund		108
Unterrichtsbausteine		109

7.1.	Wer war Paulus? (S. 96–97)	
Hintergrund		109
Unterrichtsbausteine		110

		(S. 98–100)	
	Hintergrund	....	110
	Unterrichtsbausteine	....	111
7.2.		**Paulus änderte sein Leben (S. 101)**	
	Hintergrund	....	111
	Unterrichtsbausteine	....	111
7.3.		**Paulus verkündete das Evangelium (S. 102–103)**	
	Hintergrund	....	112
	Unterrichtsbausteine	....	112
		(S. 104–105)	
	Hintergrund	....	112
	Unterrichtsbausteine	....	112
		(S. 106–108)	
	Hintergrund	....	113
	Unterrichtsbausteine	....	114
7.1	Lückentext:	Gesucht wegen Aufwiegelung gegen das Gesetz	115
7.2	Gestaltungsvorlage:	Rabbi mit Tora-Rolle	116
7.3	Arbeitsblatt:	Wendepunkte aufspüren	117
7.4	Arbeitsblatt:	Damaskus-News schreiben...	118

8 Ein Traum von Gemeinschaft. Christen leben in Gemeinden

Kompetenzen erwerben		....	119
Didaktischer Leitfaden		....	119
Mögliche Verbindungen		....	120
8.0.		**Eröffnungsseite (S. 109)**	
	Hintergrund	....	120
	Unterrichtsbausteine	....	120
8.1.		**Glaube sucht Gemeinschaft (S. 110–111)**	
	Hintergrund	....	120
	Unterrichtsbausteine	....	121
8.2.		**Gemeinde als Treffpunkt (S. 112–113)**	
	Hintergrund	....	121
	Unterrichtsbausteine	....	122
8.3.		**Leben in einer Pfarrgemeinde (S. 114–117)**	
	Hintergrund	....	122
	Unterrichtsbausteine	....	123
8.4.		**Zwei Kirchen: evangelisch – katholisch (S. 118–122)**	
	Hintergrund	....	123
	Unterrichtsbausteine	....	125
8.1	Gestaltungsvorlage:	Ich bin Teil der Gemeinschaft	126
8.2	Textblatt:	Weitere Bibelstellen zur Gemeinschaft der Christen	127
8.3	Arbeitsblatt:	Meine Pfarrgemeinde – ein Erkundungsbogen	128
8.4a–b	Informationsblatt:	Die Eucharistiefeier	129
8.5	Arbeitsblatt:	Evangelisch – Katholisch: Grundrisse ausfüllen	131
8.6	Arbeitsblatt:	Martin Luther	132

9   Der Islam. Eine Weltreligion bei uns

Kompetenzen erwerben 133
Didaktischer Leitfaden 133
Mögliche Verbindungen 134

9.0.   **Eröffnungsseite (S. 123)**
Hintergrund 134
Unterrichtsbausteine 134

9.1.   **Eine große Religion (S. 124–125)**
Hintergrund 135
Unterrichtsbausteine 135

9.2.   **Muhammad – »Das Siegel der Propheten« (S. 126–127)**
Hintergrund 135
Unterrichtsbausteine 135

9.3.   **Religiöses Leben im Islam (S. 128–135)**
Hintergrund 136
Unterrichtsbausteine 138

9.4.   **Muslime in Deutschland (S. 136–137)**
Hintergrund 138
Unterrichtsbausteine 138

9.5.   **Wir glauben an den einen Gott (S. 138)**
Hintergrund 139
Unterrichtsbausteine 139

9.1	*Arbeitsblatt:*	Die Moschee besichtigen	140
9.2	*Textblatt:*	Muslimische Festtage kennenlernen	141
9.3	*Arbeitsblatt:*	Der Hadsch – die Wallfahrt nach Mekka	142
9.4	*Arbeitsblatt:*	Das Gebet (Salat)	143
9.5a–b	*Arbeitsblatt:*	Christlich-islamischer Dialog	144

10   Im Einklang mit Gottes Schöpfung leben

Kompetenzen erwerben 146
Didaktischer Leitfaden 146
Mögliche Verbindungen 147

10.0.   **Eröffnungsseite (S. 139)**
Hintergrund 147
Unterrichtsbausteine 147

10.1.   **Raumschiff TERRA (S. 140–141)**
Hintergrund 148
Unterrichtsbaustein 148

10.2.   **Lebens-Mittel (S. 142–147)**
Hintergrund 148
Unterrichtsbausteine 149

10.3.   **Tiere – unsere Gefährten (S. 148–149)**
Hintergrund 150

10.4.   **Wir sitzen alle in einem (Raum-)Schiff (S. 150–151)**
Hintergrund 150

10.5.		**Freude über die Schöpfung: ein Fest feiern (S. 152–154)**	
Hintergrund			151
10.1	*Gestaltungsvorlage:*	Wie sich die Menschen vor 2500 Jahren die Welt vorstellten	152
10.2	*Textblatt:*	Der Sonnengesang des heiligen Franziskus	153
10.3a–b	*Textblatt:*	Kleiner-Weg begegnet dem roten Feuertier	154
10.4	*Fantasiereise:*	Über den Dingen	156

11 »Liebt einander, wie ich euch geliebt habe.«

Kompetenzen erwerben		157
Didaktischer Leitfaden		157
Mögliche Verbindungen		158

11.0.		**Eröffnungsseite (S. 155)**	
Hintergrund			158
11.1.		**Jesus an einem Tisch mit … (S. 156–157)**	
Hintergrund			158
Unterrichtsbaustein			159
11.2.		**Menschen um Jesus (S. 158–163)**	
Hintergrund			159
Unterrichtsbausteine			159
11.3.		**Jesus nimmt sich der Schwachen an (S. 164–165)**	
Hintergrund			159
Unterrichtsbausteine			159
11.4.		**Die Botschaft Jesu fordert heraus (S. 166–170)**	
Hintergrund			160
Unterrichtsbausteine			162
11.1	*Gestaltungsvorlage:*	Mit Jesus am Tisch sitzen	163
11.2	*Gestaltungsvorlage:*	Pyramide: Gesellschaft zur Zeit Jesu	164
11.3	*Gestaltungsvorlage:*	Jesus und die Kinder	165
11.4	*Gestaltungsvorlage:*	Gedankenspiele spielen	166
11.5	*Arbeitsblatt:*	Sich in den barmherzigen Vater einfühlen	167
11.6	*Arbeitsblatt:*	Der barmherziger Vater und seine Söhne	168

12 Jesus erzählt vom Reich Gottes

Kompetenzen erwerben		169
Didaktischer Leitfaden		169
Mögliche Verbindungen		170

12.0.	**Eröffnungsseite (S. 171)**	
Hintergrund		170
Unterrichtsbausteine		170
12.1.	**In Bildern und Gleichnissen reden (S. 172–174)**	
Hintergrund		171
Unterrichtsbausteine		171
12.2.	**Visionen von einer neuen Welt (S. 175)**	
Hintergrund		172
Unterrichtsbausteine		172

12.3.		Die Zeit ist erfüllt, das Reich Gottes ist da (S. 176)	
Hintergrund			172
Unterrichtsbausteine			173
12.4.		Gleichnisse vom Reich Gottes (S. 177–182)	
Hintergrund			173
Unterrichtsbausteine			176
12.5.		Mitwirken am Reich Gottes (S. 183–185)	
Hintergrund			176
Unterrichtsbaustein			177
12.1	Arbeitsblatt:	»Prinzessin Mäusehaut« begleiten	178
12.2	Gestaltungsvorlage	Mit Natan vor David stehen	179
12.3	Gestaltungsvorlage:	David hört das Gleichnis, das Natan erzählt	180
12.4	Arbeitsblatt:	Ist das Reich Gottes da?	181
12.5	Arbeitsblatt:	Zusammenschau der Gleichnis	182
12.6	Arbeitsblatt:	Eingeladen zum Fest	183
12.7	Gestaltungsvorlage:	»Ich habe keine anderen Hände als die eueren«	184
ANHANG: Kompetenzen entwickeln und evaluieren.			185

Methodenkarten

Eine **Ausstellung** gestalten	192
Ein **Bild** erleben	193
Ein **Bild** erschließen	193
Ein **Bild** verändern/variieren	194
Ein **Bodenbild** legen	194
Brainstorming	195
Clustern	195
Eine **Collage** gestalten	196
Ein **Elfchen** dichten	196
Ein **Figurengebet** schreiben	197
Ein **Gebet** schreiben	197
Eine **Gegenstandsmeditation** durchführen	198
Einen **Gottesdienst** vorbereiten	198
Ein **Haiku** dichten	199
Ein **Interview** führen	199
Eine **Klassenkonferenz** abhalten	200
Ein **Leporello** anfertigen	200
Ein **Memory** entwerfen und spielen	201
Eine **Mindmap** erstellen	201
Ein **Plakat** gestalten	202
Eine Pro-und-Kontra-**Diskussion** führen	202
Eine **Recherche** durchführen	203
Ein **Referat** halten	203
Ein **Rollenspiel** spielen	204
Ein **Rondellgedicht** verfassen	204
Ein **Schreibgespräch** führen	205
Ein **Standbild** stellen	205
Ein **Stuhltheater** aufführen	206
Einen **Text** erlesen	206
Ein **Texttheater** aufführen	207
Einen **Vortrag** halten	207

Die Methodenkarten auf DIN-A5-Blätter kopieren und laminieren. In einer Schachtel im Klassenzimmer aufbewahrt, haben Sch jederzeit Zugang zu den Karten, um sich über konkrete Methoden zu informieren und selbstständig AA zu bearbeiten. Im *Lehrerkommentar* wird von Zeit zu Zeit auf den Einsatz bestimmter Methoden im RU hingewiesen (→ **Methodenkarte** »N.N.«).

Text- und Bildquellen	208

1 Miteinander leben
Ich und die anderen

Kompetenzen erwerben

Die Schülerinnen und Schüler …
… benennen mögliche Konsequenzen der christlichen Hoffnung (des Angenommenseins durch Gott) für ihr eigenes Leben;
… entfalten an Beispielen, dass Erfahrungen von Gelingen und Scheitern zum menschlichen Leben gehören;
… erläutern, wie das Vertrauen auf Gottes Zuwendung helfen kann, die Spannung von Gelingen und Scheitern im Leben auszuhalten;
… begründen in Fragen des Miteinanders in Familie, Schule und Freizeit das eigene Urteil und nehmen einen eigenen Standpunkt ein;
… sind bereit, der eigenen begründeten Einsicht entsprechend zu handeln;
… erklären und interpretieren religiöse Sprachformen (Psalmen).

Didaktischer Leitfaden
Das erste Kapitel des Buches beginnt mit anthropologisch-soziologischen Themen und trägt damit dem Umstand Rechnung, dass Sch in der Regel gerade die Schule gewechselt haben und damit herausgefordert sind, sich neu zu »sortieren«: eine Reihe neuer Mit-Sch, noch nicht bekannte Lehrerinnen und Lehrer und nicht zuletzt auch eine neue Umgebung, in der es sich zu orientieren gilt.
Intention dieses Kapitels ist es, Sch zu einem Nachdenken über sich selbst, ihre Fähigkeiten, Aufgaben und Rollen sowie über die Beziehungen, in denen sie leben, anzuregen. Entsprechend wird in diesem Kapitel sehr viel mit Erzählungen gearbeitet – so können Sch sich vielleicht in den Erfahrungen einzelner Protagonisten wiederfinden. Berücksichtigung findet in diesem Kapitel auch die Gottesbeziehung des Menschen, der sich von Gott gewollt und geliebt wissen darf.

In der ersten Einheit »Jeder hat einen Namen« (**1.1., S. 6–7**) geht es zunächst darum, dass Sch einander kennenlernen, doch liegt der Schwerpunkt auf der Individualität und Bedeutsamkeit jeder und jedes Einzelnen, die in der Namensgebung bzw. im Besitz des eigenen Namens ihren Ausdruck findet. Die Einheit »Alle haben verschiedene Aufgaben und Rollen« (**1.2., S. 8–11**) nimmt die Stellung und Verantwortung der Einzelnen im Umgang mit anderen in den Blick, »Regeln für das Zusammenleben« (**1.3., S. 12–13**) widmet sich allgemein dem Sinn, aber auch dem gelegentlichen Unsinn von Ordnungsbestimmungen. Die umfangreichste Einheit bildet »Leben in einer Familie« (**1.4., S. 14–19**), bei der unterschiedlichste Erfahrungen und Formen familiären Miteinanders angesprochen werden. Mit »Zwischen Angst und Vertrauen« (**1.5., S. 20–24**), das mögliche Ängste und den Umgang mit ihnen thematisiert, aber auch Hoffnungsperspektiven andeutet, schließt das Kapitel.

Mögliche Verbindungen
– zu Kapitel 4 »Gott ist mit seinem Volk unterwegs. Exodus« (Dekalog; Name Gottes)
– zu Kapitel 5 »Menschen beten zu Gott. Bitten, danken und loben mit allen Sinnen«
– zu Kapitel 8 »Ein Traum von Gemeinschaft. Christen leben in Gemeinden« (Glaube sucht Gemeinschaft)

1.0 Eröffnungsseite S. 5

Hintergrund

Paul Klee (1879–1940)
Klee studierte an der Kunstakademie in München, wo er u.a. die Bekanntschaft von Wassily Kandinsky, Gabriele Münter, August Macke und Franz Marc machte. Er beteiligte sich 1912 an einer Ausstellung der expressionistischen Künstlergruppe »Blauer Reiter«, gehörte ab 1924 zur Künstlergruppe »Die Blaue Vier«. 1933 verlor Klee seine Stellung als Lehrer am Bauhaus, und seine Kunst wurde als »entartet« diffamiert. Klee entwickelte in seinem Werk eine eigene Bildsprache und setzte dabei ein spezifisches, ironisierend-zweideutiges Formenvokabular zur Beschreibung der Wirklichkeit ein.

Paul Klee: »Bunte Gruppe«, 1939
Bildbeschreibung: Das hier vorgestellte Bild zeigt zwölf Figuren, die an Kinderzeichnungen erinnern. Es geht Klee nicht um naturgetreue Details und Proportionen, sondern sie bestehen aus einfachen Punkten, Kringeln und Strichen. Die auffälligste Figur ist die Person in der Bildmitte, die sich in Farbgebung und Größe von den übrigen abhebt. Die anderen Figuren sind ultramarinblau oder haben verschiedene Rottöne – bis auf eine, die sich in ihrer farblichen Gestaltung kaum vom eher grauen Hintergrund abhebt. Die rot gehaltenen Figuren stehen nah, vielleicht beschützend bei der gelben Person (einer Frau?), während die Randfiguren sich nicht nur farblich abgrenzen. Es lohnt, die angedeutete Körperhaltung der Figuren näher in den Blick zu nehmen: die eher Suche nach Nähe und Sicherheit ausdrückende Haltung der rötlichen, die distanziertere Stellung der blauen Figuren. Es entsteht, auch wenn die Gesichter keinen besonderen, persönlichen Ausdruck haben, das Bild einer »bunten Gruppe«, in der die Einzelnen nicht nur durch ihre je eigene Körperhaltung als Individuen identifiziert werden können.
Bilddeutung: Das Bild strahlt eine gewisse Dynamik aus, alle scheinen zu versuchen, mit ihren Zielen, Wünschen und Bedürfnissen in der Gruppe einen Standpunkt zu finden. In figürlicher Abstraktion zeigt Klee hier menschliche Realität: Der Mensch lebt in Gemeinschaft, ist auf sie angewiesen – bunt wie dieses Bild sind auch die vielfältigen Beziehungen, in denen er steht, die er als Halt, aber auch als Einengung erfahren kann (ausführlichere Information und Farbfolie in Folienmappe: *Kunststücke 5,6,7, Kösel, München 2003*).

Unterrichtsbausteine

- Sch erleben das Bild (→ **Methodenkarte** »Ein Bild erleben«).
- Um eine sorgfältige Wahrnehmung der Bilddetails zu erreichen, malen Sch das Bild ab (→ **Methodenkarte** »Ein Bild verändern«) und geben ihm einen Titel, der anschließend mit dem Originaltitel verglichen wird.
- Sch erstellen eine Collage (→ **Methodenkarte** »Eine Collage erstellen«) zum Thema »Bunte Gruppe«.

1.1. Jeder hat einen Namen   S. 6–7

Hintergrund

Die Einheit wird eröffnet mit einem verkürzten **Zitat aus Deuterojesaja**. Der vollständige Text lautet: »Fürchte dich nicht, denn ich habe dich ausgelöst, ich habe dich beim Namen gerufen, du gehörst mir.« Der Zuspruch Gottes »Fürchte dich nicht!« zieht sich wie ein roter Faden durch die gesamte Bibel, vom Buch Genesis bis zur Offenbarung des Johannes. Gott steht am Anfang und am Ende. An die Anfänge erinnert Jesaja, er und seine Zuhörer sind schon in der zweiten Generation im Babylonischen Exil; der Prophet spricht zum Volk, um das unmittelbar bevorstehende rettende Eingreifen Gottes anzukündigen: JHWH wird sein Volk heimführen (vgl. Kap. 4). »Ausgelöst« (auch zu übersetzen mit: »losgekauft«, »erlöst«) meint die Befreiung aus der Babylonischen Gefangenschaft. Es fällt auf, dass die befreiende Tat Gottes in Jesajas Augen bereits geschehen ist: »Ich habe dich erlöst«, nicht: »Ich werde dich erlösen« – er ist sicher: Gott vergisst Israel nicht. Also fürchte dich nicht.

»Ich habe dich beim Namen gerufen. Du bist mein.« Jeder Mensch trägt seinen eigenen, unverwechselbaren Namen – worüber man in der Regel nicht weiter nachdenkt. Wenn Gott mich »bei meinem Namen« ruft, ruft er nicht irgendwen Beliebiges, sondern er meint mich, weil er mich kennt. Mein Name ist ihm vertraut, mein Name ist mit seinem verbunden. »Du bist mein!« ist eine uneingeschränkte Liebeserklärung Gottes an den Menschen.

Diese Nähe Gottes lässt sich durch einen Verweis auf Gen 1,26f. vertiefen: »Dann sprach Gott: Lasst uns Menschen machen als unser Abbild, uns ähnlich ... Gott schuf also den Menschen als sein Abbild; als Abbild Gottes schuf er ihn.« Um dem Gedanken, dass Gott den Menschen kennt, »ihn von allen Seiten umschließt und seine Hand auf [ihn] legt« (Ps 139,5), nachzugehen, bietet sich ferner eine Vertiefung über Psalm 139 an.

In der Vorstellungswelt des Alten Testaments hat die Kenntnis des **Namens** oft noch eine magische Dimension. Namen lassen sich beschwören, verfluchen, zum Zaubern verwenden. Da macht sich der Einfluss aus Religionen der Nachbarvölker bemerkbar – vielleicht auch in unheimlicher, bedrohlicher Weise. Auf einer rein anthropologischen Ebene kann mit den Sch die Bedeutsamkeit eines **Namens** reflektiert werden: Wie fühle ich mich, wenn mich niemand kennt? Warum ist es wichtig, angesprochen, genannt werden zu können und eben nicht anonym zu sein? Warum irritiert es, wenn jemand meinen Namen nicht behalten kann? Warum frage ich nach dem Namen von jemandem, den ich kennenlerne? Es kann herausgearbeitet werden, dass der Mensch eben individuell wahrgenommen, unverwechselbar sein möchte, dass er auf Kommunikation und Gemeinschaft und nicht auf Isolation hin angelegt ist. Namenstassen und Karten, die den Namen erklären, sind in vielen Läden zu finden und spiegeln das Bedürfnis wider, mehr über sich bzw. den eigenen Namen zu erfahren.

Treffpunkt RU 5/6 stellt die Bedeutung einiger (biblischer) Namen und ihre Träger vor. Hier lässt sich gut an die katholische Tradition von Namenstagen anknüpfen: Der Namenstag ist der Tag im Jahr, an dem der Gedenktag des Namenspatrons begangen wird, meistens sein Todestag. Mit dem im Mittelalter anwachsenden Heiligenkult wurden Kinder nach dem Tagesheiligen ihres Geburts- oder Tauftages benannt und damit der Fürsorge ihres Namenspatrons empfohlen, zumindest wurde bei der Taufe ein solcher Name lange Zeit als Zweitname angehängt. Es darf sicher nicht davon ausgegangen werden, dass bei der Namensgebung in der Klasse bei allen Kindern ein solch religiöser Bezug gegeben ist oder dass die Kinder diesen kennen (vgl. *Andreas Rode, Das Jahresbuch der Heiligen. Große Gestalten für jeden Tag, München 2008*).

Um die Bedeutsamkeit und Individualität eines Menschen – neben seinem Gewolltsein durch Gott und seinem Namen – herauszustellen, regt *Treffpunkt RU 5/6* an, sich mit **Geburtsanzeigen** auseinanderzusetzen: Was kann ein Kind für seine Eltern bedeuten? Was geben seine Eltern ihm mit auf den Weg?

Die **Erzählung »Dunya will dazugehören«** (S. 7) von Angelika Mechtel greift die Spannung von Individualität und Uniformität auf: Wie weit gehe ich, verändere ich mich, um zu einer Gruppe dazuzugehören? Die Erzählung fordert dazu auf, die Perspektive von »Außenseiter/in« und »Innenseiter/in« genauer in den Blick zu nehmen, und ermuntert zum Anderssein bzw. zum »Nicht-Mitmachen« – was auch angesichts der zunehmenden Klagen über »Markendruck« und verschiedene Formen des Mobbings von Bedeutung ist. Nach der Erschließung der Geschichte ist es lohnend, mit den Sch über die Vorzüge des Andersseins nachzudenken: Vielleicht hat ein »Außenseiter« ja bestimmte Freiheiten, die jemand, der dazugehört oder dazugehören möchte, nicht hat – sind manche »Innenseiter« doch besonders angepasst, oft peinlich darauf bedacht, bei den anderen gut anzukommen, stellen eigene Interessen hinten an oder trauen sich nicht, eine eigene Meinung zu äußern, weil sie damit bei den anderen Anstoß erregen könnten.

Die **Karikatur (S. 7)** von Heinz Langer greift dieses Anderssseinwollen auf – gleichzeitig deutet sie die Spannung zwischen den Anliegen des Individuums und der Gruppe an: Ein Puzzle, in dem ein Teil fehlt, wird unbrauchbar. Wann kann und muss ich ausbrechen, wann aber ist eine Gemeinschaft auf mich und meinen Beitrag angewiesen? (Vgl. dazu auch die Geschichte »Die kleine Schraube«, S. 11.)

Unterrichtsbausteine

- Sch lernen spielerisch einander und ihre Namen kennen. Anregungen zu Spielen finden sich auf **AB 1.1**.
- Sch schreiben etwas zu der Überschrift »So bin ich« auf, verraten aber nicht ihren Namen. Die Mit-Sch versuchen anschließend zu erraten, wer was geschrieben hat.
- Sch setzen sich anhand eines Gedichtes von Jürgen Spohn (**AB 1.2**) mit der Frage, wer sie eigentlich sind, auseinander.
- Sch lesen Psalm 139 mit den entsprechenden Illustrationen (**AB 1.3**) oder sie illustrieren bzw. kommentieren ihn selbst (**AB 1.4**); ggf. erklärt L den Sch vorher, was ein Psalm ist.
- Gemeinsam wird überlegt und an der Tafel gebündelt: »Wenn Gott mich bei meinem Namen ruft, dann heißt das ...« Eine distanziertere, Sch ohne Glauben weniger vereinnahmende Formulierung wäre: »Wenn Gott die Menschen bei ihrem Namen ruft ...«.
- Sch erstellen einen Namenstagskalender mit Information über und Illustrationen zu ihren Namenspatronen, der in der Klasse aufgehängt wird. Zur selbstständigen Informationsbeschaffung bieten sich folgende Internetseiten an: www.katholisch.de/namenstag.asp; www.heiligenlexikon.de; www.heilige.de.
- Sch stellen zusammen, was sie in der Erzählung »Dunya« über Dunya, Simone und Simones Clique erfahren. Sie stellen zwei Standbilder (→ **Methodenkarte** »Ein Standbild stellen«), in denen das Verhältnis der drei zu Beginn und am Ende der Erzählung ausgedrückt wird. Denkbar ist, dass sie ein drittes Standbild entwickeln, das zum Ausdruck bringt, wie es danach weitergehen könnte.
- Die Frage »Anpassung oder Individualität?« lässt sich mitunter auch an der Frage der Kleidung festmachen. Auch dieser Thematik können Sch nachgehen, z.B. unter www.kindernetz.de: »Einheitslook statt Markendruck«. Sch setzen sich mit den Fragen auseinander, was Einzelne unter Druck setzt und was dagegen getan werden kann.

1.2. Alle haben verschiedene Aufgaben und Rollen   S. 8–11

Hintergrund

Die Einheit wird eröffnet mit einer **Fotoseite**, die den Blick auf verschiedene Aktivitäten in Beruf und Freizeit lenkt. Sie lädt Sch dazu ein, über eigene Aufgaben und Erwartungen nachzudenken, die sie selbst in verschiedenen sozialen Zusammenhängen zu erfüllen haben, und leitet so über zu Rollenverhalten. »**Rolle**« bezeichnet die Summe von Erwartungen an das Verhalten eines Menschen, der eine bestimmte soziale Position innehat; andererseits ein gesellschaftlich vorgegebenes Verhaltensmuster, das in bestimmten Situationen ausgeführt werden kann oder muss. Für die und den Einzelne/n können Rollenerwartungen oder Rollenverhalten entlastend sein, weil sie ihnen (oft unbewusst) Entscheidungen abnehmen, sie können aber auch einengen. Problematisch wird es, wenn Rollen der Einzelnen widersprüchliche Verhaltensweisen mit sich bringen (Rollenkonflikt). Was unter »Rolle« zu verstehen ist, erläutert der Informationstext Rollen – Zusammenspiel mit anderen.
Deutlich sollte bei der Arbeit an dieser Einheit die Ambivalenz von Rollen herausgearbeitet werden: Ich verhalte mich so, wie andere es von mir erwarten – soll dabei aber u.U. etwas tun, was ich eigentlich nicht will; Rollen können Sicherheit geben, weil sie helfen, sich zu orientieren – gleichzeitig können sie einengen.

Die **Erzählung (S. 9) »Tomas«** von Christine Nöstlinger nimmt am Beispiel des fünfjährigen Tomas das Thema von (Rollen-)Erwartungen auf: Tomas, konfrontiert mit den verschiedensten Anforderungen und der Kritik seiner Familie, reagiert auf diese Vielfalt mit dem Wunsch, seine Familie gegen die Nachbarin einzutauschen, die nichts von ihm will, ihn aber auch gar nicht haben will. Hier bietet sich an, der Frage nachzugehen, ob Liebe sich im Vermeiden von Regeln und Anforderungen zeigt oder ob nicht gerade eine höhere Verbindlichkeit und eine intensivere Form der Auseinandersetzung Zeichen von Liebe sein können. Um nicht mit dem »erhobenen Zeigefinger« zu kommen, kann L mit den Sch die einzelnen Anforderungen an Tomas untersuchen, die unterschiedlichen Perspektiven einnehmen lassen: die der Mutter, des Vaters ... und dabei die zugrunde liegenden Absichten aufspüren und kritisch in den Blick nehmen.

»Der Elefant, der sang« (S. 10–11) von Gina Ruck-Pauquèt greift die Rollen-Ambivalenz auf und ermuntert am Beispiel des Elefanten Kai-to, der an seiner Individualität (»singender Elefant«) festhält und dadurch mit überkommenen Rollenerwartungen (»die alten Elefanten«, »der Leitelefant«) in Konflikt gerät, dazu, seinen eigenen Weg zu gehen und den Sinn tradierter Vorstellungen (»altes Gesetz«) kritisch zu reflektieren.

Unterrichtsbausteine

- Sch schreiben ihren Tagesablauf auf und notieren dazu, welche Rollen sie jeweils einnehmen (Sohn/Tochter; Sch/in; Freund/in ...).
- Sch lesen die Erzählung von Tomas und interpretieren sie, indem sie sie als Texttheater (→ **Methodenkarte** »Ein Texttheater durchführen«) umsetzen. Durch die verschiedenen Akzentuierungen bzw. Betonungen wird deutlich, welcher Art die Beziehungen zu und Anforderungen an Tomas sind und wie sie auf ihn wirken können.
- Sch erarbeiten sukzessive die Erzählung »Der Elefant, der sang«, und schreiben auf, was Kai-to (oder auch den anderen Beteiligten) durch den Kopf gegangen sein könnte, nachdem er verstoßen worden ist (**AB 1.5**). Alternativ führen sie die Erzählung als Rollenspiel auf (→ **Methodenkarte** »Ein Rollenspiel durchführen«).

1.3. Regeln für das Zusammenleben — S. 12–13

Hintergrund

Für ein harmonisches und ausgewogenes Zusammenleben sind Regeln und Grenzen unentbehrlich. Sie geben Orientierung und Sicherheit, strukturieren den Alltag, fördern das Miteinander, helfen bei der Durchsetzung eigener, berechtigter Bedürfnisse und machen deutlich, dass jede/r Bedürfnisse hat, auf die Rücksicht genommen werden muss. Voraussetzung ist, dass die Regeln klar formuliert sind und Spielraum lassen für unvorhersehbare Geschehnisse und Befindlichkeiten. Zu Regeln und Grenzen gehört, dass ihre Nichteinhaltung Folgen haben wird (vgl. *Stephan Ernst/Ägidius Engel, Grundkurs christliche Ethik, München 1998, bes. Kapitel 2: Zehn Gebote*).
Diese Einheit regt an, sich mit der **Klassenordnung** und/oder Schulordnung auseinanderzusetzen. Häufig werden die Klassenregeln allerdings nicht im RU, sondern mit der Klassenleitung erstellt.

Der **Cartoon (S. 13)** »Betreten des Rasens verboten« von René Hovivan, in dem ein formuliertes Verbot die Feuerwehr an der Lebensrettung hindert, aber auch die **Pressenotiz »Bademützenverordnung«**, die von der Auflehnung eines Glatzköpfigen gegen das Tragen einer Bademütze berichtet, sprechen die Unsinnigkeit mancher Regeln an und fordern zu einer kritischen Sichtung heraus. Kriterium sollte sein, dass Regeln den Menschen dienen.

Diese Einheit knüpft an die vorhergehenden Erzählungen (Tomas, Kai-to) an, verweist aber auch schon auf die Weiterführung dieser Aspekte durch das Thema Dekalog (vgl. Kap. 4, S. 60f.).

Unterrichtsbausteine

- Sch erhalten in KG je ein Kartenspiel mit der Aufgabe, zehn Minuten lang (z.B.) Mau-Mau zu spielen. Es wird schnell die Notwendigkeit festgestellt, sich über Regeln zu unterhalten: sei es, um das Spiel zu erklären, sei es, um unterschiedliche Regeln abzugleichen und sich auf gemeinsame Regeln festzulegen, damit gespielt werden kann.
- Sch erhalten auf **AB 1.6** zwei Bilder einer Bildfolge, auf der ein Mann, dem der Wind seinen Hut vom Kopf auf eine nicht zu betretende Wiese geweht hat, vor der Wahl steht, den Hut wiederzubekommen oder aber das Gebot zu übertreten. Sch malen eine Fortsetzung der Geschichte und begründen diese im Unterrichtsgespräch.
  – Ggf. werden ihre Weiterführungen mit dem Original (**AB 1.7**) verglichen.
  – Sch arbeiten heraus, wann Gebote sinnvoll sind und deshalb eingehalten werden sollen, wann nicht.

1.4. Leben in einer Familie — S. 14–19

Hintergrund

Familie zeigt sich in einer Vielzahl von Formen: Eltern-Familie, Ein-Eltern-Familie, Patchworkfamilie. Jede Familienform hat ihre Eigenheiten, andererseits ähneln sich viele Probleme. Miteinander sprechen, Offenheit und wechselseitige Wertschätzung sind Garanten für ein gelungenes Miteinander. Konflikte gehören in allen Familien zum Alltag – positiv bewältigt, stellen sie einen Gewinn dar (vgl. *Rosemarie Nave-Herz, Familie heute. Wandel der Familienstrukturen und Folgen für die Erziehung, Darmstadt 2007*).
Die Erfahrungen der Sch in diesem Lebensbereich sind sehr unterschiedlich – durch die gewählten Beispiele werden verschiedene Aspekte angesprochen: Die Beziehungen innerhalb einer Großfamilie sowie die Frage nach Geborgenheit und klaren Regeln (»**Eine große Familie**«, S. 14), das erzieherische Verhalten der Eltern in einer Konfliktsituation (»**Trotzdem**«, S. 15), die Grenzen, denen auch Eltern unterliegen (»**Kein Super-

mann«, S. 16) bieten ebenso wie die Erzählung von Roland, der sich nach (s)einem Vater sehnt, ihn dann aber doch als fremd erfährt (**»Ohne Vater leben«, S. 18f.**), viele Gesprächsanlässe. Als Erschließungsformen bieten sich Methoden an, die Perspektivübernahme und Perspektivwechsel ermöglichen.

Das **Zitat (S. 17)** »Ehre deinen Vater und deine Mutter!« lenkt den Blick auf das vierte der Zehn Gebote. Im Alten Testament findet es sich in zwei Fassungen: Ex 20,12 »Ehre deinen Vater und deine Mutter, damit du lange lebst in dem Land, das der Herr, dein Gott, dir gibt« und Dtn 5,16 »Ehre deinen Vater und deine Mutter, wie es dir der Herr, dein Gott, zur Pflicht gemacht hat, damit du lange lebst und es dir gut geht in dem Land, das der Herr, dein Gott, dir gibt«. Das Gebot, die Eltern zu ehren, richtet sich an erwachsene Kinder. Die positive Formulierung »ehren«, »jemanden als gewichtig anerkennen« fordert nicht nur ein Unterlassen, sondern Tun. Was damit gemeint ist, ergibt sich durch Abgrenzungen von Fehlverhalten gegenüber den Eltern, wie es im Alten Testament bezeugt ist. Die Eltern ehren heißt dann: nicht »schlagen« (Ex 21,15), nicht »verfluchen« (Ex 21,17), nicht »herabsetzen« (Dtn 27,16), nicht »bestehlen« (Spr 28,24), nicht »verachten« (Spr 30,17; Spr 23,22), nicht »Gewalt antun und verjagen« (Spr 19,26). Besonders die beiden zuletzt genannten Texte zeigen, dass das Gebot sich besonders auf die Lebenslage alter Eltern bezieht, die sich nicht mehr selbst versorgen können und von ihren erwachsenen Söhnen abhängig sind (vgl. *www.wibilex.de – 1.8.4 Elterngebot*). Diese Deutung erklärt sich durch die Situation alter Menschen damaliger Zeit – Alte, Kranke und Schwache waren auf die Unterstützung und Fürsorge ihrer Kinder angewiesen. Entsprechend war es für die Altersvorsorge notwendig, Kinder (bes. Söhne) zu haben. Dass heute die Altersfürsorge gesetzlich geregelt ist, entbindet nicht von der Verpflichtung, respektvoll miteinander umzugehen. Neben der materiell-sozialen Sicherstellung und der persönlichen Achtung vor den Alten hat der Begriff »ehren« aber auch noch eine theologische Komponente: Die Beziehung zu den Eltern und zu Gott steht in einem Zusammenhang: Indem nach israelitischer Auffassung die Jungen die Alten, die Kinder die Eltern ehren, wird auch Gott geehrt. Dahinter steckt der Gedanke, dass die Eltern die religiöse Überlieferung garantieren, den Glauben weitergeben. Alle Gebote sind verankert in der Exodus-Erfahrung – vorausgegangen ist das umfassende Befreiungshandeln Gottes, auf das die Menschen mit ihrem Handeln in Freiheit reagieren (vgl. Kap. 4).

Der **Text (S. 17) »Das vierte Gebot in Schönschrift«** spiegelt die im Vergleich zu früher veränderte Eltern-Kind-Beziehung wider und bringt auch Störungen in der Eltern-Kind-Beziehung ins Gespräch. »Ehren«, »jemanden als gewichtig anerkennen« könnte heute bedeuten: den Eltern Autorität zuerkennen, sie mit Respekt behandeln, ihre Ansichten als bedenkenswert betrachten, sie ernst nehmen und nicht leichtfertig oder überheblich unterschätzen. Es geht hier aber nicht um blinden Gehorsam, und sicher geht es auch nicht um Aufrechterhaltung einer durch Verwahrlosung, Misshandlung oder Missbrauch zerrütteten Eltern-Kind-Beziehung.

Unterrichtsbausteine

- Sch lesen die Geschichte »Eine große Familie« und schreiben auf bzw. streichen in unterschiedlichen Farben in dem kopierten Text an, was ihnen an diesem Familienleben gut bzw. weniger gut gefällt. Diese Einschätzungen werden zusammengetragen. Anschließend sammeln Sch Begriffe, die für sie ein Leben in einer Familie, wie sie es sich wünschen, kennzeichnen, auf DIN-A4-Blättern. Diese werden an der Tafel geclustert (→ **Methodenkarte** »Clustern«): »Wie wir uns Familie wünschen ...« und diskutiert.
- Nach dem gemeinsamen Lesen der Erzählung »Trotzdem« stellen sich Sch eine der beiden folgenden Situationen vor: Die Mutter unterhält sich im Zweiergespräch mit dem Vater oder mit Hans über das Vorgefallene. Jeder erzählt, wie er die Situation wahrgenommen hat. Sch schreiben in PA mögliche Gespräche auf und spielen sie in der Klasse. Es wird gebündelt: Was kennzeichnet das Verhalten des Vaters? Was bedeutet es für Hans?
- Sch setzen sich mit ihren eigenen Gedanken zum vierten Gebot auseinander, lernen die ursprüngliche Bedeutung kennen und übertragen sie ins Heute: **AB 1.8**.
- Sch arbeiten aus der Erzählung »Ohne Vater leben« heraus, was Roland sich von seinem Vater erhofft, was die Begegnung mit ihm kennzeichnet und wodurch das Gefühl von Fremdsein in Roland hervorgerufen wird. Vertieft werden kann diese Arbeit, indem Sch die (sich verändernde) Beziehung des Sohnes zu seinem Vater in Standbildern (→ **Methodenkarte** »Ein Standbild stellen«) ausdrücken und anhand des »Hilfs-Ichs« kommentieren.

MITEINANDER LEBEN

1.5. Zwischen Angst und Vertrauen   S. 20–24

Hintergrund

Diese Einheit setzt sich mit Ängsten auseinander, mit ihrer Wirkung sowie dem Umgang mit ihnen und will Mut machen.
Jeder Mensch hat seine persönlichen, individuellen Ängste – entsprechend vielfältig ist das Phänomen Angst. Ängste können uns einerseits aktivieren, als Signal vor Gefahren warnen, andererseits können sie uns lähmen. Das Annehmen unserer Ängste und die Auseinandersetzung mit ihnen bedeutet, dass wir uns weiterentwickeln, dass wir reifen. Wenn wir ihnen ausweichen und uns vor der Auseinandersetzung mit ihnen fürchten, vielleicht sogar versuchen, sie – wie es in der Erzählung »Omas Ängste« geschieht – zu betäuben, stagnieren wir in unserer Entwicklung, geraten manchmal vielleicht auch in einen Teufelskreis, der uns immer ängstlicher werden lässt (vgl. *Stephan Ernst/Ägidius Engel, Christliche Ethik konkret. München 2001, S. 179–195: Umgang mit der Angst*). Es geht also darum, Sch dazu zu motivieren, ihre Ängste auszusprechen – damit sie lernen, dass Ängste zum Leben dazugehören, dass sie nicht allein sind mit ihnen und dass es möglich ist, sie zu bewältigen, wenn man sich ihnen stellt.

In der **Erzählung (S. 20)** »**Manchmal kann ich gar nichts mehr**« wird geschildert, wie Maria – obendrein noch die Tochter des Lehrers – vor lauter Angst vor dem Lehrer bzw. einen Fehler zu machen, so blockiert ist, dass sie einen Fehler macht und sich den Hohn des Lehrers zuzieht. Der **Cartoon** stellt anschaulich dar, wie Worte eines Lehrers einen Sch ängstigen – wie eine große Kralle, die jeden Moment zuzupacken droht.

Die **Psalmverse (S. 21)** schildern die Angst und Verlassenheit des Beters, der von feindlichen Mächten umringt ist und den Beistand Gottes erfleht. *Treffpunkt RU 5/6* regt an, diese Verse zu gestalten und dadurch zu verinnerlichen. Dadurch, dass sich Sch vermutlich in gewisser Weise in den angesprochenen Ängsten wiederfinden können, wird eine Brücke zwischen der Situation des alttestamentlichen Beters und der heutiger Kinder und Jugendlicher geschlagen.
Einige der Verse stammen aus **Psalm 22**, den Jesus nach der Darstellung bei Markus (Mk 15,34) und Matthäus (Mt 27,46) am Kreuz gebetet hat. Er beginnt mit dem Ausdruck tiefster Verlassenheit, endet aber im Vertrauen darauf, dass Gott das Unheil wenden wird.

Die **Erzählung (S. 22)** »**Omas Ängste**« von Peter Härtling greift das Thema Ängste bei Erwachsenen auf. Sie schildert – für den damit konfrontierten Enkel Kalle in durchaus beunruhigender Weise – den Alkoholkonsum der Großmutter. Im Zentrum der Auseinandersetzung mit diesem Text sollte stehen, dass Alkohol kein Mittel ist, um Ängste zu bewältigen, sondern dass dadurch neue Probleme entstehen, ein Teufelskreis beginnen kann: Durch den Konsum von Alkohol verbessert die Großmutter ihre als beängstigend empfundene Situation nur scheinbar. Lässt jedoch die Wirkung des Alkohols nach, kommt es im wahrsten Sinne des Wortes zu einer Ernüchterung; denn die Großmutter muss feststellen, dass sich ihre Situation nicht verändert hat, sogar noch unerträglicher erscheint, sodass sie jetzt wieder den Schnaps braucht, um ihren Ängsten zu entfliehen. Suchterkrankungen sind häufig durch folgende Phasen charakterisiert: In der *Einleitungsphase* kommt es im (ersten) Kontakt mit dem Suchtmittel zu einem positiven Erleben, weil unangenehme Gefühle – wie hier die Angst der Oma (»Ich habe Angst ... viele Ängste«) – ausgeschaltet werden (»Es tat gut ... ein richtiger Seelenwärmer ...«). In der *kritischen Phase* kommt es zu einer Gewöhnung an das Suchtmittel/-verhalten, häufig verbunden mit einem ausweichenden Verhalten gegenüber der Umwelt (»Schnüffeln gibt's nicht ... was heißt schon saufen?«). Die dritte *chronische Phase* der Abhängigkeit ist dadurch gekennzeichnet, dass die Betroffenen nicht aussteigen können und es auch nicht wollen (»meine Ängste ... die bekomme ich nicht los ... und wenn es mir zu dumm wird, gehe ich zur Vitrine, schenk mir ein Glas Korn ein ...«), sie sind abhängig und haben die Kontrolle über ihr Verhalten verloren. Die *vierte Phase* ist die des Ausstiegs – die den festen Willen und die Bereitschaft des Betroffenen erfordert, häufig auch gekennzeichnet ist durch Rückschläge und ggf. auch Resignation: aussteigen wollen, aber nicht (mehr) können (nach: *www.sonderglocke.de*; weitere Information ist erhältlich bei der *Bundeszentrale für gesundheitliche Aufklärung: www.bzga.de*).

Als Weg, mit seiner Angst umzugehen, wird das **Beten** vorgeschlagen. Es ist gut, seine Ängste auszusprechen, weil das schon den Blick auf sie verändern kann. Ein Gebet wird hier vorgestellt, das einen Ausweg aus der Angst zeigt. Ein weiteres Beispiel, wie das Vertrauen in Gott Ängste nehmen kann, ist Psalm 22 (s.o.).

Mit dem »**Kindermutmachlied**« (S. 24) wird ein Bogen zum Anfang des Kapitels geschlagen: Weil der Mensch sich von Gott angenommen fühlen darf, darf er auf ihn vertrauen und muss sich nicht mehr fürchten. Durch den **Cartoon** wird der Gedanke, geliebtes, wertvolles Geschöpf Gottes zu sein, aufgegriffen. Das »Kindermutmachlied« betont, wie wichtig es ist, sich angenommen fühlen zu dürfen: »Wenn einer sagt: ›Ich mag dich, du; ich find dich ehrlich gut‹, dann krieg ich ... auch ein bisschen Mut/ ... ich fühl mich nicht mehr klein/ ... dann macht das Leben Spaß/ ... das schaffen wir vereint/ ...« – diese Annahme erfährt das »Ich« sowohl durch die Mitmenschen als auch durch Gott.

Unterrichtsbausteine

- Sch gestalten den Comic von S. 20 um (**AB 1.9**), indem sie die »Kralle« mit Worten ausfüllen, die ihnen Angst machen. Alternativ schreiben sie auch Situationen hinein, die sie ängstigen.
- Sch drücken durch Umgestaltung des Bildes »Der Schrei« (**AB 1.10**) von Edvard Munch aus, was Angst machen kann. Erläuterungen zum Bild finden sie auf **AB 1.11**.
- Sch setzen sich intensiver mit dem Impuls auf S. 20 »Manchmal geht es mir auch so, dass ich nichts mehr weiß ...« auseinander. Auf einem großen Papierbogen wird der Umriss eines Menschen aufgezeichnet, der »ängstliche Jim«. Der Bogen hat vier »Kummerecken«, in welche die Ängste notiert werden, die Sch kennen. Anschließend werden die Ängste in Hoffnungen umformuliert und gemeinsam wird überlegt, was Sch (oder andere Beteiligte) tun können, damit diese Hoffnungen Wirklichkeit werden (vgl. *Joachim Sauer/Alfons Scholte/ Bernhard W. Zaunseder (Hg.), Global games. Freiburg 2004, S. 100: »Der ängstliche Jim«*).
- Sch gestalten Psalm 22 (**AB 1.12**). Dazu werden seine einzelnen Abschnitte ausgeteilt (ggf. doppelt), illustriert und nachher zu einem Leporello (→ **Methodenkarte** »Ein Leporello anfertigen«) zusammengestellt.
- Sch erarbeiten mithilfe des Schaubildes (**AB 1.13**) den Teufelskreis einer Sucht, wie er sich in der Erzählung »Omas Ängste« darstellt.
- Sch schreiben eigene Strophen für das Kindermutmachlied.

Wir lernen uns mit Namen kennen

Mein Name und meine Besonderheit
- Wir sitzen im Kreis. Eine/r steht auf, tritt einen Schritt vor und stellt sich mit Namen und einer Geste vor, die etwas Wichtiges über sie oder ihn aussagt, eine Vorliebe, ein Hobby ..: »Ich heiße Fabia und esse gerne Spaghetti« (dabei macht sie die entsprechende Geste: Sie gabelt imaginäre Spaghetti auf, hebt sie über ihren geöffneten Mund und lässt sie in diesen hinab).
- Dann ist der Nachbar an der Reihe. Er wiederholt Namen und Geste seiner Nachbarin und fügt das Eigene an: »Neben mir, das ist Fabia, sie isst gern Spaghetti (Geste); ich bin Robert, ich spiele Badminton« (er führt einen imaginären Schmetterschlag aus). So geht es reihum. Wenn es viel Freude macht, kann das Spiel in umgekehrter Richtung mit neuen Gesten wiederholt werden. Es erleichtert den Einstieg, wenn L den Anfang macht.

Ich bin der flinke Fabian
- Jede/r sucht zum eigenen Vornamen ein Adjektiv, das mit dem gleichen Buchstaben anfängt. Damit stellen sich alle reihum vor, also: »Ich bin der flinke Fabian, ich bin die clevere Christine, ich bin der phänomenale Philipp« usw. Wo es hakt, hilft L.
- Auch dieses Spiel lässt sich so erweitern, dass zunächst die Aussage des Nachbarn wiederholt wird.
- Vielleicht schaffen wir es sogar bei mehreren Nachbarn.

Wir spinnen ein Netz
- Wir sitzen im Stuhlkreis. L hat ein Wollknäuel mitgebracht. Er wirft es jemandem auf der anderen Seite zu, dabei hält er den losen Faden fest. Dabei sagt er: »Ich werfe das Knäuel zu Jana. Ich möchte gern von ihr wissen, welches in der Grundschule ihr Lieblingsfach war.«
- Jana antwortet und wirft dann das Knäuel weiter, hält dabei den Faden fest. Dann stellt sie eine Interview-Frage. So geht es durch die ganze Klasse.
- In der Mitte entsteht ein Netz, das wir vorsichtig in die Mitte auf den Boden legen können.

Wir sprechen über »Netze« in unserem Leben (Telefonnetz, Straßen- oder Schienennetz ...). Inwiefern kann das Netz ein Zeichen für unsere Klassengemeinschaft sein?

Lauter Originale
- Nach dem Zufallsprinzip bilden wir Partnerteams.
- Mithilfe von Diaprojektoren und/oder OHPs zeichnen wir Schattenrisse voneinander.
- Dann befragen wir uns gegenseitig nach Namen, Wohnort, Vorlieben und Abneigungen, Hobbys, Lieblingsstars ... Die Information schreiben wir in das Schattenriss-Profil der oder des Interviewten hinein. Wir können die Umrisse noch ausschneiden und auf farbige Pappe kleben.
- Dann stellen wir uns vor der Klasse gegenseitig vor.
- Die beschrifteten Schattenrisse können als »Galerie« in der Klasse aufgehängt werden, vielleicht mit dem Titel: »Lauter Originale«.
- *Weiterführung*: »Ich kenne wen, den du nicht kennst, und die/der (sammelt Briefmarken, ist Fan von XY ...)«. Wer den Namen erraten hat, macht weiter.

Besondere Vornamen
- Alle sitzen im Kreis. Auf ein Kommando von L müssen bestimmte Sch möglichst schnell die Plätze wechseln: »Alle Vornamen, die mit ›M‹ beginnen!«, »Alle Vornamen, die ein ›e‹ enthalten!«, »Alle Vornamen, die mit ›a‹ enden!« und so weiter.

Meine Merkmale heute
- L beginnt, indem sie/er den eigenen Namen und ein sichtbares Merkmal nennt: »Gerd mit dem blauen Pulli ruft Friederike mit dem blonden Haar.« Friederike muss sofort einen Mit-Sch in dieser Weise aufrufen: »Friederike mit dem blonden Haar ruft Niklas mit der Brille.«
- Wer nicht reagiert, gibt ein Pfand.
- *Weiterführung*: Die Vornamen werden rückwärts aufgerufen: »Neram ruft Salokin« und so weiter.

Arbeitsblatt 1.2

»Ich bin ich«

ICH stehe
manchmal
neben mir
und sage
freundlich
DU zu mir
und sag
DU bist
ein Exemplar
wie keines
jemals
vor dir war
DU bist
der Stern
der Sterne
Das hör ich
nämlich gerne

Jürgen Spohn

- Lies das »Ich-Gedicht« von Jürgen Spohn. Versuch es mehrmals, möglichst mit Ausdruck. Gestalte eine Seite mit diesem Gedicht, schön geschrieben mit Verzierungen, Bildern oder was dir sonst dazu einfällt.
- Schreib – wenn du magst – dein eigenes Ich-Gedicht.

Du kennst mich (1)

Du kennst mich

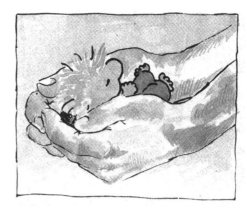

und manchmal scheint mir,
ich sei darin gefangen,
wie ein Vogel im Käfig.

Du siehst mich,
wenn ich Angst habe,
du siehst mich,
wenn ich mich verstecke
und nicht zugebe,
was ich getan habe.

Ich denke manchmal auch,
es habe eigentlich gar keinen Sinn,
dass es mich gibt.
Dann habe ich dieses Leben satt
und würde es gerne wegwerfen;
denn ich habe es mir nicht selber ausgesucht.

Ich kann kein Wort denken,
das du nicht hörst,
ehe ich es ausspreche.
Wie in zwei großen Händen
hältst du mich.
Ich bin darin geborgen,
wie ein Vogel im Nest,

Arbeitsblatt 1.3a

Manchmal träume ich vom großen Leben.
Ich träume davon,
reich oder schön oder mächtig zu sein,
sodass mich die Menschen
sehen und bewundern und von mir reden.

Manchmal träume ich davon,
ein anderer zu sein, als ich bin.
Ich hätte eine andere Gestalt,
einen anderen Geist,
ein anderes Wesen.
Und ich weiß doch: Es ist gut,
dass du mich gemacht hast,
wie du wolltest.

Ich möchte Ja sagen zu mir selbst.
Gott,
ich suche deine Hand,
dass du mich führst.
Nach Psalm 139

Dann kommt es mir dumm und klein vor,
das Leben, das ich führen soll,
in dem es immer heißt:
Du sollst,
du sollst nicht,
du darfst,
du darfst nicht.
Ich möchte dem allen davonlaufen.
Aber ich weiß, das sind Träume,
deine Hand ist stärker.

Du kennst mich (2)

Du kennst mich.
Du siehst mich,
wenn ich Angst habe,
du siehst mich,
wenn ich mich verstecke und nicht zugebe,
was ich getan habe.

Ich kann kein Wort denken,
das du nicht hörst, ehe ich es ausspreche.
Wie in zwei großen Händen hältst du mich.
Ich bin darin geborgen wie ein Vogel im Nest,
und manchmal scheint mir,
ich sei darin gefangen wie ein Vogel im Käfig.

Ich denke manchmal auch,
es habe eigentlich gar keinen Sinn,
dass es mich gibt.
Dann habe ich dieses Leben satt
und würde es gerne wegwerfen,
denn ich habe es mir nicht selber ausgesucht.

Manchmal träume ich vom großen Leben.
Ich träume davon,
reich oder schön oder mächtig zu sein,
sodass mich die Menschen
sehen und bewundern und von mir reden.

Dann kommt es mir dumm und klein vor,
das Leben, das ich führen soll,
in dem es immer heißt:
Du sollst, du sollst nicht,
du darfst, du darfst nicht.
Ich möchte dem allen davonlaufen.
Aber ich weiß, das sind Träume,
deine Hand ist stärker.

Manchmal träume ich davon,
ein anderer zu sein, als ich bin.
Ich hätte eine andere Gestalt,
einen anderen Geist, ein anderes Wesen.
Und ich weiß doch: Es ist gut,
dass du mich gemacht hast,
wie du wolltest.

Ich möchte Ja sagen zu mir selbst.
Gott,
ich suche deine Hand,
dass du mich führst.
Nach Psalm 139

Arbeitsblatt 1.4

- Wenn wir Psalmen lesen, entstehen vor unseren Augen oft Bilder. Sie helfen uns, was wir lesen, besser zu verstehen und zu deuten. Male zu dem Gedicht eine Bildfolge – falls du nicht gerne malst, kannst du auch aufschreiben, was dir an den verschiedenen Stellen durch den Kopf gegangen ist.

Der Elefant, der sang

- Was geht Kai-to durch den Kopf, als er verstoßen worden ist?

Betreten des Rasens verboten!

- Male in das freie Feld, wie die Geschichte weitergehen könnte.

Betreten des Rasens verboten! – Original

Das vierte Gebot erforschen: »Ehre deinen Vater und deine Mutter!«

Was mir durch den Kopf geht, wenn ich das vierte Gebot lese ...

_____

_____

_____

_____

_____

Was das vierte Gebot ursprünglich meint:
Das Gebot, die Eltern zu ehren, richtet sich an erwachsene Kinder.
- »Ehren« bedeutet »jemanden als gewichtig anerkennen«.
- »Ehren« hieß auch: für den Lebensunterhalt sorgen. Da es keine gesetzlich geregelte Altersfürsorge gab, war es notwendig, Kinder (bes. Söhne) zu haben. Alte, Kranke und Schwache waren auf die Unterstützung und Fürsorge ihrer Kinder angewiesen.

Was das vierte Gebot heute bedeuten kann:

_____

_____

_____

_____

_____

Ängste, die mich packen ...

- Schreib in die Hand, welche Wörter oder Situationen dir Angst machen.

Wer schreit?

Edvard Munch, 1893

- Vervollständige das Bild – du kannst es weitermalen, dazu Bilder ausschneiden und aufkleben …

Edvard Munch, Der Schrei

Der dünne Mann, der sich mit beiden Händen an den Kopf greift, wurde zu einer bekannten Darstellung von Schmerz und Leid. Der norwegische Künstler **Edvard Munch** malte es.

Über Munch

Der 1863 geborene Edvard Munch hatte eine traurige Kindheit: Seine Mutter und seine ältere Schwester starben früh, und er selbst war häufig krank. Bald verlor er auch noch den Vater und den Bruder. So überrascht es nicht, dass es in vielen seiner Bilder um Krankheit und Tod geht. Munch sagte, er wolle »Lebewesen (malen), die atmen und fühlen und lieben und leiden«, die also so empfanden, wie er empfand.

Wer schrie?

Weil der Mund des Mannes weit aufgerissen ist, nimmt man automatisch an, dass er schreit.
Munch aber meinte, zu dem Bild habe ihn ein Schrei angeregt, der auf geheimnisvolle Weise von der Welt um ihn herum ausgegangen sei.
Eines Abends, erzählt Munch, ging ich spazieren.
Die Sonne ging unter und »plötzlich färbte sich der Himmel blutrot ... Zitternd vor Angst blieb ich stehen und hörte, wie ein endloser Schrei durch die Natur ging«.
Die wirbelnden Linien auf dem Gemälde stellen das Echo des Schreis dar.

Munch schuf mehrere Versionen von *Der Schrei*. Einige davon farbig, andere schwarz-weiß.
Dieses Bild entstand 1893.

Psalm 22

² Mein Gott, mein Gott,
warum hast du mich verlassen?
Warum hilfst du nicht, wenn ich schreie,
warum bist du so fern?
³ Mein Gott, Tag und Nacht rufe ich um Hilfe,
doch du antwortest nicht
und schenkst mir keine Ruhe.

⁴ Du bist doch der heilige Gott,
dem Israel Danklieder singt!
⁵ Auf dich verließen sich unsere Väter,
sie vertrauten dir und du hast sie gerettet.
⁶ Sie schrien zu dir und wurden befreit;
sie hofften auf dich
und wurden nicht enttäuscht.

⁷ Doch ich bin kaum noch ein Mensch,
ich bin ein Wurm,
von allen verhöhnt und verachtet.

⁸ Wer mich sieht, macht sich über mich lustig,
verzieht den Mund und schüttelt den Kopf:
⁹ »Übergib deine Sache dem HERRN,
der kann dir ja helfen!
Er lässt dich bestimmt nicht im Stich!
Du bist doch sein Liebling!«

¹⁰ Ja, du hast mich aus dem Mutterschoß gezogen,
an der Mutterbrust hast du mich vertrauen gelehrt.
¹¹ Seit dem ersten Atemzug
stehe ich unter deinem Schutz;
von Geburt an bist du mein Gott.
¹² Bleib jetzt nicht fern, denn ich bin in Not!
Niemand sonst kann mir helfen!

¹³ Viele Feinde umzingeln mich,
kreisen mich ein wie wilde Stiere.
¹⁴ Sie reißen ihre Mäuler auf,
brüllen mich an wie hungrige Löwen.

¹⁵ Ich zerfließe wie ausgeschüttetes Wasser,
meine Knochen fallen auseinander.
Mein Herz zerschmilzt in mir wie Wachs.

¹⁶ Meine Kehle ist ausgedörrt,
die Zunge klebt mir am Gaumen,
ich sehe mich schon im Grab liegen –
und du lässt das alles zu!

¹⁷ Eine Verbrecherbande hat mich umstellt;
Hunde sind sie, die mir keinen Ausweg lassen.
Sie zerfetzen mir Hände und Füße.

¹⁸ Alle meine Rippen kann ich zählen;
und sie stehen dabei und gaffen mich an.
¹⁹ Schon losen sie um meine Kleider
und verteilen sie unter sich.

²⁰ Bleib nicht fern von mir, HERR!
Du bist mein Retter, komm und hilf mir!
²¹ Rette mich vor dem Schwert meiner Feinde,
rette mein Leben vor der Hundemeute!
²² Reiß mich aus dem Rachen des Löwen,
rette mich vor den Hörnern der wilden Stiere!

²³ Ich will meinen Brüdern von dir erzählen,
in der Gemeinde will ich dich preisen:
²⁴ »Die ihr zum HERRN gehört: Preist ihn!
Alle Nachkommen Jakobs: Ehrt ihn!
Ganz Israel soll ihn anbeten!
²⁵ Kein Elender ist dem HERRN zu gering;
mein Geschrei war ihm nicht lästig.
Er wandte sich nicht von mir ab,
sondern hörte auf meinen Hilferuf.«

²⁶ Darum danke ich dir, HERR,
vor der ganzen Gemeinde.
Vor den Augen aller, die dich ehren,
bringe ich dir die Opfer,
die ich dir versprochen habe.

²⁷ Die Armen sollen sich satt essen;
die nach dir, HERR, fragen,
sollen Loblieder singen;
immer möge es ihnen gut gehen!

²⁸ Alle Völker sollen zur Einsicht kommen;
von allen Enden der Erde
sollen sie zum HERRN umkehren
und sich vor ihm niederwerfen.

²⁹ Denn der HERR ist König,
er herrscht über alle Völker.
³⁰ Vor ihm müssen die Mächtigen sich beugen,
alle Sterblichen sollen ihn ehren,
alle, die hinunter müssen ins Grab.

³¹ Auch die kommende Generation soll ihm dienen,
sie soll hören, was er getan hat.
³² Und sie soll ihren Nachkommen weitererzählen,
wie der HERR eingegriffen hat, wie treu er ist.

Übersetzung: Gute Nachricht-Bibel

Omas Ängste – ein Teufelskreis

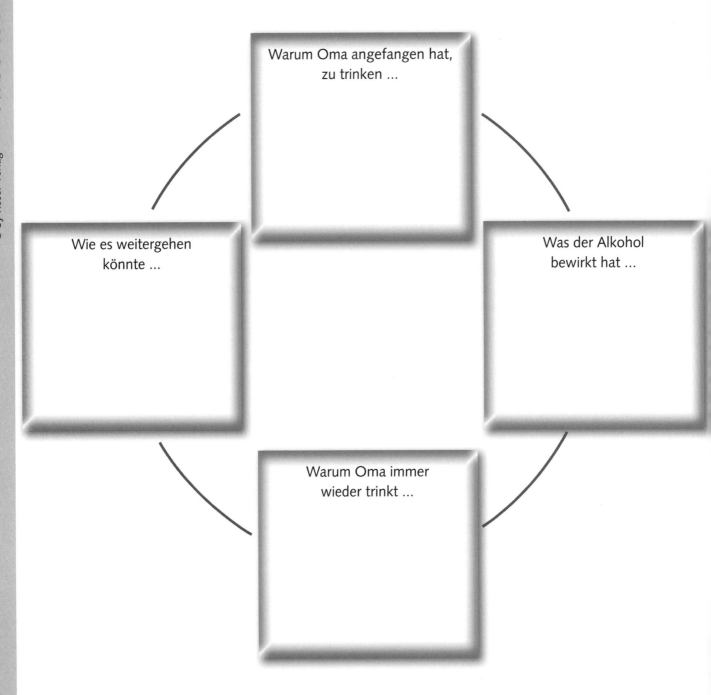

- Lies die Geschichte in *Treffpunkt RU 5/6* auf S. 22 und vervollständige die Kästchen.

2 Das Leben feiern
Feste – Feiern – Bräuche

Kompetenzen erwerben

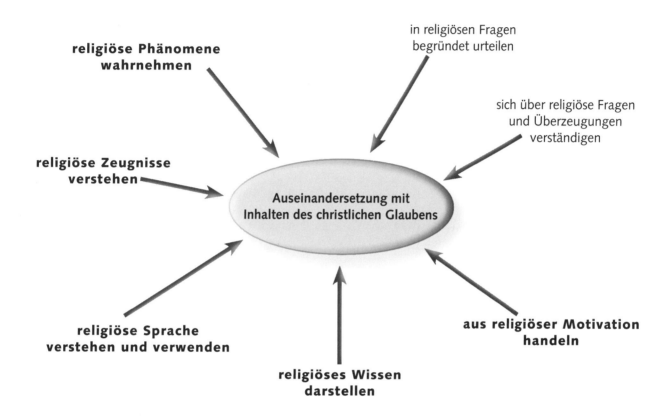

Die Schülerinnen und Schüler ...
... analysieren und deuten religiöse Verhaltensweisen;
... können an liturgischen Vollzügen der Kirche verstehend teilnehmen;
... zeigen den Zusammenhang zwischen Alltag und Festtag auf.

Didaktischer Leitfaden
Der Grundgedanke des Kapitels ist gleichsam in der Überschrift zusammengefasst: Es sind die mit bestimmten Ritualen verbundenen Feste und Bräuche, die das Dahinplätschern des Alltags unterbrechen, der Lebensbejahung Ausdruck verleihen und das Leben zum Fest werden lassen. Während es im RU der Grundschule v.a. darum ging, Feste und Bräuche kennenzulernen, zu verstehen und ggf. mitzufeiern, geht es nun v.a. um das Verstehen einer Festkultur: Erst durch die Einrichtung bestimmter Feste und Bräuche hebt sich das menschliche Leben aus einem täglichen Einerlei hervor und gibt einzelnen Ereignissen – etwa individuellen wie Geburt, Eheschließung, Ausbildungsbeginn oder -ende – und damit letztlich auch dem ganzen Leben eine Sinndeutung. Auch die Feier bestimmter, immer wiederkehrender Feste im Jahreskreis verbindet im Jahreslauf wiederkehrende Ereignisse mit einer Deutung des menschlichen Lebens. Die Festtage im Kirchenjahr spiegeln dabei die ganze Dimension des menschlichen Lebens auf der einen Seite sowie des göttlichen Heilshandelns – mit der Feier von Geburt, Leben, Tod, Auferstehung und Himmelfahrt Christi – auf der anderen Seite wider. »Die Sinndeutung und das Heilsangebot werden so immer wieder theoretisch und praktisch-pragmatisch, spirituell und affektiv vollzogen und eingeübt« (*Manfred Becker-Huberti, Feiern – Feste – Jahreszeiten. Lebendige Bräuche im ganzen Jahr – Geschichte und Geschichten, Lieder und Legenden, Freiburg i.Br. 1998*).

Die Frage, wie verschiedene, u.a. christliche Feste gestaltet werden und wie deren Feier auf den Alltag bzw.

auf die Deutung des gesamten Lebens zurückwirkt, bildet den Leitfaden des Kapitels. Dabei fragt die erste Einheit (**2.1., S. 26**) nach dem eigenen Erfahrungshintergrund der Sch bei der Gestaltung unterschiedlichster Feste, ist es doch zu Beginn der Sequenz notwendig zu erfassen, wie die Kinder selbst Feste erleben, welche Erwartungen und Erfahrungen sie damit verknüpfen und was ihrer Meinung nach ein gelungenes Fest ausmacht. Diesem Eingangsimpuls schließt sich die grundlegende Reflexion über das Wesen des Festes anhand eines Mythos der Eskimos an (**2.2., S. 27–28**). Diese allgemeine Reflexion findet ihre (christlich-religiöse) Konkretion in den nachfolgenden Einheiten, zunächst anhand der Bedeutung und Gestaltung des Sonntags (**2.3., S. 29–31**). Insofern Brauchtum und Rituale ein fester Bestandteil jeglicher Festkultur sind und den Festen erst ihre Struktur verleihen, fragt die folgende Einheit (**2.4., S. 32**) nach Bräuchen im Umfeld der Sch und bietet Anregungen zur Entwicklung eigener Bräuche, z.B. in der Klassengemeinschaft. An diese Einheit schließen sich die Themen »Osterbräuche« (**2.5., S. 33**) und »Weihnachten feiern« (**2.6., S. 34–35**) sinnvoll an. Das Kapitel schließt mit dem Lied »Unser Leben sei ein Fest« (**S. 36**), das wiederum den Leitgedanken der Sequenz aus christlicher Perspektive zum Ausdruck bringt.

Mögliche Verbindungen

– zu Kapitel 5 »Menschen beten zu Gott. Bitten, danken und loben mit allen Sinnen«
– zu Kapitel 8 »Ein Traum von Gemeinschaft. Christen leben in Gemeinden«
– zu Kapitel 10 »Im Einklang mit Gottes Schöpfung leben. Unsere Welt wahrnehmen und bewahren«

2.0. Eröffnungsseite   S. 25

Hintergrund

Das Eingangsbild »Tanz der Freundschaft« von Pablo Picasso kann im Hinblick auf das Thema des Kapitels betrachtet werden:

Pablo Picasso (1881–1973)
Pablo Picasso wurde 1881 als Sohn eines Zeichenlehrers in Malaga geboren, von wo aus die Familie 1885 nach Barcelona zog. Hier besuchte Picasso die Kunstschule. Im Jahr 1900 ging er nach Paris, dem damaligen kulturellen Zentrum. Sein einzigartiges künstlerisches Schaffen war geprägt von der Suche nach immer neuen Ausdrucksformen. Er arbeitete gegenständlich, realistisch, klassizistisch, symbolisch, surrealistisch und abstrakt, auch als Bildhauer und Keramiker. Er gilt als der bedeutendste Wegbereiter und Vertreter der Kunst des 20. Jhs. Bis ins hohe Alter produktiv, starb er 1973 in Mougins, Frankreich.

Pablo Picasso: »Tanz der Freundschaft«, 1959
Bildbeschreibung: Die Zeichnung von Wachsmalkreiden zeigt im Stil von Strichfiguren dargestellte Männer und Frauen in tanzenden Bewegungen, manche halten Blumen in den Händen, andere halten einander an den Händen gefasst. Über den tanzenden Figuren strahlt – mit grünen und blauen Strahlen die Farben der Figuren aufnehmend – eine gelbe Sonne, in deren Mitte ein Vogel erkennbar ist.
Bilddeutung: Das Bild ist geprägt von bunten Farben, es zeigt Gemeinschaft und in den Blumen gleichsam blühendes Leben. Es ist geprägt durch eine Atmosphäre von Fröhlichkeit, Leichtigkeit und Wärme und kann so auf die Stimmung bei einem Fest hin gedeutet werden. Die Sonne, betrachtet als Garantin der kosmischen Ordnung, könnte dem Leitgedanken des Kapitels folgend auf den Rhythmus und Zusammenhang von Alltag und Festtag hinweisen. Der Vogel kann als Friedenstaube gedeutet werden und auf Voraussetzung und Ziel einer Feier verweisen.

Unterrichtsbaustein

- Sch gestalten gemeinsam auf einem Plakat oder einer Tapete eine »Kopie« des Picasso-Bildes (→ **Methodenkarte** »Ein Bild verändern«) mit Wachsmalstiften und stellen sich jeweils selbst als Strichfigur dar. Dieses Bild bleibt während der Behandlung des Kapitels im Unterrichtsraum hängen.

2.1. Feste feiern S. 26

Hintergrund

Die **Fotos** auf der Seite eignen sich als erste Gesprächsimpulse zum Thema Feiern, indem sie Feste zeigen, die den Kindern bekannt sind. Es werden religiös motivierte Feiern gezeigt (Erstkommunionfeier, Nikolaus, Weihnachtsfeier), wobei den Sch dieser Zusammenhang bei Karneval/Fastnacht und Kirmes/Jahrmarkt wohl kaum bewusst sein dürfte.

Der Karneval bzw. die Fastnacht ist zwar keine liturgische Zeit, dennoch bilden insbesondere die Kerntage von Donnerstag (Weiberfastnacht) bis Dienstag (Veilchendienstag) vor Aschermittwoch ein sog. Schwellenfest vor Beginn der Fastenzeit. So ist schon um 1200 die Bezeichnung *vastnacht* für den Abend vor Beginn der Fastenzeit am Aschermittwoch belegt. Das seit dem 17. Jh. bezeugte, synonym gebrauchte Wort Karneval stammt vom italienischen *carne-vale* (Fleisch-Lebewohl), das vermutlich vom mittellat. *carnelevale* (Fleischwegnahme) als Ausdruck für den Beginn der Fastenzeit stammt (vgl. Becker-Huberti, S. 201ff.). Als Kirmes (Kerb) wird heute ein Jahrmarkt mit Verkaufs-, Vergnügungs- und Verzehrangeboten bezeichnet, ursprünglich stammt das Wort von mhd. *kirmesse* (= »kirchmesse«), womit ursprünglich die Messe zur Einweihung einer Kirche und in Folge das jährlich wiederkehrende Erinnerungsfest an diese Weihe bezeichnet wurden (vgl. Becker-Huberti, S. 373ff.).

Zahlreiche detaillierte Information über Bräuche im (Kirchen-)Jahr und ihren theologischen Aussagegehalt finden sich in: *Ulrich Lüke, Einladung ins Christentum. Was das Kirchenjahr über den Glauben verrät, Kösel, München 2009*, und unter: www.brauchtum.de

Die **Fotos** deuten verschiedene Elemente an, die ein Fest ausmachen: besondere (Ver-)Kleidung, Geselligkeit/Gemeinschaft, besondere Dekoration, aufwendiges Essen, außergewöhnliche Aktivitäten, Erinnerung an etwas, Geschenke ... Sie bieten Erzählanlass, um eigene (positive wie negative) Erlebnisse, aber auch Wünsche und Erwartungen in Bezug auf ein Fest zur Sprache zu bringen. Wenn es darum geht, den Sch die Bedeutung bestimmter Bräuche und Feste, ja des Feierns selbst zu erschließen, ist es unbedingt notwendig, zuvor darüber nachzudenken, was für sie selbst zum Gelingen beiträgt.

Unterrichtsbausteine

- Sch clustern (→ **Methodenkarte** »Clustern«) zum Begriff Fest.
- Sch bringen Fotos und andere Erinnerungsstücke von einem gelungenen Fest mit und berichten in KG davon.
- Sch verfassen einen Zeitungsartikel zu einem gelungenen Karnevalsfest (**AB 2.1**).

2.2. Ein Fest – was ist das? S. 27–28

Hintergrund

Nachdem die Sch-Vorerfahrungen eingeholt wurden, befasst sich die folgende Einheit mit der grundsätzlichen Frage nach dem **Wesen des Festes**. *Treffpunkt RU 5/6* unterscheidet dabei nicht genau zwischen dem Begriff »Fest«, der eher eine gegliederte, vorbereitete, evtl. nach bestimmten Regeln verlaufende Veranstaltung bezeichnet, und »Feier«, womit eine eher offene Form des fröhlichen Beisammenseins gemeint ist. Die aufgeworfene Frage »Ein Fest – was ist das?« wird anhand der **Mythe »Das Geschenk des Adlers«** beantwortet. Dabei handelt es sich um eine von dem Eskimoforscher Knud Rasmussen (1879–1933) auf seiner Expedition nach Alaska gesammelte Mythe in der Bearbeitung von Lene Mayer-Skumanz (vgl. *Hubertus Halbfas, Religionsunterricht in der Grundschule – Lehrerhandbuch 3, Düsseldorf/ Zürich 1985, 354ff*; die originale Wiedergabe der Mythe findet sich in: *Ders., Das Welthaus. Ein religionsgeschichtliches Lesebuch, Düsseldorf/ Stuttgart 1983*). Verschiedene Aspekte des Themas werden anhand dieser Geschichte verdeutlicht:

Das Fest bildet einen Gegenpol zur Arbeit des Alltags. Letztere verfolgt den Zweck, den Lebensunterhalt zu erhalten, sie ist ausgerichtet auf Leistung und Produktivität. Das Fest bildet demgegenüber einen Ruhepol, eine Zeit der nicht produktiven oder leistungsorientierten Aktivität. Die Gabe, sich von den vermeintlichen Zwängen des Alltags, auch von den alltäglichen Sorgen lösen zu können, um zu feiern, muss den Eskimos erst geschenkt werden. Das Fest wird in der Mythe gleichsam als »heilige Gabe« verstanden, die der Eskimojunge auf wunderbare Weise auf der Spitze eines Berges – in der Tradition häufig Ort der Gottesbegegnung – empfängt. Er lernt die wesentlichen Elemente kennen: Feste sind Zeiten des gesteigerten Lebens mit besonderen Speisen und Getränken, Musik und Tanz, gemeinsamer Zeit für Gespräche und Gesang. All diese Elemente bedürfen der Vorbereitung und des Mittuns der Festteilnehmer. Bei dem Fest geht eine Verwandlung mit dem Jungen vor, die der Text so beschreibt: »Der Junge sprang und schlug die Trommel dazu, er lachte vor Glück und sang sein Lied.« Die Ursache für diese gehobene Stimmung bei einem Fest reicht dabei tiefer, als es auf den ersten Blick scheint. Sie liegt zunächst in dem Anlass, der gefeiert wird, dann in der Freude über das Beisammensein, doch steckt hinter all dem eine grundlegende Bejahung des Lebens, die in dem Fest partiell ihren Ausdruck findet. Diese Bejahung des Lebens und die Freude, die die Gabe des Festes den Menschen bereitet, wirken in ihren Alltag hinein: »Bei allem, was sie taten, fragten sie sich, ob sie nicht ein Lied daraus machen könnten. Und so begannen sie, die Dinge rundherum auf eine neue Art zu sehen.« Ihr zuvor rastloses Arbeiten wird dadurch gewandelt in ein Dasein in Harmonie miteinander und mit ihrer Umwelt, symbolisiert in den mitfeiernden Tieren.

Unterrichtsbausteine

- Sch legen ein Bodenbild zu der Geschichte (→ **Methodenkarte** »Ein Bodenbild legen«).
- Sch dichten ein Elfchen (→ **Methodenkarte** »Ein Elfchen dichten«) oder ein Haiku (→ **Methodenkarte** »Ein Haiku dichten«) zum Thema Fest.

2.3. Den Sonntag feiern   S. 29–31

Hintergrund

Gen 2,2–3 verdeutlicht den Zusammenhang des christlichen Sonntags mit der Feier der Eucharistie in Gedenken an das letzte Abendmahl (vgl. Darstellung aus dem Psalter, S. 31) und die Auferstehung Jesu Christi mit dem jüdischen Sabbat. Die wesentliche Information dazu erhalten Sch durch die »**Kleine Geschichte des Sonntags**« (S. 30). Die Weisung der Tora zur Einhaltung des Sabbats als Ruhetag und besonderem Gedenktag für die Heilstaten Gottes wird in Gen 2,2–3 schöpfungstheologisch begründet und ist eng mit der Heilsgeschichte des Volkes Israel verknüpft: »Denk daran: Als du in Ägypten Sklave warst, hat dich der Herr, dein Gott, mit starker Hand und hoch erhobenem Arm dort herausgeführt. Darum hat es dir der Herr, dein Gott, zur Pflicht gemacht, den Sabbat zu halten« (Dtn 5,15). Der Sabbat wird als Bestandteil der Grundordnung der Welt gewertet, die JHWH seiner Schöpfung gestiftet hat. Wenn es dabei in der priesterschriftlichen Schöpfungserzählung heißt, »Gott vollendete das Werk«, dann ist die Feier des Sabbats gleichsam die Vorwegnahme der Vollendung der Welt. Der Sabbat befreit die gläubigen Juden von den Verpflichtungen ihres Alltags und verweist sie auf ihre Würde als aus der Knechtschaft befreite Geschöpfe JHWHs. Diese hier nur kurz angedeuteten Grundgedanken zum jüdischen Sabbat sind übertragbar auf den christlichen Sonntag: »Die Feier des ganzen Sonntags ist für den Christen Ausdruck seiner Gottesverehrung. Sie soll ihn in seinem Glauben stärken, ihn für den Gottesdienst befähigen und für den Dienst in der Welt immer neu rüsten. Zugleich soll der Sonntag den Menschen aus vielfältigen Zwängen seiner Lebensform befreien, die weitgehend durch die Gegebenheiten der industriellen Massengesellschaft geprägt ist. In seiner täglichen Arbeit verwirklicht der Mensch den Auftrag des Schöpfers, erwirbt seinen Lebensunterhalt und gestaltet die Welt. Um sich jedoch immer wieder seiner Würde als Mensch und Christ bewusst zu werden, setzt er in der Feier des Sonntags die werktägliche Arbeit aus und begegnet so wirksam der Gefahr, dass ihn die Arbeitswelt ihren Zwecken unterwirft, ihn versklavt und isoliert. Deshalb treten die Christen für den Sonntag als Tag der Feier und Ruhe ein; er ist wichtig nicht nur für ihre Gemeinde, sondern für die gesamte Gesellschaft« (Synodenbeschluss »Gottesdienst«, 1975, 2.2.).

Dass nicht allein der volle Genuss etwa der Lieblingsspeise, bloßes Nichtstun oder aber eine Lieblingstätigkeit die Feier des Sonntags ausmachen, sondern dass das Gebet und die Gottesbeziehung untrennbar dazugehören, wird anhand einer kurzen **afrikanischen Sage** (S. 30) humorvoll angedeutet. Deren Inhalt können Sch sicherlich auch auf die Gestaltung des Sonntags in ihren Familien übertragen.

> **Max Hunziker (1901–1976)**
> Max Hunziker entschloss sich nach seiner Ausbildung zum Lehrer zum Künstlerberuf. Schwerpunkte seiner Kunst, die von so bedeutenden Künstlern wie Matisse, Cézanne und Rouault beeinflusst ist, sind Malerei, Glasmalerei und Grafik.
> Seine **Lithografie** (S. 29) stammt aus der Serie »Neun Lithografien zum Cherubinischen Wandersmann« und kann in zahlreichen Elementen auf die Feier des Sonntags hin gedeutet werden.

Max Hunziker: »Rad«, 1955

Bildbeschreibung: Die Farblithografie zeigt vor einem tiefblauen Hintergrund eine weibliche Gestalt hinter einem grünen, achtspeichigen Rad kniend. Ihre Hände und Unterarme sind auf das Rad gestützt, der Kopf ruht zur Seite geneigt mit geschlossenen Augen auf den Händen. Hände, Gesicht und Füße sind weiß gestaltet, ihr Kleid ist mit rot-schwarzen Punkten übersät.
Bilddeutung: Die Grundform ihrer Gestalt ist ein Dreieck, eine für Dynamik stehende Form im Kontrast zu dem Rund des Rades, das Ruhe symbolisiert. Durch diese Formgebung sowie das Motiv des sich sonst drehenden, aber hier verharrenden Rades mit der scheinbar in sich versunkenen Frau spielt das Bild mit den Elementen Ruhe und Bewegung. Es ist unterschrieben mit einem Zitat aus dem »Cherubinischen Wandersmann« 1,37: »Nichts ist, was dich bewegt, du selber bist das Rad/Das aus sich

selbsten läuft und keine Ruhe hat.« (Weitere Information in: *Treffpunkt RU, 36 Farbfolien,* Folie 2.)
Der schlesische Dichter **Angelus Silesius**, eigentlich Johannes Scheffler (1624–77), veröffentlichte 1657 seinen »Cherubinischen Wandersmann oder Geist-Reiche Sinn und Schlussreime«, eine Sammlung von Epigrammen, die eine mystische Sicht des christlichen Lebens und Glaubens entfalten.

»Tischgemeinschaft mit Christus«, vor 1222

Bildbeschreibung: Die frühmittelalterliche Buchmalerei aus einem Psalter zeigt einen Tisch mit Speisen in Aufsicht, umgeben von vielen Menschen. In der oberen Hälfte die zwölf mit Heiligenscheinen gekennzeichneten Apostel, zentral in ihrer Mitte Christus, seiner Bedeutung entsprechend größer dargestellt, mit Kreuznimbus und Segensgestus. Um die untere Hälfte des Tisches gruppieren sich 28 weitere Männer, drei von ihnen an der unteren, vorderen Tischkante in Rückansicht. Auf dem Tisch sind eine leere Schale und ein Kelch zu sehen, ferner fünf runde Brotlaibe und zwei grüne Fische. Am unteren Bildrand innerhalb der Schmuckleisten, die das Gemälde einrahmen, stehen zwölf geflochtene und gefüllte Körbe.

Bilddeutung: Die übliche Darstellung des letzten Abendmahls zeigt Jesus im Kreis der zwölf Apostel, mit denen er Brot und Wein in Schale und Kelch teilt. Dieses Motiv – im oberen Bildteil – wird hier – im unteren Bildteil – ergänzt durch eine Darstellung der Brotvermehrung, der Speisung der Fünftausend, gemäß Lk 9,12–17.

»Jesus aber nahm die fünf Brote und die zwei Fische, blickte zum Himmel auf, segnete sie und brach sie, dann gab er sie den Jüngern, damit sie diese an die Leute austeilten. Und alle aßen und wurden satt. Als man die übrig gebliebenen Brotstücke einsammelte, waren es zwölf Körbe voll« (Lk 9,16f.).

Die 28 Männer an der unteren Tischhälfte können als »die Leute« (V. 16), die gesamte Menschheit aufgefasst werden; denn ihre Anzahl oder die himmlische Tischgemeinschaft (»Ihr sollt in meinem Reich mit mir an meinem Tisch essen und trinken«, Lk 22,30) resultiert aus der Multiplikation der Zahlen der Vollkommenheit und Fülle (4 x 7 = 28).

Die drei größer dargestellten Männer in Rückansicht könnten an die Emmaus-Erzählung (Lk 24,13–35) erinnern.

Unterrichtsbausteine

- Sch erschließen das Bild S. 29 (→ **Methodenkarte** »Ein Bild erschließen«) und deuten es auf die Bedeutung des Sonntags als besonderen Tag der Muße und Feier hin.
- Sch gestalten ein ähnliches Bild anhand von **AB 2.2**.
- Sch führen eine Diskussion (→ **Methodenkarte** »Eine Pro-und-kontra-Diskussion führen«) zum Thema: Sollte der Sonntag zum normalen Werktag werden?
- L fertigt eine vergrößerte Farbkopie des Bildes S. 30. Sch skizzieren sich selbst als kleine Figuren und kleben »sich« im unteren Bildbereich dazu. Überschrift: Einladung zur Tischgemeinschaft am Sonntag.

2.4. Feste und Bräuche — S. 32

Hintergrund

Diese kurze Einheit thematisiert die Bedeutung fester Bräuche für zwischenmenschliche Beziehungen und insbesondere für die Gestaltung von Festen. In den folgenden beiden Abschnitten wird dies für die kirchlichen Hochfeste Ostern und Weihnachten vertieft.

Zuweilen sind es gerade die mit bestimmten Feiern verbundenen traditionellen Bräuche, die von Kindern und Jugendlichen nicht mehr verstanden und/oder als überholt und abschreckend empfunden werden. Demgegenüber lädt der bekannte Ausschnitt aus der Geschichte **»Der kleine Prinz«** (1956) von Antoine de Saint-Exupéry dazu ein, die positive Bedeutung eines gemeinsamen Brauchs zu entdecken. Ein fester Brauch schafft nicht nur eine Verbindung zwischen dem Fuchs und dem kleinen Prinzen, er wirkt auch in deren Alltag hinein durch die Vorfreude. Indem ein Tag oder eine Stunde von der anderen durch gewisse Bräuche unterschieden ist, sind nicht mehr »alle Tage gleich«. Insofern knüpft die Geschichte an die Mythe vom »Geschenk des Adlers« an.

Das **Foto eines Osterfrühstücks** mit entsprechender Tischdekoration und die Arbeitsanregungen bieten verschiedene Impulse, den Bräuchen im Leben der eigenen Familie und darüber hinaus bei der Feier bestimmter Feste im Kirchenjahr nachzugehen. Dabei können Sch entdecken, dass bestimmte Bräuche traditionell festgelegt sind – etwa die Segnung der Palmzweige an Palmsonntag –, dass es aber auch regional verschiedene Ausprägungen desselben Brauchs gibt – etwa bei der Feier des hl. Nikolaus im Süden Deutschlands, in anderen deutschen Regionen und in den Niederlanden – und dass Bräuche auch durch Familientraditionen geprägt werden. Das Verständnis für die Entstehung und Bedeutung bestimmter Bräuche befähigt Sch, diese Phänomene in ihrem eigenen kulturellen und religiösen Umfeld wahrzunehmen und ggf. verstehend mitzuvollziehen. Dabei wird deutlich, dass traditionelle Bräuche eine positive Bedeutung haben und bei der gemeinsamen Feier zur Vorfreude, zum reibungslosen Ablauf und zur Verhaltenssicherheit beitragen. Kritisch betrachtet werden müssen traditionell festgelegte Bräuche aber dann, wenn sie sich als Hindernis für den Mitvollzug einer Feier erweisen, sei es, weil sie den Bezug zum eigentlichen Ursprung des Festes verloren haben, sei es, dass sie in alten Formen erstarrt sind, die keinen Raum für Kreativität und zeitgemäße Formen lassen. Diese Ambivalenz entspricht dem Erfahrungshintergrund der Sch und ermutigt, eigene Ideen bei der Einrichtung neuer Bräuche oder beim Vollzug traditioneller Feiern einzubringen.

Unterrichtsbausteine

- Sch entwickeln Kriterien für die Einrichtung und Einhaltung von Bräuchen im positiven Sinne, aber auch für Kritik an negativen oder funktionslosen Bräuchen anhand von **AB 2.3**.
- Sch recherchieren zu typischen Bräuchen in ihrer Region und erfassen deren Ursprung und Bedeutung.
- Sch stellen die Bedeutung der liturgischen Farben dar, anhand von **AB 2.4** und **AB 2.5**.

2.5. Osterbräuche   S. 33

Hintergrund

Das Thema Bräuche wird zunächst an zwei österlichen Symbolen vertieft, dem Osterei und dem Licht in Form von Osterfeuer und Osterkerze.
Das Ei als Geschenk zu Ostern lässt sich schon in den ersten nachchristlichen Jahrhunderten in Armenien nachweisen. Es ist Symbol für das neue Leben, das die wie tot aussehende Schale durchbricht, wie es ausgedrückt wird in Sprüchen wie: »Wie der Vogel aus dem Ei gekrochen, hat Jesus Christus das Grab zerbrochen« (vgl. *Becker-Huberti, S. 309ff.*).
Im **Symbol des Lichts** wird der Sieg des Lebens über den Tod besonders eindringlich deutlich. Daher spielt die Lichtsymbolik in der Liturgie der Osternacht mit dem Entzünden eines Osterfeuers, an dem wiederum die Osterkerze angezündet wird, eine große Rolle. Das Dunkel, das für Tod, Leid und Not steht, wird durch das Licht vertrieben. Dieses schenkt Helligkeit, Orientierung (z.B. als Leuchtfeuer im Leuchtturm), Klarheit (vgl. die Redewendung: Mir geht ein Licht auf), Wärme und Geborgenheit und gibt Anteil an der Lebenskraft der Sonne. Es steht somit für den Sieg des Lebens in Fülle über den Tod. Das weithin sichtbare, brennende Kreuz symbolisiert dies in besonderer Weise.

Unterrichtsbausteine

- Sch gestalten Collagen aus Zeitungs-/Zeitschriften-Ausschnitten mit den Überschriften: »Dunkel in der Welt« – »Licht der Welt« (→ **Methodenkarte** »Eine Collage gestalten«).
- Sch erlernen und tanzen einen meditativen Tanz, z.B. im Rahmen einer Lichtfeier, eines Schulgottesdienstes o.Ä. mithilfe von **AB 2.6**.

2.6. Weihnachten feiern   S. 34–37

Hintergrund

Das Weihnachtsfest ist wohl das christliche Hochfest, das in Westeuropa am meisten unter dem Einfluss der Kommerzialisierung steht. Dadurch gerät der Kern des Festes, die Feier der Menschwerdung Gottes, in Gefahr, hinter den mit ihm verbundenen Bräuchen in Vergessenheit zu geraten. Tatsächlich wissen bei den jährlich wiederkehrenden Umfragen von Fernseh- und Radiosendern, was denn an Weihnachten gefeiert werde, immer weniger der zumeist beim Geschenke-Einkauf Befragten die richtige Antwort. Sosehr das Schmücken des Raumes, das gegenseitige Beschenken, das festliche Essen usw. zur Gestaltung des Festes dazugehören (vgl. die Geschichte vom »Geschenk des Adlers«, *Treffpunkt RU 5/6, S. 27*), so sinnlos oder gar widersinnig werden diese Elemente, wenn sie nicht mehr als Ausdruck der Freude über das viel größere Geschenk Gottes an die Menschheit verstanden werden, nach dem sich viele Menschen sehnen (vgl. *Matthias Morgenroth, Heiligabend-Religion. Von unserer Sehnsucht nach Weihnachten, München ²2004*).

Die Sinnentleerung der Festaktivitäten an Weihnachten wird sowohl durch das **Gedicht (S. 34)** von Klaus Peikert als auch durch die **Geschichte (S. 34–35)** »Wie sieben Kobolde das Weihnachtsfest stahlen« zum Ausdruck gebracht. Im RU dienen beide als Impuls, die traditionellen Bräuche zu überdenken, ihren Gehalt zu überprüfen und nach Formen zu suchen, die dem Inhalt der christlichen Botschaft adäquat sind.

Dabei steht das **Bild von Beate Heinen (S. 35)** dafür, dass das einmalige Geschehen, wie es die biblischen Erzählungen von der Geburt Christi vermitteln, in unsere Gegenwart hineinwirkt. Das Licht der Weihnacht – denn auch für dieses Fest spielt die Lichtsymbolik eine große Rolle – breitet sich nur da aus, wo Menschen die Nöte derer, die im Dunkel sind, nicht übersehen und sich ihrer annehmen.

Das **Lied** (**S. 36**) zum Ende dieser Einheit, »Unser Leben sei ein Fest«, fasst deren Inhalt zusammen: Im Glauben an Christus ist die Sinnhaftigkeit des menschlichen Lebens verbürgt und durch das Handeln aus dem Glauben heraus wird das Leben gleichsam zum Fest.

Unterrichtsbausteine

- Sch beschreiben, wie die Familie Rutishauser »richtig« Weihnachten gefeiert hat, und suchen Formulierungen für den Kern des Weihnachtsfestes: »Weihnachten ist …«
- Sch sammeln Information zu weihnachtlichen Bräuchen aus aller Welt und erklären diese in kurzen Vorträgen (→ **Methodenkarte** »Einen Vortrag halten«).
- Das Feste-Feiern-Bräuche-Memory (**AB 2.7**) kann im Verlauf der Sequenz an verschiedenen Stellen zum Einsatz kommen, eignet sich aber auch für Vertretungsstunden.

Arbeitsblatt 2.1

Kölner Karneval von Gewaltanstieg überschattet

7.3.09, Nr. 3/8

Der Start des rheinischen Straßenkarnevals wurde von einer ungewöhnlich hohen Zahl von Schlägereien und Körperverletzungen überschattet. Laut Aussage der Polizei sei ein Großteil der Karnevalisten weitaus früher betrunken gewesen als im Vorjahr, was die Gewaltbereitschaft deutlich erhöht habe. Allein an Weiberfastnacht habe man in der Domstadt 59 Prügeleien und 115 Körperverletzungen gezählt, dabei kam es in zwei Fällen zu erheblichen Verletzungen durch Stichwaffen. Bei insgesamt 1288 Einsätzen der Kölner Polizei wurden 123 Personen in Gewahrsam genommen, 18 Karnevalisten wurden festgenommen. Mit zunehmender Sorge beobachtet die Polizei den Alkoholmissbrauch bei Jugendlichen, die immer häufiger neben dem typischen Kölsch auch härteren Alkohol konsumierten. »Vielen Jugendlichen, aber auch deren Eltern scheint die Gefahr eines derartigen Verhaltens nicht bewusst zu sein. Ein Rausch, der beinahe bis zur Bewusstlosigkeit führt, scheint für sie zum Karneval dazuzugehören«, klagt ein Polizeisprecher in Köln.

Kölner Karneval von Gewaltanstieg überschattet

- Lies den Artikel über die Schattenseiten des Kölner Karnevals.
- Stelle dem **Kölner Kurier** einen eigenen Artikel gegenüber, in dem du einen positiven Verlauf des Straßenkarnevals beschreibst. Überlege vorher: Was gehört für dich zu einem gelungenen Karnevalsfest dazu?

© by Kösel-Verlag

Max Hunziker: »Rad«

- Trage zwischen den Speichen des Rades ein, wofür du im Alltag Zeit verwendest (schlafen, essen, Schule ...)
- Überlege, ob deine Zeiteinteilung so gut ist, was du ändern könntest und vor allem wie.
  Trage deine Überlegungen mit einer anderen Farbe in die Zwischenräume ein.

Was ist ein guter Brauch?

- Lies die Geschichte vom kleinen Prinzen und dem Fuchs (*Treffpunkt RU 5/6*, S. 32) aufmerksam. Beschreibe den darauffolgenden Morgen aus der Sicht des Fuchses. Was hat sich durch die Einrichtung eines festen Brauchs verändert?

Am darauffolgenden Morgen kam der kleine Prinz zur vereinbarten Stunde zurück...

_____

_____

_____

_____

_____

_____

Der etwa zwölfjährige Wolfgang beschreibt den Verlauf des Ostermontags in seiner Familie mit Vater, Mutter, seiner älteren Schwester Martina und dem kleinen Bruder Nik:

»Der Hawlica steht jeden Tag um acht Uhr vor unserem Haus und pfeift seinem Hund. Um viertel neun kommt dann der Hund und der Hawlica hört zu pfeifen auf.
Als der Hund gekommen ist, habe ich mir gedacht: Jetzt ist es viertel neun und blau ist der Himmel auch, da ist es Zeit, dass wir uns anziehen. Denn um neun Uhr beginnt bei uns jedes Jahr der Ostermontagsausflug. Das ist Tradition, hat der Papa gesagt. Wir müssen immer alle mitfahren, sogar wenn wir Schnupfen haben, und wir haben uns eigentlich schon abgewöhnt, nicht mitfahren zu wollen, weil es uns sowieso nichts nützt. Der Papa wird nämlich ganz wild, wenn einer von uns nicht mitwill, weil wir dann gegen die Tradition verstoßen. Die Mama und die Martina müssen zum Ausflug ein Dirndl anziehen und der Nik und ich die Lederhosen.«

Christine Nöstlinger

- Lies die Beschreibung des Ostermontags. Überlege, welche festen Bräuche vorkommen und welche Bedeutung sie haben. Vergleiche dies mit der Geschichte vom kleinen Prinzen und dem Fuchs.
- Wolfgang und seine Geschwister stellen die Gestaltung des Ostermontags zur Diskussion. Bereitet ein Rollenspiel vor.

Arbeitsblatt 2.3

Den Jahresfestkreis ausgestalten

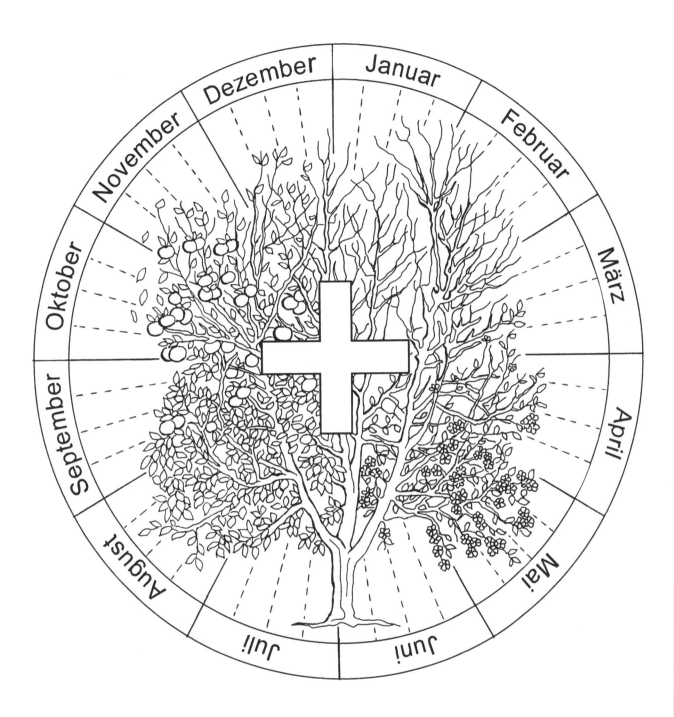

- Trage in den Jahresfestkreis die wichtigsten christlichen Feste und Festzeiten mit den jeweilgen liturgischen Farben ein (z.B. Advent – violett ...).

Farbe ins Leben bringen

Viele Menschen – vielleicht ist es auch bei euch so – verbinden mit einer bestimmten Farbe besonders gute Gefühle; diese Farbe ist ihre Lieblingsfarbe. Viele achten beim Kauf ihrer Kleidung auf die (Mode-)Farbe oder bei der Wahl der Tapeten für ihre Wohnung. Sie wählen die Bilder, die sie aufhängen, auch nach den Farben aus, achten beim Tischschmuck auf die Farbzusammenstellung oder stellen bunte Blumen in ihre Räume. Manche Leute gehen zur »Farb- und Stilberatung«, um Farben zu finden, die besonders gut zu ihrem Typ passen. Man unterscheidet »warme« Farben (z.B. rot oder orange) und »kalte« (z.B. blau oder lila). Man spricht auch von den Nationalfarben eines Landes oder von den Farben eines Fußballvereins.

Diese Beispiele zeigen, dass Farben viel mit unserem Inneren zu tun haben. Wir bringen gerne Farbe in unser Leben oder drücken mit Farben aus, was uns wichtig ist; wir »bekennen Farbe«.

Das ist auch in der Kirche so. Die verschiedenen Feste und Festzeiten des Kirchenjahres haben besondere Farben, die ihren Charakter prägen und zum Ausdruck bringen. Wenn ihr einen Gottesdienst besucht, könnt ihr diese Farben in den Gewändern und den schmückenden Tüchern entdecken:

Grün
ist die Farbe der Pflanzen, des Wachstums, des Lebens. Grün bedeutet die Erneuerung der Natur im Frühling und ist daher auch die Farbe der Hoffnung, dass das Leben stärker ist als der (winterliche) Tod. In der Kirche ist Grün die Farbe für die sogenannten »Sonntage im Jahreskreis«. Es ist die Zeit der Hoffnung auf die Vollendung der Welt und auf die Fülle des Lebens bei Gott.

Rot
ist die Farbe des Feuers und des Blutes. Es steht für Wärme, Liebe, Freude und Begeisterung, aber auch für Zerstörung, Hass, Krieg und Tod. In der Kirche sind Pfingsten und der Palmsonntag durch das Rot geprägt, die Feste der Apostel und Märtyrer und der Karfreitag, der Todestag Jesu.

Violett
ist die »Mittelfarbe« zwischen Rot und Blau. Sie steht für den Menschen, der sich in seinen Ansprüchen beschränkt, der maßhält und nicht alles für sich haben will. Violett erinnert an die wichtige Aufgabe, das eigene Leben zu überprüfen und falsche Gewohnheiten zu korrigieren. In der Kirche ist es die Farbe der Vorbereitung auf die großen Feste Weihnachten und Ostern: die Farbe des Advents und der österlichen Bußzeit (»Fastenzeit«).

Weiß
ist eigentlich keine Farbe. Es ist die Summe aller Farben: Im Weiß sind sie alle enthalten. Weiß ist daher Symbol für Licht, Reinheit und Vollkommenheit und damit auch für Gott und Jesus Christus. In der Kirche prägt Weiß die Festzeiten zu Weihnachten und Ostern sowie die Christusfeste (z.B. Fronleichnam, den Christkönigssonntag …).

Mache dich auf und werde Licht

T: Jesaia 60,1
M: Kommunität Gnadenthal,
Präsenz-Verlag, Gnadenthal

Tanzbeschreibung

Die Gruppe stellt sich mit geschützten Kerzen/Teelichtern in der Hand im Kreis hintereinander auf. Die Lichter werden dabei in der äußeren Hand gehalten.
Beim Singen des ersten Verses schreitet die Gruppe nach vorne.
Beim Singen des zweiten Verses drehen sich alle um 180° und die Gruppe schreitet in umgekehrter Richtung.
Beim Singen des dritten Verses drehen sich alle nach innen und schreiten aufeinander zu.
Beim Singen des letzten Verses werden alle Lichter gemeinsam mit ausgestrecktem Arm zur Mitte erhoben.

Feste – Feiern – Bräuche-Memory

Zweige von Obstbäumen, die heute geschnitten und in eine Vase gestellt werden, blühen zu Weihnachten.	Barbaratag: 4. Dezember	An diesem Tag wird das Allerheiligste, der Leib Christi, bei einer feierlichen Prozession durch die Straßen getragen.
Fronleichnam	Ein Symbol für neues Leben, im Christentum für das Leben, das aus dem Grab steigt und den Tod besiegt.	Ei/Osterei
Dieser Begriff bezeichnet ursprünglich den Gottesdienst zur Einweihung einer Kirche.	Kirmes	Dieser Tag wird mit einem Laternenumzug gefeiert.
Sankt Martin: 11. November	Dies sind die Anfangsbuchstaben von »**C**hristus **m**ansionem **b**enedicat«, Christus schütze dieses Haus, des Segens der Sternsinger am Dreikönigstag (6. Januar).	C – M – B

Aschermittwoch	Beginn der Fastenzeit und Austeilung des Aschekreuzes als Symbol für Vergänglichkeit und Buße.	Palmwedel an Palmsonntag
Sie erinnern an den bejubelten Einzug Jesu in Jerusalem. Im Folgejahr werden sie verbrannt, um die Asche für das Aschekreuz am Aschermittwoch zu gewinnen.	Sankt Valentin: 14. Februar	Dieser Heilige gilt u.a. als Schutzheiliger der Liebenden. An seinem Gedenktag beschenken Liebende sich häufig mit Blumen.

- Schneidet die Kärtchen aus und gestaltet selbst weitere Pärchen (→ **Methodenkarte** »Ein Memory entwerfen und spielen«).
- Nun könnt ihr gemeinsam Memory spielen: Ordnet die Kärtchen paarweise einander zu.

3 Geschichten zum Leben
Die Bibel – ein Schatz von Glaubensgeschichten

Kompetenzen erwerben

Die Schülerinnen und Schüler ...
... erläutern den Aufbau und die Entstehungsgeschichte der Bibel sowie ihre Bedeutung für Christen heute;
... entfalten an Beispielen, was Nachfolge Christi heute bedeutet;
... erklären das Verhältnis der Kirche zum Judentum in Grundzügen.

Didaktischer Leitfaden
In diesem Kapitel wird die Bibel als ein Schatz von lebenswichtigen und lebensverändernden Glaubensgeschichten betrachtet, die erzählt, aufgeschrieben und tradiert wurden, um LeserInnen und HörerInnen zum Sprung in den Glauben zu motivieren. Einleitend wird den Sch am Beispiel einer Familienerzählung die lebenswichtige Bedeutung von (tradierten) Geschichten veranschaulicht. Darüber hinaus wird den Begriffen des »Glaubens« und der »Nachfolge« nachgegangen (**3.1., S. 38–41**). In einem zweiten Schritt wird die glaubens- und gemeinschaftsstiftende Kraft von Erzählungen thematisiert. Sch sollen erkennen, dass sowohl alt- wie auch neutestamentliche Glaubensgeschichten (hier anhand von Abraham und Petrus) das Juden- und Christentum zutiefst geprägt und gestaltet haben (**3.2., S. 42–43**). In einem dritten Schritt erwerben Sch Kenntnisse von dem Entstehungs- und Kanonisierungsprozess der Bibel. Hierbei wird besonderer Wert auf die Beziehung von jüdischen und christlichen Schriften gelegt (**3.3., S. 44–45**). Abschließend wird die Tradierung und Verbreitung der Bibel bis in die heutige Zeit skizziert und in formale und gestalterische Elemente der Bibel eingeführt (**3.4., S. 46–48**).

Mögliche Verbindungen
– zu Kapitel 6 »Aus einer Wurzel. Juden und Christen« (anhand der Figur des Abraham)
– zu Kapitel 4 »Gott ist mit seinem Volk unterwegs. Exodus«
– zu Kapitel 9 »Der Islam. Eine Weltreligion bei uns« (anhand der Figur des Abraham)

3.0. Eröffnungsseite — S. 37

Hintergrund

Das Kapitel wird mit einer Abbildung aus dem **Book of Kells** eröffnet. Hierbei handelt es sich um eine herausragende frühmittelalterliche Buchmalerei, die wahrscheinlich um 800 im Kloster Iona vor der schottischen Westküste oder im irischen Kells hergestellt wurde und nach wechselvoller Geschichte heute im Trinity College in Dublin aufbewahrt wird. Das Book of Kells umfasst die vier Evangelien mit aufwendig ausgestalteten Initialen und einigen ganzseitigen Abbildungen. Zu diesen zählt auch die hier abgedruckte Buchseite mit den vier Evangelistensymbolen.

Evangelistensymbole besitzen eine komplexe Entstehungsgeschichte. Wichtige Bezugsquellen sind hierbei Ez 1,4–20; 10,14 sowie die Offb 4,6–8, in denen die Motive des geflügelten Wesens sowie von Mensch, Löwe, Stier und Adler biblisch vorgebildet sind. Losgelöst hiervon gibt es eine breite Tradition, die Evangelisten von den Cherubim herzuleiten und sie daher geflügelt darzustellen. Uneinheitlich war lange Zeit die Zuordnung der Symbole zu den einzelnen Evangelisten. Schließlich setzte sich die Zuordnung des Hieronymus durch. Ihm zufolge ist der Mensch das Symbol des Matthäus, da Mt mit einem Stammbaum beginnt. Mk 1 erzählt zu Anfang von Johannes dem Täufer, der wie ein Löwe in der Wüste ruft. Lukas wird mit einem Stier dargestellt, da sein Evangelium mit dem (Stier-)Opfer des Zacharias im Tempel beginnt. Aufgrund der geistigen »Höhenflüge« des Johannes wird dieser Evangelist als Adler gekennzeichnet.

Die **Handschrift** ist mit reichhaltigen Ornamenten verziert, die an vielfältige Traditionen anknüpfen, so z.B. an antikes Flechtwerk, Steinritzungen aus Schottland oder dekorative Metall- bzw. Emailarbeiten. Umstritten ist, inwiefern auch byzantinische, koptische, assyrische oder armenische Einflüsse auszumachen sind. (Vgl. *Bernard Meehan, Das Book of Kells. Ein Meisterwerk frühirischer Buchmalerei im Trinity College in Dublin,* London 1995.)

Unterrichtsbausteine

- Sch erarbeiten die Bedeutung der Evangelistensymbole anhand von **AB 3.1**. Mithilfe dieses Wissens beschreiben und deuten sie die Buchillustration des Book of Kells.
- Sch
  - betrachten zuerst nur die Köpfe, dann die Beine der Evangelistensymbole (z.B. per Overheadprojektion, Bildteile werden abgedeckt) und entschlüsseln die Motive;
  - entdecken Gemeinsamkeiten (Flügel, Goldgrund, Nimbus, ornamentale Umrandung) und Unterschiede (Mensch, Löwe, Stier, Adler) der Darstellung;
  - überlegen, warum dieses Bild den vier Evangelien vorangestellt sein könnte.
- Sch recherchieren (arbeitsteilig) die Bedeutung der Evangelistensymbole.

3.1. Lebenswichtige Geschichten — S. 38–41

Hintergrund

Die **Geschichte** »Der Schwarzspecht« von Josef Epping, Religionslehrer, Fachleiter und Autor der Neuausgabe von *Treffpunkt RU 5/6*, führt vor Augen, dass Geschichten »*lebens*-wichtig« und »*lebens*-verändernd« sein können. Anhand der Protagonistin Julia und ihrer Familiengeschichte können Sch begreifen, dass Geschichte(n) nicht nur von der Vergangenheit handeln, sondern in Gegenwart und Zukunft hineinwirken. Sie stiften Identität, bieten Handlungsimpulse, machen Mut und eröffnen Perspektiven. Was hier einleitend anhand einer Geschichte aus der Lebenswelt der Sch deutlich wird, soll im weiteren Verlauf an exemplarischen Bibelgeschichten vertieft werden. Da es sich bei biblischen Geschichten um *Glaubens*geschichten handelt, kann mit den Sch einführend die **Zeichnung von Ivan Steiger (S. 39)** betrachtet werden. Hier wird deutlich, dass »Glaube« nicht mit Begriffen wie »Wissen« oder »Gewissheit« zu fassen ist, sondern grundlegend auf Vertrauen gründet. Glauben und Vertrauen schließen immer ein Wagnis, eine Offenheit mit ein, ermutigen dabei aber auch zu Schritten ins Unbekannte. Damit schlagen sowohl die Zeichnung von Ivan Steiger als auch **AB 3.2** einen Bogen zu Abrahams Aufbruch (Gen 12,1–7) und zur Berufung der Jünger (Mk 1,16–20).

»**Glaube**« wird im Hebräischen von einer Wurzel abgeleitet, die sich mit »fest sein«, »sich sicher wissen«, »sich halten an« übersetzen lässt und damit eng an den bereits erarbeiteten Aspekt des »Vertrauens« anschließt. Glauben im biblischen Sinne meint daher ein Sich-Verlassen auf, ein Sich-Anvertrauen an Gott. Ein solches vorbehaltloses Vertrauen wird in *Treffpunkt RU 5/6* anhand von Abraham bzw. anhand der Jünger vorgestellt. Damit wird zugleich eine innere Verbindung von Altem und Neuem Testament angezeigt. Bemerkenswert ist am biblischen Glaubensverständnis (zumindest) zweierlei: Die Glaubenden sprechen Gott die Kraft zu, Gegenwart und Zukunft zu gestalten –

und dabei auch Menschenunmögliches zu vollbringen. Dabei besitzt der Glaube einen Weg-Charakter. Der Glaube der Menschen wandelt sich auf dem eingeschlagenen Glaubensweg, er wächst, wird bestätigt oder verändert – und erweist sich manchmal auch erst im Nachhinein als sinn- und heilvoll. Dabei verkennt das biblische Glaubensverständnis auch den Zweifel und Unglauben nicht.

In diesem Sinne steht **Abraham** – nicht nur in Gen 12,1–7 – exemplarisch für den Glauben an Gott. Abraham macht sich auf Gottes Geheiß hin auf, ohne nachzufragen, ohne offensichtlichen Zweifel, allein im Vertrauen auf Gottes Zusage und auf (reiche) Verheißung. Als Hochbetagter bricht er mit seiner Familie auf ins Unbekannte, wagt – wie die Figur bei Ivan Steiger (vgl. S. 39) oder der Junge in Suenens Geschichte (vgl. **AB 3.2**) – den Schritt ins Ungewisse. Dabei geht es hier nicht primär um die Berufung einer Einzelperson, sondern vielmehr um die Konstitution des Gottesvolkes, dem Land und Segen verheißen wird. Entsprechend häufig ist daher die Erwähnung von »Segen/segnen« im Bibeltext.

Die Ortsangaben verdeutlichen den weiten Weg Abrahams von Ur (Gen 11,31) über Haran und Sichem bis zu einer Stelle zwischen Bet-El und Ai (Gen 12,8), wo Abrahams Wanderung jedoch noch nicht vorbei ist (vgl. Gen 12,10ff.). Die Nennung von Sichem und der Orakeleiche kann zugleich als Kultätiologie gelesen werden. Hierin spiegelt sich auch die in Palästina weit verbreitete Vorstellung wider, Gott bzw. Gottheiten offenbaren sich in heiligen Bäumen. Mit Gen 12,6 soll der dortige Kult bis in die Zeit Abrahams begründet werden, eine Zeit, die aus historischer Perspektive jedoch kaum bestimmt werden kann. Schätzungen gehen von 1800 bis 1400 v.Chr. aus.

> **Abram oder Abraham?**
> Im Buch Genesis finden sich beide Schreibweisen des doch augenscheinlich gleichen Namens. Erst durch die Übersetzung wird der Unterschied ersichtlich. In Gen 17,5 erklärt JHWH Abram, dass dieser von nun an Abraham genannt werden wird. Die hebräischen Namen können als sogenannte Motivnamen bezeichnet werden, die Person und Aufgabe näher beschreiben. (Übersetzt bedeutet Abram »erhabener Vater«; Abraham »Vater einer Menge«.) Mit Blick auf JHWHs Verheißung (Gen 13) einer großen Nachkommenschaft wird die Umbenennung so verständlicher.

Roland Peter Litzenburger:
»Aufbrechender Abraham«, 1964
Die **Federzeichnung** gliedert sich in eine eher helle linke und eine durch verdichtende Federstriche dunkle rechte Hälfte. Die Abrahamfigur am rechten Rand stellt einerseits eine dominierende Senkrechte dar, was dem Bild etwas Statisches verleiht. Zugleich ist Abrahams linker

> **Roland Peter Litzenburger (1917–1987)**
> Litzenburger setzt sich als Maler, Grafiker und Bildhauer intensiv mit der christlichen Botschaft auseinander und lotet hierbei neue (bildnerische) Interpretationen der Heilsgeschichte aus. Ein besonderer Fokus liegt auf deren existenziellem und gesellschaftlichem Potenzial. (Vgl. ausführlich zu diesem Bild die Folienmappe *Treffpunkt RU, 36 Farbfolien* mit weiterführenden Erläuterungen.)

Fuß zu einer Schrittbewegung angewinkelt. Er scheint aus dem rechten dunklen Bildrand hinausschreiten zu wollen. Auch der angewinkelte Wanderstab verleiht dem Bild eine leichte Dynamik. Abraham ist ohne Haare und mit eher groben Körperteilen als alter Mann dargestellt. In der linken Bildhälfte liegt im Hintergrund horizontal (statisch) ein Dorf, aus dem Abraham fortgeht. Obwohl sich einzelne horizontale und vertikale Linien berühren und eine Verbindung von Abraham und Dorf andeuten, so entsteht dennoch eine Lücke zwischen den beiden Bildteilen, Abraham wirkt auf seinem Weg isoliert. Sein Blick ist nach vorne gerichtet, sein Ohr überdimensioniert – offene Ohren und Augen für das Unbekannte.

Auch **Mk 1,16–20** kann als eine Geschichte des Glaubens und des Aufbruchs gelesen werden. Dabei führt Mk mit Simon, Andreas, Jakobus und Johannes gleich zu Beginn seines Evangeliums die wichtigsten Protagonisten im Kreise Jesu ein. Ähnlich abrupt, wie sich JHWH an Abraham wendet, wendet sich auch Jesus an die zwei Brüderpaare. Und ähnlich kommentarlos folgen sie der Aufforderung Jesu. An die Stelle der Verheißung und des Segens ist hingegen ein Auftrag, eine Aufgabe getreten. Sie sollen als Jünger Jesu zu Menschenfischern werden. Damit setzt die kurze Perikope bereits zu Beginn des Mk eindeutig missionarische Akzente. Warum die Jünger ohne jegliche Begründung und Versprechung Jesu nachfolgen, lässt der Text offen.

Unterrichtsbausteine

Zu **S. 39**:
- Sch betrachten zuerst nur die linke Hälfte der Grafik (L bietet ggf. Folie per OHP). Sch überlegen, was der Mensch denkt und wie die Geschichte wohl weitergeht. Sie vergleichen ihre Überlegungen mit der rechten Bildhälfte. Sie erörtern, was »Glaube« für Menschen bedeuten kann.
- Sch erarbeiten anhand des **AB 3.2**, was »Glaube« und »Vertrauen« für Menschen bedeuten können.

Zu **S. 40**:
- Sch finden einen Bildtitel.
- Sch schreiben eine Geschichte zum Bild, ohne dass sie zusätzliche Information zum Bild besitzen.

- Sch führen mit der gezeichneten Figur ein Interview
(→ **Methodenkarte** »Ein Interview führen«).

Zu **S. 41**:
- Sch überlegen, was sie – über das Lebensnotwendige hinaus – auf eine lange Reise in ein unbekanntes Land mitnehmen würden. Eine Beschränkung auf wenige Gegenstände oder Personen zwingt Sch zur Reduktion auf Wesentliches.
- Sch überlegen, was oder wer sie zur Aufgabe ihres jetzigen Lebens und zu einem absoluten Neuanfang motivieren könnte.

- Sch hören (bzw. lesen) die Perikope zu Mk 1,16–20 ohne V. 18.19b. Sie denken sich mögliche Reaktionen der Fischer aus und vergleichen diese anschließend mit V. 18.19b. Sch finden Begründungen für das Verhalten der Fischer.
- Sch ergründen mit **AB 3.3** das Verhalten Jesu und der Fischer.
- Sch stellen sich vor, die Fischer kommen noch einmal zu ihren Familien zurück und erklären ihnen, warum sie Jesus folgen. Sie schreiben hierzu eine Geschichte bzw. einen Dialog zwischen den (zukünftigen) Jüngern und ihren zurückbleibenden Familien.

3.2. Erfahrungen in Glaubensgeschichten weitersagen   S. 42–43

Hintergrund

In dieser Einheit geht es um Motive und Gründe, warum biblische Geschichten weitererzählt, aufgeschrieben und bis heute tradiert werden. Dabei wird deutlich, dass am Anfang Erfahrungen der Menschen mit JHWH bzw. Jesus Christus standen, die für sie lebensverändernd und lebenswichtig waren. Diese Erfahrungen haben sie weitererzählt. Der Prozess des Weitererzählens ist jedoch ein offener, die Erfahrungen und Erzählungen werden stets durch neue Erfahrungen angereichert oder in neue Kontexte übertragen. So wurde Israel zu einer lebendigen »Erzählgemeinschaft« (Erich Zenger). Auch im Prozess der Verschriftlichung wurde diese Offenheit beibehalten, die Geschichte JHWHs mit seinem Volk wurde stets fortgeschrieben. In ähnlicher Weise können die Weitergabe und Verschriftlichung der Taten und Worte Jesu verstanden werden. Und auch heute noch werden die biblischen Texte zur Deutung und Interpretation der eigenen Lebenserfahrung gelesen bzw. gehört und erhalten so ihre Gegenwarts- und Zukunftsbedeutung. Das Kapitel 3.2. nimmt in diesen vielschichtigen Überlieferungsprozessen an drei Stellen eine »Tiefenbohrung« vor:

1. Die **Abrahamserzählung** wird einleitend als eine zentrale jüdische Geschichte dargelegt, die über Jahrtausende Glauben und Identität der Menschen geprägt hat. In Verbindung mit Kap. 6 und im Horizont des Kap. 3.1. kann dies weiter entfaltet werden.
2. Die **Sturmstillung** (Mt 8,23–27) wird anschließend in einer fiktiven Rahmenerzählung als Glaubensgeschichte der ersten Christen gelesen bzw. erzählt. Hananias erinnert sich in Zeiten von Anfechtungen und Martyrien an die Sturmstillung Jesu. Diese Perikope steht in der kanonisierten Bibelfassung zusammen mit anderen Wundererzählungen Jesu im Anschluss an dessen Bergpredigt. Nach drei Heilungswundern wird in Mt 8,23–27 von einem Naturwunder erzählt. Im biblischen Verständnis gilt Natur als unheilvoll, voller zerstörerischer Kraft. Doch in dieser Perikope zeigt Jesus seinen Jüngern, dass »der Kosmos […] seine dämonische Kraft verloren« hat (*Hubert Frankemölle, Matthäus Kommentar 1, Düsseldorf 1994, S. 305*). Zugleich wird den HörerInnen und LeserInnen der Geschichte aber auch deutlich, dass selbst die Jünger trotz des Glaubens an Jesus von diesen dämonischen Kräften bedroht wurden und Todesangst hatten. Der frühchristlichen Gemeinde (und darüber hinaus) können bei dieser Geschichte zwei Dimensionen wichtig werden. Glaube schützt erstens nicht vor Todesangst, die jedoch von Jesus als Kleingläubigkeit kritisiert wird. Dies kann in ekklesiologischer Perspektive als Aufruf zu Mut und Glaube in Zeiten der Bedrängnis gelesen werden. Und zweitens wird in christologischer Perspektive Jesus als der Retter verkündet, der die bedrohlichen Kräfte bändigt. In diesem Sinne ist die Sturmstillung eine Glaubens- und Nachfolgegeschichte, die zu Mut in Bedrängnis und Not aufruft. »Die Sturmstillung bringt als Geschichte gegen die Angst die Gewissheit zum Ausdruck, dass der auf seinen Herrn Vertrauende in den Stürmen des Lebens nicht untergehen wird« (*Bernd Kollmann, Neutestamentliche Wundergeschichten. Biblisch-theologische Zugänge und Impulse für die Praxis, Stuttgart ²2007, S. 101*).
3. Das **Bild »Jesu Sturmstillung« der Bauern von Solentiname** kann wiederum als eine (annähernd) aktuelle Auslegung dieser neutestamentlichen Perikope betrachtet werden, es wird damit selbst Teil des Überlieferungsprozesses. Es wurde von Bauern aus Solentiname, einem aus 36 Inseln bestehenden Archipel im Großen See von Nicaragua, gemalt. Auf einer dieser Inseln gründete Ernesto Cardenal in den Sechzigerjahren des 20. Jhs. eine christliche Genossenschaft (vgl. *Ernesto Cardenal, Das Evangelium der Bauern von Solentiname. Gespräche über das Leben in Lateinamerika, Gütersloh ²1980*; vgl. auch Kap. 12.5.). Cardenal war es auch, der in Zusammenarbeit mit der KLJB Paderborn die Bauern motivierte, Bilder zum Leben Jesu zu malen (vgl. *Die Bauern von Solentiname malen das Evangelium. Mit Meditationen von Helmut Frenz, Gelnhausen/Berlin 1982*). Das vorliegende **Bild (S. 43)** bezieht sich jedoch nicht auf Mt 8,23–27, sondern auf die Rettung des Petrus in Mt 14,22–33, ohne jedoch die biblische Vorlage genau zu illustrieren. Vielmehr handelt es sich

um ein eigenes Glaubenszeugnis, wie diese biblische Erzählung im Leben der Bauern zum Tragen kommt. So geht Jesus den in Not geratenen Jüngern nicht über den See entgegen, sondern steht am grün bewachsenen Ufer. Umrahmt werden die Figuren von dunklen Wolken, von stürmischer See sowie von weißen und schwarzen Vögeln. Wie auch die Jünger kennen die Bauern von Solentiname zahlreiche lebensbedrohliche Situationen: Armut, Hunger, Analphabetismus, Ausbeutung durch Großgrundbesitzer, neoliberale Wirtschaftsstrukturen, die Verfolgung von Christen, die sich für Reformen einsetzen u.v.m. In dieser Situation erfährt die neutestamentliche Perikope eine (Neu-)Interpretation im Bild. Jesus kommt den Jüngern (und in dieser Tradition sehen sich auch die Bauern von Solentiname) nicht auf dem Wasser entgegen, sondern er erwartet sie mit offenen Armen am rettenden Ufer. Dies mag ihnen die Kraft verleihen, das rettende Ufer trotz widriger, lebensbedrohlicher Anfeindungen zu erreichen.

Unterrichtsbausteine

- Sch suchen fünf zentrale Begriffe aus Mt 8,23–27 heraus (ggf. in KG). Einzelne Sch bzw. Gruppen tragen kommentarlos ihre Begriffe vor. Der Bibeltext wird im (akustischen) Horizont dieser Textcollage erneut gelesen.
- Sch bilden in Gruppenarbeit ein Standbild zur Perikope (→ **Methodenkarte** »Ein Standbild stellen«).
- Sch drücken mit Farben und Formen die Gefühle der Jünger aus.
- Sch setzen sich anhand des Gedichtes »Wo geht es hin?« (**AB 3.4**) mit dem Thema Glaube/Vertrauen auseinander.
- Sch vergleichen das Bild »Jesu Sturmstillung« (S. 43) mit Mt 8,23–27 sowie Mt 14,22–32 (ggf. arbeitsteilig) und stellen Gemeinsamkeiten und Unterschiede von Text und Bild heraus. Sie deuten das Bild vor dem Hintergrund der Situation von Bauern in Solentiname.

3.3. Die hl. Schriften der Juden und der Christen entstehen S. 44–45

Hintergrund

Der auf den letzten Seiten exemplarisch erörterte Überlieferungsprozess von biblischen Glaubensgeschichten wird auf dieser Doppelseite systematisch dargestellt. In äußerst schematischer und didaktisch reduzierter Art und Weise werden wichtige **Stadien der Überlieferung und Verschriftlichung** zusammengefasst und bis zum Abschluss der Kanonisierung zeitlich grob eingeordnet. Dabei wird besonderer Wert auf die Beziehung von jüdischen und christlichen Schriften gelegt. Bereits in der Überschrift wird auf den üblichen Sprachgebrauch »Altes und Neues Testament« verzichtet. Dies soll Sch sensibilisieren, dass Christen und Juden weite Teile des »Ersten Testaments« (vgl. *Erich Zenger, Das Erste Testament. Die jüdische Bibel und die Christen, Düsseldorf 1991*) gemeinsam haben. Nur einige Bücher (z.B. Tobit, Judit, die Makkabäerbücher) wurden in den katholischen Kanon zusätzlich aufgenommen. Juden bezeichnen ihre Schriften dabei als Tenach: **T**ora (Gesetz, Weisung), **N**ebiim/Nevi'im (Propheten), **K**etubim/Ketuvim (Schriften). Tenach (auch Tanakh) ist dabei eine Aneinanderreihung der hebräischen Anfangsbuchstaben. Christen wählten den missverständlichen und ggf. wertenden Begriff »Altes Testament«. Diese Bezeichnung kann dazu führen, die jüdischen Schriften als »veraltet« oder als durch das Neue Testament »überholt« zu betrachten. Zwar ist es aus christlicher Perspektive berechtigt, von einer Erfüllung der Schriften durch Jesus Christus zu sprechen, aber falsch ist es, »wenn dabei alttestamentliche Texte christlich so vereinnahmt werden, dass ihr ursprünglicher, Israel bzw. dem jüdischen Volk gegebener Sinn verdrängt oder gar ausgeschlossen wird« (*Erich Zenger, Die jüdische Bibel – unaufhebbare Grundlage der Kirche, in: Hermann Flothkötter/Bernhard Nacke (Hg.), Das Judentum – eine Wurzel des Christlichen, Würzburg 1990, S. 79*).

Unterrichtsbausteine

- Sch rekonstruieren mithilfe des **AB 3.5** den Überlieferungsprozess der heiligen Schriften der Juden und Christen.
- Sch bauen eine Bibel-Bibliothek. Sie bekleben Streichholzschachteln mit hellem Papier und beschriften je eine Schachtel mit dem Namen eines biblischen Buchs. Sie sortieren die Schachteln in einer Bibel-Bibliothek.

Weiterführende Anregungen
- Im Verlauf der Unterrichtsreihe werden die Schachteln weiterverwendet:
  – Z.B. fügen Sch die Abkürzungen der Bücher hinzu oder »übersetzen« die Titel in hebräische bzw. griechische Buchstaben.
  – Sie schreiben kurze Inhaltsangaben oder Lieblingsstellen auf Zettel und legen diese in die Streichholzschachteln.
  – Diese Aufgabe eignet sich auch als Projektarbeit, die als Lernerfolgskontrolle benotet werden kann.

3.4. Vom Weg der Bibel – bis heute S. 46–48

Hintergrund

Die **Initiale (S. 48)** ist ein Ausschnitt aus dem Mainzer Psalter und leitet den Psalm 1 ein. Der Mainzer Psalter wurde 1457 von Peter Schöffer und Johannes Fust gedruckt und gilt als eine der bedeutendsten Inkunabeln der mittelalterlichen Buchdruckerkunst. Eine Besonderheit ist ihr mehrfarbiger Druck in Schwarz, Rot und dem besonders kostbaren Blau.

Unterrichtsbausteine

- Sch bringen von zu Hause Bibeln mit und vergleichen die Ausgaben. Sie stellen Gemeinsamkeiten und Unterschiede (Seitenzahlen, Namen und Anzahl der Bücher usw.) fest.
- Sch lernen anhand von **AB 3.6** wesentliche Merkmale der hebräischen Schrift kennen.
- Sch üben mithilfe von **AB 3.7** das Nachschlagen von Bibelstellen.
- Sch erstellen einen Fragebogen und führen eine Umfrage zum heutigen Umgang mit der Bibel und ihrer gegenwärtigen Bedeutung durch. Folgende Fragen können hier verwandt werden:
  - Haben Sie eine Bibel zu Hause? (ja/nein)
  - Lesen Sie in der Bibel? (ja/nein) Wenn ja, wie oft? (viel – wenig)
  - Haben Sie einen Lieblingstext (ja/nein) Wenn ja, welchen? (individuelle Antworten mgl.)

  Im Internet finden sich Programme, mit denen Umfragen elektronisch durchgeführt und ausgewertet werden können.
- Sch lesen im Internet in der »volxbibel« und diskutieren das Projekt (www.volxbibel.de).
- Sch lernen anhand des Films »Der Name der Rose« die Arbeit der Mönche im Skriptorium kennen (Filmausschnitt: Minute 39–45).

Weiterführende Anregungen

- Sch bereiten einen Unterrichtsgang in ein Bibelmuseum oder Bibelzentrum vor. Eine Liste örtlicher Bibelzentren findet sich unter: www.dbg.de/navi/wir-in-deutschland/regionale-bibelgesellschaften.html
- Eine Zusammenarbeit mit dem Geschichtsunterricht bietet sich in Hinblick auf Schrift(entwicklung) und archäologische Forschungsarbeit an.
- Kostenloses Freiarbeitsmaterial zur Entstehung und Überlieferung der Bibel findet sich unter www.service.bistumlimburg.de/ifrr/PDFs/UBS_03_2.pdf

Mögliche Lernerfolgskontrollen

- **AB 3.7** als Test verwenden.
- Bibel-Bibliothek (vgl. Unterrichtsbaustein zu 3.3.) als größeres Projekt ausbauen: z.B. ergänzen durch Information zu einzelnen biblischen Büchern, kunstvoll verzierte Textstellen, wichtige Bibelstellen in korrekter Zitationsweise usw. Dann als Projektarbeit benoten.
- **AB 3.8** als Test oder HA einsetzen.

Die vier Evangelistensymbole erkennen, deuten, gestalten

Arbeitsblatt 3.1

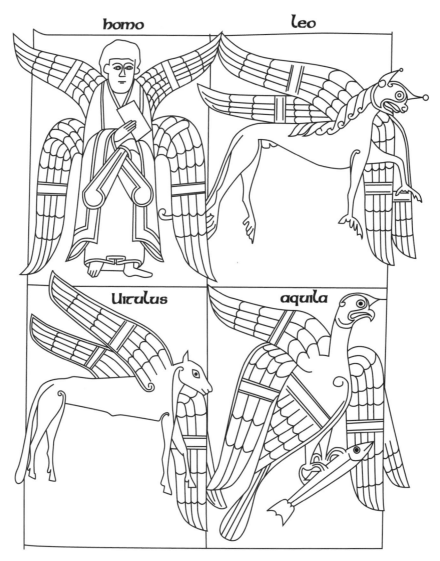

Book of Armag (f. 32v), Trinity College Dublin

- Versucht die Wörter über den geflügelten Wesen zu entziffern und zu übersetzen.
- Beschreibt und deutet das Bild mithilfe des folgenden Textes:

Die vier Evangelisten werden häufig durch ein Symbol dargestellt, das sich auf den Beginn ihres Evangeliums bezieht. Da das Matthäus-Evangelium mit einem Stammbaum beginnt, in dem die Vorfahren Jesu verzeichnet sind, ist das Symbol des Matthäus ein Mensch. Das Markus-Evangelium erzählt zu Beginn von Johannes dem Täufer, der wie ein Löwe in der Wüste ruft. Darum ist der Löwe das Symbol des Markus. Der Evangelist Lukas wird mit einem Stier dargestellt, da sein Evangelium mit dem (Stier-)Opfer des Zacharias im Tempel beginnt. Das Johannes-Evangelium zeichnet sich häufig durch geistige »Höhenflüge« aus, daher wird Johannes auch als Adler beschrieben, der höher fliegen kann als andere Tiere.

- Das Blatt kannst du als Deckblatt für dein Schulheft oder deine Kladde verwenden.
  Gestalte dazu die vier Evangelistensymbole farbig aus.

Blind vertrauen?

Eines Nachts brach in einem Haus ein Feuer aus. Während die Flammen hervorschießen, stürzen Eltern und Kinder aus dem Haus. Entsetzt sehen sie dem Schauspiel dieses Brandes zu. Plötzlich bemerken sie, dass der Jüngste fehlt, ein fünfjähriger Junge, der sich im Augenblick der Flucht vor Rauch und Flammen fürchtete und in den oberen Stock kletterte. Man schaut einander an. Keine Möglichkeit, sich in etwas hineinzuwagen, das immer mehr zu einem Glutofen wird.

Da öffnet sich oben ein Fenster. Das Kind ruft um Hilfe. Sein Vater sieht es und schreit ihm zu: »Spring!«

Das Kind sieht nur Rauch und Flammen. Es hört aber die Stimme des Vaters und antwortet: »Papa, ich sehe dich nicht!«

Der Vater ruft ihm zu: »Aber ich sehe dich, und das genügt, spring!«

Das Kind sprang und fand sich heil und gesund in den Armen seines Vaters, der es aufgefangen hatte.

- Überlege dir, was dem Jungen vor dem Sprung aus dem Fenster wohl durch den Kopf gegangen sein mag.
- Ihr könnt alleine oder in kleinen Gruppen überlegen, welchen Personen ihr »blind« vertraut.
- Ihr könnt zu der Geschichte auch ein »Vertrauensspiel« spielen. Lasst euch von einer Mitschülerin oder einem Mitschüler mit verbundenen Augen »blind« durch die Schule führen. Berichtet anschließend, wie ihr euch dabei gefühlt habt. Formuliert schriftlich, was es bedeutet, jemandem »blind« zu vertrauen.

Berufen werden

Duccio di Buoninsegna, Berufung der Jünger, 1308/1311

- Schaut euch das Bild genau an und achtet dabei insbesondere auf die Gestik und Mimik der Personen.
- Oder: Ihr stellt die Personen als Standbild nach und deutet anschließend die Gestik und Mimik.
- Fügt in Sprechblasen die Gedanken und Worte von Jesus und den Jüngern ein.

Wo geht es hin?

In tiefer dunkler Nacht,
bin ich auf dem Weg zu dir.
Du erwartest mich,
stehst immer treu zu mir.

Du bist der Fels,
der niemals wankt und bricht.
Du bist die Burg,
die mich schützt und birgt.

Der Weg ist nicht immer gerade,
mal ist er krumm, mal voller Steine,
doch du bist da,
wenn ich lache und weine.

Du bist die Decke,
die mich wärmt und schützt.
Du bist die Hand,
die mich hält und stützt.

Manchmal wanke ich und zweifle,
weiß nicht ein noch aus.
Doch du zeigst mir die Richtung,
bringst mich heil nach Haus.

Du bist das Licht,
das mich leitet und führt.
Du bist die Tür,
die sich öffnet vor mir.

Stets bist du bei mir,
doch auch unfassbar weit fort.
Halte mich fest, lass mich nicht los,
egal wo ich bin, egal an welchem Ort.

- Lest das Gedicht ein- oder zweimal, und überlegt, in welcher Situation sich die Person befindet, von der das Gedicht berichtet. Wie geht es wohl dieser Person?
- Arbeitet heraus, was das »ich« vom »du« erwartet. Stellt Vermutungen an, worin das Vertrauen zum »du« gründet.
- Ihr könnt euch einen oder mehrer Verse heraussuchen, die für euch besonders bedeutsam sind.
- Verfasst einen Brief an eine Freundin oder einen Freund, in dem ihr erläutert, warum dieser Vers für euch bedeutsam ist. Ihr müsst diesen Brief nicht vorlesen oder der Lehrerin, dem Lehrer zeigen.

Die Überlieferung rekonstruieren

Arbeitsblatt 3.5

Die Sammlung wird abgeschlossen Die Kirche legt schließlich ihren neuen Kanon fest. Sie übernimmt im ersten Teil die Schriften der Juden, in denen verkündet wird, wie das Versprechen Gottes an sein Volk immer wieder eingelöst wird. (Diese Versprechen nennt man »Testament«.) Im zweiten Teil fasst sie die Geschichten der Jüngerinnen und Jünger Jesu zusammen. Die Christen glauben, dass in diesen Schriften Gottes Wort steht, darum wird die Bibel auch Heilige Schrift genannt.	**Erzählen** Die Israeliten erzählen sich immer wieder die Geschichten von Abraham, Isaak und Jakob, von ihren Urmüttern, von Mose und dem Auszug aus Ägypten. So vergessen sie nicht, was Gott seinem Volk gesagt hat und wie ihre Vorfahren sich auf das Wort Gottes verlassen haben.	**Paulus schreibt Briefe** Durch Paulus' Verkündigung entstehen immer mehr christliche Gemeinden. Er schreibt ihnen Briefe, um den Kontakt zu halten, und erklärt ihnen darin die Botschaft Jesu.	**Die Jünger erzählen von Jesus** Die Jünger verkünden ihren Glauben überall im Land. So entstehen Gemeinden, die, wenn sie zusammen sind, von Jesus erzählen. Sie fangen auch an, einzelne Worte und Aussprüche Jesu und Geschichten von ihm aufzuschreiben.
	Festlegung der Sammlung Die Versammlung von Rabbinern stellt die Bücher mit Glaubensgeschichten in einem Kanon zusammen.	**Sammeln und abschreiben** Die Geschichten des Volkes Israel mit seinem Gott JHWH werden in den Geschichtsbüchern gesammelt und aufgeschrieben. Fünf Bücher sind ihnen besonders wichtig, man nennt sie Tora, in ihnen wird vom Bund Gottes mit den Menschen erzählt.	**Das Leben Jesu** Jesus spricht zu den Menschen von der Liebe Gottes und lebt ihnen diese Liebe vor. Die Mächtigen werden auf ihn aufmerksam und kreuzigen ihn, weil sie Jesus für zu gefährlich halten. Seine Jünger erleben aber, dass er weiter bei ihnen ist, und glauben an ihn.
Die Evangelien entstehen Ein Christ namens Markus beginnt damit, die Geschichten von Jesus zu sammeln und zusammenhängend aufzuschreiben. Etliche Jahre später schreiben auch andere Christen, nämlich Matthäus und Lukas, an zwei neuen Evangelien. Sie benutzen das von Markus geschriebene Evangelium, verändern aber auch etwas, damit ihre Gemeinden sie besser verstehen. Das Johannesevangelium entsteht noch später, als die Fragen der Gemeinden sich ändern.		**Aufschreiben** Schreiber und Gelehrte schreiben die Geschichten auf, die besonders wichtig sind. In den Glaubensgeschichten finden die Menschen Antworten, wenn sie in schwierigen Situationen zweifeln.	

- Schneide die einzelnen Teile aus.
- Bringe die einzelnen Puzzleteile in eine zeitliche Reihenfolge und klebe sie in dein Heft.
- Haltet eure Argumente, warum ihr die Puzzleteile so angeordnet habt, schriftlich fest. Vielleicht findet ihr auch Überschriften zu den verschiedenen Stadien des Entstehungsprozesses.
- Wenn ihr fertig seid, könnt ihr eure Lösung mit der Anordnung in *Treffpunkt RU 5/6*, S. 44–45, vergleichen. Was habt ihr genauso, was anders gemacht? Was leuchtet euch (nicht) ein?

Forscher/in sein – einen Text entschlüsseln

EHT, EIN KÖNIG WIRD KOMM
DER GERECHT REGIERT, UND
FÜRSTEN, DIE HERRSCHEN, WIE ES
 RECHT IS
JEDER VON IHNEN WIRD WIE E
ZUFLUCHTSORT VOR DEM
 TURM SEIN, WIE EIN
SCHÜTZENDES DACH BEIM
 WITTER.

SHT N KNG WRD KMMN DR GRCHT RGRT
ND FRSTN D HRRSCHN W S RCHT ST
JDR VN HNN WRD W N ZFLCHTSRT
VR DM STRM SN W N SCHTZNDS DCH BM GWTTR

- In Qumran wurden alte Pergamentrollen gefunden. Sei Forscher/in und versuche die Texte zu lesen.
- Notiere, welche Schwierigkeiten die ForscherInnen lösen müssen, und finde einige Eigenschaften der hebräischen Sprache heraus.
- Wenn du die vorangegangenen Rätsel gelöst hast, kannst du auch diese Textstelle entziffern.
  (Tipp: Dtn 5,17)

!NDRM THCN TSLLS D

Arbeitsblatt 3.6

Kreuzworträtsel: Nachschlagen in der Bibel

Arbeitsblatt 3.7

Jer 24,1												
Lev 23,6												
Apg 2,13												
2 Sam 17,29												
Offb 2,14												
Ez 4,9												
Lk 6,44												
Mt 23,23												
Ps 69,22												

- Gesucht wird jeweils ein Nahrungsmittel. (Umlaute ä, ö, ü bleiben)

Dan 5,27												
Ps 74,6												
Jes 40,15												
1 Sam 13,20												
Jes 6,6												
Offb 14,14												
Dtn 23,14												
Lk 9,62												
1 Kön 6,7												

- Gesucht wird jeweils ein Handwerkszeug.

© by Kösel-Verlag

Der schlafende Jesus

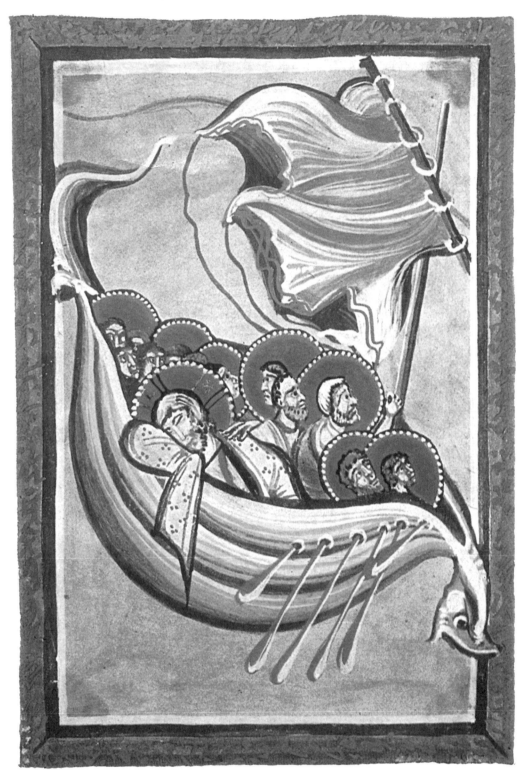

Buchmalerei aus dem Hitda-Codex

- Beschreibe das Bild.
- Das Bild bezieht sich auf eine biblische Geschichte, die wir im Unterricht besprochen haben. Deute das Bild mithilfe dieser Geschichte.
- Formuliere schriftlich, welche Bedeutung diese Geschichte heute für Christinnen und Christen haben kann.

4 Gott ist mit seinem Volk unterwegs
Exodus

Kompetenzen erwerben

Die Schülerinnen und Schüler ...
... erläutern wichtige Elemente der Exodus-Erzählung;
... stellen das Gottesbild des Exodus dar (»Gott der Befreiung«, Bund);
... zeigen an Beispielen, wie Juden und Christen an den Exodus erinnern (z.B. Pessach, Osternacht);
... erörtern die gegenwärtige Bedeutung der Zehn Gebote.

Didaktischer Leitfaden
Das Kapitel »Exodus« greift die dramatische Situation der Israeliten in Ägypten durch Unterdrückung und Sklaverei auf (**4.1., S. 50–51**). Diese biblische Erfahrung wird (**S. 52–54**) mit der Gegenwart verknüpft: Analog zur biblischen Geschichte wird die Geschichte von Juanita und ihrer Familie in Südamerika geschildert. Die Eltern verlieren ihre Arbeit und machen sich auf den Weg in die Hauptstadt, um dort neue Arbeit zu finden. Aber nur der Mutter gelingt das, und Juanitas Familie lebt in noch ärmlicheren Verhältnissen als zuvor. Juanita ist täglich gezwungen zu betteln. Schließlich erwacht in ihr die Hoffnung, ihre Situation durch den Besuch der Schule zu verändern.
Auch die weitere Geschichte der Israeliten (**S. 55–62**) wird mit heutigen Erfahrungen korreliert. Das Volk Israel wird von Gott aufgefordert, der Sklaverei in Ägypten durch Flucht zu entkommen. Gott offenbart sich dem Mose als der »Ich-bin-da«, verspricht den Israeliten Hilfe und Beistand bei der Flucht und verheißt ihnen ein neues und fruchtbares Land. Gott hält sein Versprechen und schließt mit dem Volk Israel einen Neuen Bund, der durch die Gebote für ein Leben miteinander und mit Gott besiegelt wird.
Von der Exodus-Erzählung angestoßen, wird die Initiative einer brasilianischen Gemeinde geschildert, die das Gemeinwohl zunächst mit kleinen Projekten beginnend und schließlich mit dem Bau eines Gemeindehauses fördert (**4.2., S. 63**).

Beschlossen wird das Kapitel mit einem Neuen Geistlichen Lied (**S. 64**), das den Auszug aus Ägypten und den Neuen Bund mit Gott thematisiert, sowie mit einem kurzen Sachtext, der die Vorzüge des Landes Kanaan darstellt und die Tradition des Laubhüttenfestes aufgreift, mit dem die Juden an den Auszug aus Ägypten erinnern.

Mögliche Verbindungen
– zu Kapitel 1 »Miteinander leben. Ich und die anderen« (Name Gottes)
– zu Kapitel 3 »Geschichten zum Leben. Die Bibel – ein Schatz von Glaubensgeschichten«
– zu Kapitel 6 »Aus einer Wurzel. Juden und Christen«
– zu Kapitel 8 »Ein Traum von Gemeinschaft. Christen leben in Gemeinden«

4.0. Eröffnungsseite — S. 49

Hintergrund

Astrid Hille (*1955)
Die in Hamburg geborene Künstlerin lebt und arbeitet heute in Freiburg i.Br. u.a. als freie Illustratorin, Malerin, Autorin und Dozentin an der Albert-Ludwigs-Universität.

Astrid Hille: »Der Aufbruch«, 1982
Das Bild gehört zur Sammlung »12 Bilder unserer Zeit zu Mose-Erfahrungen« aus dem Jahr 1982.
Bildbeschreibung: »Der Aufbruch« zeigt einen Demonstrationszug zahlreicher junger und alter Menschen. Auf zwei Spruchbändern ist »Aufbruch« zu lesen, ein drittes zeigt eine geöffnete Tür in einer Mauer. Die Demonstranten stehen mit dem Rücken zu einer hohen Ziegelmauer, vor ihnen liegt eine sandfarbene dünenartige Fläche. Zu beiden Seiten des Demonstrationszuges erheben sich drohend hohe dunkle und schäumende Wassermassen. Während die Wassermassen (Durchzug durch das Schilfmeer, Ex 14) und die sandfarbenen Dünen (Wüste) biblische Motive aufgreifen, stammen die rote Ziegelmauer, die Spruchbänder und die Kleidung der Frauen und Männer aus einer nicht festzulegenden »Gegenwart«. Komposition und Farben des Bildes scheinen der Menschengruppe nur einen Weg zu eröffnen, den nach vorn. Der Aufbruch scheint vorherbestimmt, für ein weiteres Verharren an Ort und Stelle eröffnen weder die Ziegelmauer noch die Wassermassen eine Perspektive. Dennoch ist der Demonstrationszug noch nicht aufgebrochen und scheint auf einen letzten Impuls zu warten.
Bilddeutung: Das Bild greift die sowohl für den jüdischen als auch für den christlichen Glauben zentrale Bedeutung der alttestamentlichen Erzählung von Berufung, Aufbruch und Befreiung auf. In beiden Religionen hat das Erinnern an den Exodus des israelitischen Volkes seinen festen Platz in der Erzähltradition im Kontext bedeutender religiöser Feste (Laubhüttenfest, Pessach, Osternacht). Christen deuten unterschiedlichste Erfahrungen von Aufbruch aus Unterdrückung in der Folge des Exodusgeschehens als Gottes Mut machendes und befreiendes Handeln bis heute. (Weitere Information in: *Treffpunkt RU, 36 Farbfolien*, Folie 4.)

Der **Auszug aus Ägypten** bietet die Rahmenhandlung für ein neues Verständnis der Beziehung zwischen Gott und den Menschen. Gott interessiert sich für sein Volk, er hört seine Klagen und weiß um seine Not. Der Exodus aus dem Land der Pharaonen, die Flucht vor Bedrängnis, Unterdrückung und Ausbeutung geschieht im Zeichen der Zusage Gottes, sich um sein Volk Israel zu kümmern, es aus der Knechtschaft in Ägypten zu befreien, auf seinem Weg zu begleiten und ihm beizustehen. Beistand und Fürsorge Gottes beschränken sich nicht nur auf die mühsame Flucht durch das Schilfmeer und die Wüste. Der Weg führt weiter in ein den Israeliten von ihm verheißenes Land, in dem Milch und Honig fließen. Ein Land, dessen von Gott gewollte Besitznahme durch sein Volk Bestandteil des Neuen Bundes zwischen ihm und dem Volk Israel ist; ein Land, das über Generationen hinweg in die Fürsorge Gottes einbezogen ist. Auf dem Weg dorthin wird – durch die Mose am Berg Horeb von Gott gegebenen Gebote – der Neue Bund begründet, der Gott und die Menschen in einer neuen und bis dahin nicht gekannten Weise aneinander bindet.
Im Aufbruchmotiv der Exodus-Erzählung wird deutlich, dass zur Befreiung auch eine Initiative der zu Befreienden gehört. Ohne die Bereitschaft des Volkes Israel, sich auf die Verheißungen Gottes einzulassen, ohne die Flucht, bei der die Israeliten die Fleischtöpfe Ägyptens gegen eine ungewisse Zukunft in einem fremden Land eintauschten, wäre ein neuer Bund nicht zustande gekommen.
Die Korrespondenz zwischen den Verheißungen Gottes auf der einen Seite und der Bereitschaft, diesen Verheißungen zu vertrauen, auf der anderen Seite knüpft an die Abraham-Erzählung an. Beide, Abraham- und Exodus-Erzählung, stehen im Kontext eines neuen Gottesverständnisses: Gott begegnet als personales Gegenüber und tritt in den Dialog mit den Menschen ein, bleibt aber dennoch für die Menschen unverfügbar. Der Gott Abrahams und des Volkes Israel ist ein Gott, der keine anderen Götter neben sich duldet, der seinem Volk aber auch verkündet, dass er als machtvoller Befreier für es da ist. Um der Berufung dieses Gottes folgen zu können, muss alles Gewohnte zurückgelassen werden.

Unterrichtsbausteine

- Sch tragen aus ihren Erfahrungen zusammen oder recherchieren in Medien, welche Ereignisse dazu führen können, dass Menschen ihre Heimat verlassen.
- Sch beschreiben und interpretieren das Bild von Astrid Hille (Farbfolie ziehen!) (→ **Methodenkarte** »Ein Bild erschließen«).
- Sch äußern Vermutungen, was zum Aufbruch des Demonstrationszuges geführt haben mag.
- Sch bearbeiten **AB 4.1**.

4.1. Der biblische Exodus — S. 50–51

Hintergrund

Das Kapitel wird mit einer kurzen geschichtlichen Darstellung der Gründe, die die Vorfahren des Volkes Israel nach Ägypten geführt hatten, fortgesetzt. Zwei **Fotos** vom fruchtbaren Nildelta und den Pyramiden in der lebensfeindlichen Wüste illustrieren die Gegensätzlichkeiten des dortigen Lebensraumes. **Textauszüge** aus dem 1. Kapitel des Buches Exodus (1,8–14 und 1,15–22) beschreiben die für die Israeliten zunehmend bedrohliche Lage durch die Machtübernahme des neuen Königs. Zunächst durch schwere Arbeit, später durch die angeordnete Tötung der männlichen Nachkommen sollten die versklavten Israeliten an der weiteren Ausbreitung in Ägypten gehindert werden. Drei Fragen bzw. Aufgaben leiten zu einer vertieften Auseinandersetzung mit der Situation des Volkes Israel an.
Die schwere Arbeit bei der Herstellung von Ziegeln wird durch ein **Wandbild** aus dem 15. Jh. v.Chr. verdeutlicht.

Unterrichtsbausteine

- Es empfiehlt sich das gemeinsame Lesen der Texte und Betrachten der Fotos bzw. Bilder (S. 50–51), um Verständnisfragen direkt klären zu können.
- Sch sammeln in PA oder GA Gründe für die Flucht aus bzw. das Bleiben in Ägypten (**AB 4.2**).
- Die Gründe werden als TA festgehalten. Sch nehmen zu den genannten bzw. notierten Gründen im Plenum Stellung und positionieren sich.
- **AB 4.3** zum Auszug aus Ägypten kann als Malvorlage für die Einzelnen oder, vergrößert auf DIN A3 und aufgehängt, die gesamte Unterrichtssequenz begleiten:
  - Sch malen am Stundenende die jeweils besprochene Sequenz zur Sicherung farbig aus.
  - Sch erschließen im Verlauf der Unterrichtssequenz die entsprechenden Bibeltexte und ordnen sie in das Bildgeschehen ein.
  - Die Bibelstellen werden in arbeitsteiligen KG gelesen, erschlossen, im Plenum präsentiert.
  - Ergebnissicherung nach der Präsentation aller Gruppen (ggf. als HA vorbereiten): Wer kann alle sieben Stationen nacherzählend zusammenfassen?

Unterdrückt und unfrei in dieser Welt — S. 52–54

Hintergrund

Die **Geschichte** »Unterdrückt und unfrei« von Ursula Wölfel thematisiert den Kontrast zwischen Armut und Reichtum, Unterdrückung und Freiheit anhand zweier südamerikanischer Familien in der heutigen Zeit. Während die wohlhabende Familie der einen Juanita weitgehend anonym bleibt, bietet die ausführlichere Darstellung der sich verschlechternden Situation der anderen Familie und hier insbesondere der Tochter Juanita den Sch die Möglichkeit, sich in die Geschichte hineinziehen zu lassen. Juanitas Eltern verlieren ihre Arbeit und sind gezwungen, ihre Heimat zu verlassen und in die Stadt zu ziehen, um dort andere Arbeit zu suchen. Das gelingt nur der Mutter, und Juanita selbst muss täglich betteln, um mit ihrer Familie am Rande der Stadt überleben zu können. Dabei trifft sie auf die andere, die wohlhabende Juanita, durch deren Geldspende sich die Bettelnde so gedemütigt fühlt, dass sie das Geldstück »der anderen, der feinen, schönen, stolzen Juanita ... mitten ins Gesicht (warf)«. Doch dieses Erlebnis hat Juanita nicht nur in ihrem Stolz verletzt, sie kommt zur Einsicht, dass sie an ihrer Situation etwas verändern möchte.
Der Kontrast zwischen Arm und Reich spiegelt sich auch in den **Fotos** von den Kindern und der Frau in einer lateinamerikanischen Armensiedlung (Favela), den Menschen am Badestrand Copacabana vor den Hochhäusern von Rio de Janeiro sowie Männern in einem Gefangenenlager.

Dass es lohnt, sich nicht mit seinem Schicksal abzufinden, sondern eine Veränderung der eigenen Situation herbeizuführen, zeigt sich ebenfalls in der **Fabel** von den drei Fröschen.

Unterrichtsbaustein

- Sch beschreiben mögliche Veränderungen im Leben von Juanita: **AB 4.4**.

Ich bin da — S. 55

Hintergrund

Gott zeigt den Israeliten den Weg aus Knechtschaft und Unterdrückung auf. Mose hütet Schafe und Ziegen am Berg Horeb, als sich ihm Gott durch den brennenden Dornbusch als der »**Ich-bin-da**« offenbart und ihn auffordert, das Volk Israel aus Ägypten hinaus in ein Land zu führen, in dem Milch und Honig fließen. Die Gotteserfahrung, die den Israeliten hier zuteil wird, hat eine besondere Bedeutung. Gott wendet sich den Menschen zu, er hört ihr Klagen und steigt zu ihnen herab. Er gibt sich ihnen zu erkennen und offenbart mit seinem Namen nach orientalischer Auffassung nicht nur eine äußerliche Kennzeichnung, sondern gleichzeitig sein Wesen. Der vom Wortstamm »sein« abgeleitete Name enthält nach dem semitischen Seinsbegriff einen dynamischen Grundzug, der das Mächtig-Sein, Lebendig-Sein, Mit-Sein, Sich-als-lebendig-in-Erfahrung-Bringen ausdrückt. In der Übersetzung Martin Bubers »Ich werde da sein, als der ich da sein werde« wird gleichzeitig die Unverfügbarkeit Gottes, der sich nicht festlegen lässt, der nicht schon begriffen ist, deutlich. Nach altorientalischer Vorstellung bedeutet die Preisgabe des Namens eine Entmachtung des Namensträgers, bei der der Empfänger Macht über den Namensträger erhält. Weist der erste Teil der Übersetzung »ich werde da sein« auf die Anwesenheit und hilfreiche Nähe Gottes hin, wird im zweiten Teil »als der ich da sein werde« deutlich, das JHWH über die Art seiner Gegenwart und seiner hilfreichen Nähe selbst bestimmt. Erich Zenger zeigt vier Aspekte der biblischen Rede von Gott in Exodus 3,1–14 auf: Zuverlässigkeit, Unverfügbarkeit, Ausschließlichkeit und Unbegrenztheit (vgl. *Erich Zenger, Der Gott der Bibel, Stuttgart ³1986*).

Marc Chagall (1887–1985)

Chagall wurde als Kind jüdischer Eltern in Witebsk, einem Ort in Weißrussland, geboren. Dem Ort blieb er stets verbunden, obwohl er die meiste Zeit seines Lebens in Paris lebte und 1937 französischer Staatsbürger wurde. Auch verstand er sich immer als Jude: Sein Werk, das sowohl von den Themen als auch den Techniken her sehr breit angelegt ist, zeigt sich immer wieder inspiriert von der Bibel und weist ihn – v.a. durch »gemalte Kommentare« in den oberen Bildecken – als bibel- und talmudkundigen Juden aus. Charakteristisch für seine Malerei sind kräftige Farben, plastisch wirkende Formen und ein dekorativer, emotionaler, »naiv-poetischer« Stil, der an russische Volkskunst erinnert.
Bei der Einweihung des »National Museums Biblische Botschaft« in Nizza, das viele seiner Gemälde, auch dieses, zeigt, brachte er sein Selbstverständnis und seine Hoffnung so zum Ausdruck: »In der Kunst wie im Leben ist alles möglich, wenn die Liebe der Grundstein ist.«

Marc Chagall: »Mose vor dem brennenden Dornbusch«, 1960–1966

Das im Original etwa zwei mal drei Meter große Gemälde lässt in der stark verkleinerten Wiedergabe die zahlreichen Details nur schwer erkennen. Andererseits lädt die ungeheure Verdichtung des Exodus-Themas zu einer erforschenden Betrachtung ein.

Bildbeschreibung: Das Bild ist entsprechend der hebräischen Leserichtung von rechts nach links zu erschließen; es weist eine deutliche Schrägneigung von rechts unten nach links oben auf. Auf der mittleren der drei dominanten senkrechten Achsen lodert der brennende Dornbusch mit dem darüber schwebenden Engel Gottes in einer kreisrunden Lichtaura. Mose ist mit den Lichtstrahlen auf dem Kopf (s. S. 70), die ihn stets als denjenigen kennzeichnen, der Gott von Angesicht zu Angesicht gesehen hat, zweimal zu sehen: Auf der rechten Seite schwebt er kniend als individuelle Persönlichkeit, die die Israeliten aus der Sklaverei führen soll; über ihm sind die Schafe und Ziegen zu erkennen, die er für seinen Schwiegervater Jitro weidete. Auf der linken Seite erscheint Mose als kollektive Erscheinung, deren Körper sich aus dem Volk Israel und – getrennt durch eine Wolkenwand – aus den verfolgenden Ägyptern zusammensetzt. Vor seinem Gesicht ist schemenhaft die Tora zu sehen.

Moses Zögern angesichts der Berufung durch JHWH wird in seiner rechts abgebildeten Gestalt deutlich: Er wendet sein Gesicht vom Dornbusch ab, seine rechte, an die Brust gelegte Hand unterstreicht seine fragende Haltung, ob er der Richtige sei, das Volk Israel zu führen. Seine vermeintliche Unfähigkeit wird durch die Darstellung der linken Hand, an der ein Finger fehlt, betont. JHWH hält an der Berufung des Mose fest und schickt ihm zur Unterstützung dessen Bruder Aaron, der am äußersten rechten Bildrand gleichsam aus einem Baum erwächst, vor sich die Lostasche des Hohen Priesters mit den zwölf Steinen für die zwölf jüdischen Stämme.

Bilddeutung: Das Gemälde zeigt wie in einer Abfolge die drei großen Etappen des Exodus-Geschehens: die Berufung des Mose am Dornbusch, den Durchbruch der Israeliten in die Freiheit am Schilfmeer, Gottes Geschenk der Zehn Gebote an sein Volk. Die dominante blaue Grundfarbe des Bildes weist zum einen auf das zu durchquerende Schilfmeer hin, zum anderen kann das bei Chagall Ruhe ausdrückende Blau als das Vertrauen gedeutet werden, dass die gesamte Geschichte des Volkes Israel als Heilsgeschehen zu einem guten Ende kommt. Der durch eine wellenförmige Linie abgeteilte obere und rechts breitere grüne Bildrand mag eine Vorausschau auf das verheißene Land sein, in dem Milch und Honig fließen.

(Zur Erarbeitung von Chagall-Bildern im Unterricht sei hingewiesen auf: *Christoph Goldmann, Bild-Zeichen bei Marc Chagall, Band 1: Alphabetische Enzyklopädie* der Bildzeichen, Band 2: Enzyklopädie zu den Bildern der »Biblischen Botschaft«, Göttingen 1995; ders., Kinder entdecken Gott mit Marc Chagall. Bilder und Gespräche, Göttingen 1978.)

Eine kurze **Erzählung** greift den Namen Gottes »Ich-bin-da« auf und berichtet von der die Angst überwindenden und beruhigenden Nähe eines vertrauten Menschen.
In den sich anschließenden **Aufgaben** wird die Bedeutung der Zusage »Ich-bin-da« sowohl auf die kleine Geschichte als auch auf die Bedeutung für die Aufgabe, die JHWH dem Mose zugedacht hat, übertragen; eine dritte Frage verknüpft die Prophezeiung Gottes vom »Land, in dem Milch und Honig fließen«, mit der Geschichte Juanitas.

Unterrichtsbausteine

- Die Sch beschreiben das Bild S. 55 (→ **Methodenkarte** »Ein Bild beschreiben«) und überlegen im UG, welches Bild von Gott der Künstler hat.
- Über die Aufgaben in *Treffpunkt RU 5/6* hinaus legt sich – orientiert an den Rezeptionsgewohnheiten der Sch – eine Erarbeitung des Gottesbildes in der Dornbuschszene im Film nahe. Einen didaktischen Zugang dazu eröffnet Reinhold Zwick: *Reinhold Zwick, Moses Moviestar. Zur Wirkungsgeschichte der Dornbuschszene [Ex 2,23–4,18]*, in: Klaus Kiesow/Thomas Meurer (Hg.), Textarbeit. Studien zu Texten und ihrer Rezeption aus dem Alten Testament und der Umwelt Israels, Münster 2003, S. 585–610.

Die Israeliten wagen die Flucht — S. 56–57

Hintergrund

Die scheinbar unmögliche Flucht über die streng bewachten Grenzen Ägyptens und durch das Schilfmeer gelingt durch Gottes Hilfe. Die vermeintliche Chancenlosigkeit der Flucht wird durch das **Gedicht der Bärenraupe**, die eine verkehrsreiche Straße überquert, verdeutlicht. Hier beachtet L den Unterschied zwischen vernünftigem und sicherem Verhalten im Straßenverkehr und der Vergleichsebene des Gedichts: Die Bärenraupe verhält sich nicht leichtsinnig, sondern ist arglos. Sinnspitze des Gedichts ist ihr furchtloses und daher beharrliches Handeln, weil sie ein Ziel hat, eine Vision verfolgt.

Exodus 15,20–21

Die beiden Verse des sog. Mirjamlieds gehören zu den ältesten Textstellen des Alten Testaments. Mirjam wird als Prophetin tituliert; ihre Bedeutung lässt sich auch aus Num 12 ersehen. Dort wird von einem Rangstreit unter Mose, Aaron und Mirjam erzählt, aus dem sich schließen lässt, dass es zunächst ein gleichberechtigtes Führungstrio gab (»Hat Gott nicht auch mit uns gesprochen?«). Mirjam und Aaron stellen den Machtanspruch des Mose infrage, aber nur Mirjam wird durch Aussatz bestraft. Das Volk aber unterbricht seine Wüstenwanderung sieben Tage, um auf die abgesonderte Mirjam zu warten.
Die Verse des Mirjamliedes bieten die Textgrundlage für Sieger Köders Bild: Mirjam schlägt die Pauke, sie ist voller Freude über den gelungenen Auszug aus Ägypten. Gleichzeitig ist ihr Gesang ein Lobpreis der Größe und Erhabenheit Gottes, der die Israeliten gerettet hat, indem er die verfolgende Kriegsmacht im Schilfmeer hat umkommen lassen (»Rosse und Wagen warf er ins Meer«).

Sieger Köder (*1925)

Der am 3. Januar 1925 geborene »malende Pfarrer«, wie er sich selbst bezeichnet, erlernte zunächst das Silberschmieden und Ziselieren, bevor er in Stuttgart Zeichnen, Werken, Malen und Kunstgeschichte studierte und anschließend einige Jahre als Kunstlehrer arbeitete. Mit 40 Jahren begann er das Studium der Alten Sprachen und der katholischen Theologie, wurde 1971 zum Priester geweiht und war bis zu seinem Ruhestand 1995 Pfarrer in verschiedenen Gemeinden. Heute lebt und arbeitet er in Ellwangen/Jagst.

Sieger Köder: »Mirjam«, 1996

Bildbeschreibung: Aus dem Zentrum des Bildes, beinahe das Format sprengend, tanzt eine junge Frau auf uns zu. Sie trägt ein knielanges Kleid in allen Regenbogenfarben. Während Gelb-, Rot-, Violett- und Grüntöne auch in ihrer Umgebung vorkommen, ist das Blau nur in ihrem Kleid zu finden. Über Kopfhöhe schlägt sie mit den bloßen Händen eine kleine, kalebassenförmige Trommel. Der aus der Mittelachse nach links verschobene Kopf mit dem lachenden Gesicht, die fliegenden langen Haare und das nach rechts angewinkelte Bein zeigen sie in einer fließenden, dynamischen Bewegung. Der direkt auf uns gerichtete Blick, der lachende rote Mund, die braune Haut der Unterarme und Beine mit den nackten Füßen vermitteln einen fröhlichen, lebendigen und sinnlichen Eindruck. Tanz und Gesang finden vor einem grünen Hintergrund statt, der wie ein Tal wirkt, das sich vom blassgrauen Horizont bis zu uns in den Vordergrund erstreckt und Wachstumszungen nach rechts und links aussendet. Dort erheben sich blutrote Anhöhen bis zu den seitlichen Bildrändern und am Horizont höher als der Kopf der Tänzerin. Zu ihren Füßen, in die beiden vorderen Bildecken gedrängt, sind dunkle

und graue Steine zu erkennen und Stacheldraht, aus dem rote Rosen wachsen.
Bilddeutung: Das Danklied der Mirjam nach der geglückten Auswanderung aus Ägypten gestaltet Sieger Köder zeitlos als die verwandelnde Kraft der Lebensfreude über bedrohliche Mächte. Durch den mit dem gesamten Körper ausgedrückten Dank und Lobpreis Gottes breitet sich das Lebendige (Grün) aus und bemächtigt sich der Gewalt, des Bluts (Rot), der Härte und Dunkelheit (Steine), der Aus- und Abgrenzung (Stacheldraht). Dabei wird kein unüberbrückbarer Gegensatz, kein dualistisches Weltbild gezeichnet: Das Rot der Bedrohung kehrt als feurig-dynamisches Rot im Kleid und in der Rose als Symbol kraftvoller Liebe wieder. Einzig das Blau – Farbe des Göttlichen, der Unendlichkeit, der Sehnsucht – verleiht der Maler der Tänzerin.
Die Abbildung in *Treffpunkt RU 5/6* ist ein Ausschnitt aus dem von Sieger Köder gestalteten Hungertuch für das Hilfswerk »Misereor« aus dem Jahr 1996. Der erste Teil der Flucht aus Ägypten ist gelungen und wird von der Prophetin Mirjam gemeinsam mit den Frauen des Volkes im Lobpreis Gottes (Ex 15) besungen.

Unterrichtsbausteine

- Sch beschreiben die geglückte Flucht der Israeliten: **AB 4.5**.
- Sch kommentieren die gelungene Flucht aus Ägypten in einem Bild und einem Zeitungsbericht (**AB 4.6**).
- Sch zeichnen einen Comic in sechs Bildern mit Stationen der Flucht aus Ägypten (**AB 4.7**).
- Wenn ich mit Mirjam in die Zukunft tanzen könnte ... Sch malen auf **AB 4.8** das sie Bedrängende hinter den Stacheldraht und in die vordere »Tanzlinie« ihre Hoffnungen für die Zukunft.

Israels Weg durch die Wüste S. 58–59

Hintergrund

Auch bei der weiteren Flucht durch die Wüste erweist sich Gott als verlässlicher Partner, indem er durch Mose den hungernden Israeliten Nahrung verspricht. Manna und Wachteln bewahren sie vor dem drohenden Hungertod. Ein kurzer **erläuternder Text (S. 58)** bezieht sich auf das Phänomen der Wachtelschwärme in der Wüste und des »Brotes« an Tamariskenbäumen. Eine **Karikatur** kann als Wunsch, stets das andere zu ersehen, interpretiert werden, lässt sich aber auch mit der Situation des Volkes Israel in Ägypten verbinden, worauf auch die drei AA auf dieser Seite eingehen. Zwei betitelte **Fotos (S. 59)** illustrieren den Kontrast zwischen der Wüste und dem Land, »in dem Milch und Honig fließen«; eine **Karte** zeigt das Gebiet, das die Israeliten bei ihrer Flucht durchquert haben.

Unterrichtsbausteine

- Sch interpretieren die Zeichnung von Ivan Steiger im Hinblick auf die Exodus-Geschichte.
- Für die Exodus-Erzählung eignet sich für die 5. und 6. Klasse insbesondere der Trickfilm »Der Prinz von Ägypten« aus dem Jahr 1998 von Steven Spielberg. Er ist in den katholischen Medienstellen i.d.R. erhältlich.
Folgende Fragestellungen können bei der Betrachtung des Films hilfreich sein:
  - Warum wird Mose von seiner Mutter ausgesetzt?
  - Warum verlässt er das Haus des Pharao?
  - Wie steht Mose zu den Sklaven?
  - Wie wird Gott im Film dargestellt?
  - ...

Der Bund Gottes mit den Menschen S. 60–62

Hintergrund

Der zwischen Gott und dem Volk Israel geschlossene Bund erfährt seine Konkretisierung in den **Weisungen**, die Gott seinem Volk über Mose erteilt. Dietrich Steinwede interpretiert die Weisungen und knüpft an die Rettung vor dem Pharao an; aus einer deutlicher an der Bibel orientierten Version, die im Futur formuliert ist, lässt sich der befreiende Charakter der Gottesgebote nachempfinden. Auf diesen zielt eine der vier Aufgaben/Fragen. Die weiteren betreffen das Verständnis der Weisungen aus Sicht der Israeliten und animieren zu einer zeitgemäßen Umsetzung.

Marc Chagalls Gemälde »Moses erhält die Tafeln des Neuen Bundes« eröffnet eine weitere Dimension des unterrichtlichen Zugangs.
Ebenfalls illustriert Chagall mit seinem **Gemälde** ohne Titel von 1971 (**S. 62**) die im Buch Deuteronomium aufgegriffene Inbesitznahme des verheißenen Landes auf der Grundlage des Neuen Bundes zwischen Gott und seinem auserwählten Volk Israel.

Wie kommt Mose zu zwei Hörnern?
Ein folgenreicher Übersetzungsfehler
Die geläufigste Antwort auf die Frage nach den Hörnern des Mose heißt: Der gehörnte Mose beruht auf einem Missverständnis des hebräischen Urtextes durch die lateinische Bibelübersetzung des Hieronymus (Vulgata, 4. Jh.). Als Mose vom Berg der Gottesbegegnung mit den zwei Tafeln in der Hand herabstieg, wusste er nicht, heißt es Ex 34,29f. – wörtlich aus dem Hebräischen übersetzt –, dass von seiner Gottesbegegnung »die Haut seines Antlitzes strahlte« (Buber) oder: »glänzte« (Luther), sodass die Israeliten sich fürchteten, ihm nahe zu kommen. Im Heiligkeitsglanz Gottes auf Moses Gesicht kommt seine einzigartige Gottesnähe zum Ausdruck. Es wäre im Text also eigentlich das gemeint, was später mit dem goldenen Heiligenschein (Nimbus, Gloriole, Aureole, Mandorla) in der christlichen Kunst ausgedrückt wird: Der Mensch, der von Gottes Licht berührt und erfüllt ist, wird zum Spiegel seiner Herrlichkeit (vgl. 2 Kor 3,18; 4,6).

Das hebr. Wort für strahlen (*qaran*) und das Wort Horn (*qeren*) haben denselben Stamm; griech. *keras* und lat. *cornu* (beides = Horn) sind verwandt damit. Das tertium comparationis für diese Wortverwandtschaft von »Strahlen« und »Hörner« liegt darin, dass Tierhörner, z.B. am Helm, seit alters das Faszinierende und gleichzeitig den Schrecken versinnbildlichen, der von physischer Übermacht oder vom Übernatürlichen ausgeht. So hat Hieronymus intuitiv oder wahrscheinlich sogar bewusst den Gottesglanz auf dem Gesicht des Mose mit *facies cornuta* übersetzt und dies dementsprechend symbolisch verstanden.

Unterrichtsbaustein

- Sch zeichnen einen Comic in sechs Bildern mit Stationen der Flucht aus Ägypten: **AB 4.7**.

4.2. Erinnerung an den Exodus – Hoffnung für heute　　　　S. 63

Hintergrund

Ein weiteres **Beispiel aus Südamerika** transferiert den Mut zum Aufbruch und zur Veränderung der eigenen Verhältnisse in die heutige Zeit. Inspiriert durch die Exodus-Erzählung beginnt eine Gemeinde in Brasilien, mit den ihr zur Verfügung stehenden Mitteln gegen das sie betreffende Elend anzugehen. Nicht nur die Lebensbedingungen verändern sich durch die Einrichtung eines Kindergartens und den Bau eines Gemeindehauses, auch die Gemeinschaft wächst, entwickelt sich zur Glaubensgemeinschaft und lässt weitere Aufgaben und Probleme als lösbar erscheinen. Die Reflexion des Geschehen, das durch einige gezeichnete Bilder illustriert wird, ermutigt zur Fortsetzung des Projekts. Der Gemeinschaftsgedanke findet sich auch im die Seite abschließenden visionären **Text** von Dom Helder Camara »Wenn einer alleine träumt« (vertont von Ludger Edelkötter) in *Treffpunkt RU 5/6*, S. 175.

Sowohl die **Geschichte von Juanitas Familie** als auch der gemeinsame **Aufbruch der brasilianischen Gemeinde** weisen auf die gegenwärtige Bedeutung der Exodus-Geschichte hin. Insbesondere zwischen dem Exodus der Israeliten und der Weg-Geschichte der südamerikanischen Familie zeigen sich Vergleichsmöglichkeiten. Allerdings kennzeichnet den Auszug des Volkes Israel aus Ägypten nicht nur der Aufbruchswille des Volkes, sondern auch die Initiative Gottes; bei Juanitas Familie lässt sich eine theologische Motivation zum Aufbruch nicht erkennen. Dennoch ist letztere durch ihre bei den Sch vermutlich höhere Akzeptanz und durch die Nähe zur Exodus-Geschichte geeignet, einen Bezug zur biblischen Exodus-Tradition herzustellen. Vielleicht lässt sich mit ihrer Hilfe ein Verständnis dafür anbahnen, welche Ermutigung Gottes Hilfe in solchen Situationen bedeuten kann.

Im zweiten Beispiel aus Brasilien wird die Ermutigung zur Veränderung ganz konkret auf das Exodus-Geschehen zurückgeführt und entspricht der didaktischen Intention des Kapitels, ein biblisch orientiertes christliches Daseinsverständnis und die daraus resultierende Konsequenz für das gegenwärtige Leben aufzuzeigen. Es veranschaulicht, wie die Erinnerung an die Befreiung der Israeliten aus der ägyptischen Sklaverei, aus Not, Elend und Unterdrückung auch heute zu eigenem Tun ermutigt, und zeigt, an welchen Gott Christen glauben und was dieser Glaube zu bewegen vermag.

Zwar wird im **brasilianischen Beispiel (S. 63)** die gegenwärtige Lebensrelevanz des Gottesglaubens deutlich; ob und welche Rolle die Exodus-Tradition im Leben der Sch heute und hier spielen kann, lässt sich jedoch nicht bestimmen. Zu der Distanz, die allein die räumliche Entfernung und die damit verbundene Anonymität der Protagonisten mit sich bringt, kommt die zunehmende Bedeutungslosigkeit von Religion und Glaube im Leben junger Menschen heute. Aus den im Unterricht erarbeiteten Kenntnissen über die biblisch-christliche Tradition der Exodus-Geschichte und aus dem dabei deutlich werdenden Gottesbild können sich jedoch Fragestellungen ergeben, die die Lebenswirklichkeit der Sch zur biblischen Glaubensperspektive in Beziehung setzen. Das lässt sich jedoch nur in der Begleitung des konkreten Lernprozesses feststellen.

Unterrichtsbausteine

- Sch überlegen und benennen, wo es Parallelen zwischen der Exodusgeschichte und der Geschichte von S. 63 gibt.
- Sch lesen das Zitat von Dom Helder Camara. UG: Welche Träume hatten die Menschen aus Brasilien? Wie haben sie diese Träume verwirklicht?

Schlussseite — S. 64

Hintergrund

Die das Kapitel beschließende Seite greift im **Lied** von Peter Janssens und Alois Albrecht den Aufbruch Israels aus Ägypten auf. Der **Text** beschreibt als Ziel der Flucht das Land Kanaan und weist auf das Laubhüttenfest hin, mit dem die Juden die Freude über die geglückte Flucht aus Ägypten erinnern. Zwei AA beziehen sich auf das Land Kanaan, der dritte lenkt den Blick noch einmal auf das gesamte Exodus-Geschehen.

Die Befreiung aus Ägypten wurde von den Israeliten stets als sozial-ethische Verpflichtung gesehen, sich denen zuzuwenden, die Not leiden. Die Sorge um die sozial Schwachen findet ihre Begründung im Aufenthalt des Volkes Israel in Ägypten (vgl. Ex 22,20–26; Lev 19,33–36; Dtn 10,17–22) und in der Exoduserfahrung (vgl. Dtn 5,15).
Insbesondere für Israel hat der Exodus eine bis in die Gegenwart reichende Wirkungsgeschichte. Die Inbesitznahme des Landes Kanaan auf Gottes Geheiß hin erinnert Israel in der Feier des Laubhüttenfestes (*Sukkot*), des zentralen jüdischen Festes der Freude, bei dem der Erstling jeglicher Feldfrucht JHWH zum Zeichen des Dankes dargebracht wird. Mit dem Gebot, sieben Tage in Laubhütten zu wohnen, mahnt JHWH an, die Befreiung des israelitischen Volkes an die späteren Geschlechter weiterzugeben.

Unterrichtsbaustein

- Bei einer weiterführenden Auseinandersetzung mit jüdischen Festen kann an dieser Stelle das jüdische Laubhüttenfest (*Sukkot*) thematisiert werden. Es gehört zu den drei Wallfahrtsfesten des jüdischen Glaubens und ist ein Fest der Freude. Information zum Fest, zu den Riten und Symbolen finden sich auch auf folgenden Internetseiten: www.talmud.de, www.hagalil.com.

Aufbrechen

Astrid Hille, Der Aufbruch, 1982

- Beschreibe, was du auf dem Bild siehst.
- Erläutere, was du beim Betrachten des Bildes empfindest.
- Überlege, welche Ereignisse die Menschen auf dem Bild dazu veranlasst haben könnten, aufzubrechen und ihr Haus oder ihre Heimat zu verlassen.
- Notiere in die Wassermassen, wovor sie wohl Angst haben, und schreibe in Sprechblasen, was ihnen Hoffnung geben könnte.

Bleiben oder fliehen?

Einige Israeliten wollen in Ägypten bleiben, weil ...	Einige Israeliten wollen aus Ägypten fliehen, weil ...

- Überlegt, aus welchen Gründen einige IsraelitInnen in Ägypten bleiben möchten, und schreibt die Gründe auf.
- Überlegt, aus welchen Gründen einige IsraelitInnen aus Ägypten fliehen möchten, und schreibt die Gründe auf.
- Nimm Stellung: Was würdest du tun? Begründe deine Meinung.

Arbeitsblatt 4.2

Den Auszug aus Ägypten erzählen

- Bildet sieben Gruppen. Jede schlägt in der Bibel, im Buch »Exodus« im Alten Testament, eine der angegeben Stellen nach.
- Lest euren Text: Was erzählt er? Was hat das mit der kleinen Abbildung an eurer Ziffer zu tun?
- Präsentiert den anderen eure spannende Erzählung.

1. Ex 2,11–15
Zwangsarbeit der IsraelitInnen
2. Ex 3
Mose erhält einen Auftrag von Gott
3. Ex 12
Die IsraelitInnen wandern aus
4. Ex 14,5–31
Die Verfolgung der IsraelitInnen – ihre Rettung am Schilfmeer
5. Ex 16
Die IsraelitInnen in der Wüste
6. Ex 17,1–7
Die Weisungen am Berg Sinai
7. Ex 32
Mose zerschlägt die Gesetzestafeln

Juanitas Hoffnungen

Juanita sagte am Abend zu ihrer Großmutter Maria, dass sie vielleicht doch zur Schule gehen möchte.
Warum will Juanita wohl zur Schule gehen? Was erhofft sie sich davon?
Schreibe für Juanita ein Tagebuch von diesem Tag und notiere ihre Gedanken und Hoffnungen:

Heute bin ich der reichen Juanita in der Stadt begegnet. Ihr Bruder hat uns Geld zugeworfen. Das hat mich geärgert. Deshalb habe ich beschlossen ...

Arbeitsblatt 4.4

© by Kösel-Verlag

Singt dem Herrn ein Lied!

Auf dem Bild seht ihr Mirjam, die ihre Freude über die geglückte Flucht durch das Schilfmeer in einem Lied besingt. Schreibt einen Liedtext, in dem die Ereignisse vor und bis zur geglückten Flucht durch das Schilfmeer vorkommen.

Singt dem Herrn ein Lied, denn er ist hoch und erhaben!
Rosse und Wagen warf er ins Meer ...

Die gelungene Flucht aus Ägypten kommentieren

Arbeitsblatt 4.6

Stationen der Flucht zeichnen

Zeichne einen Comic mit sechs für dich wichtigen Stationen der Flucht der Israeliten aus Ägypten.

Arbeitsblatt 4.7

Wenn ich mit Mirjam in die Zukunft tanzen könnte –
Meine Vision von der guten Zukunft malen

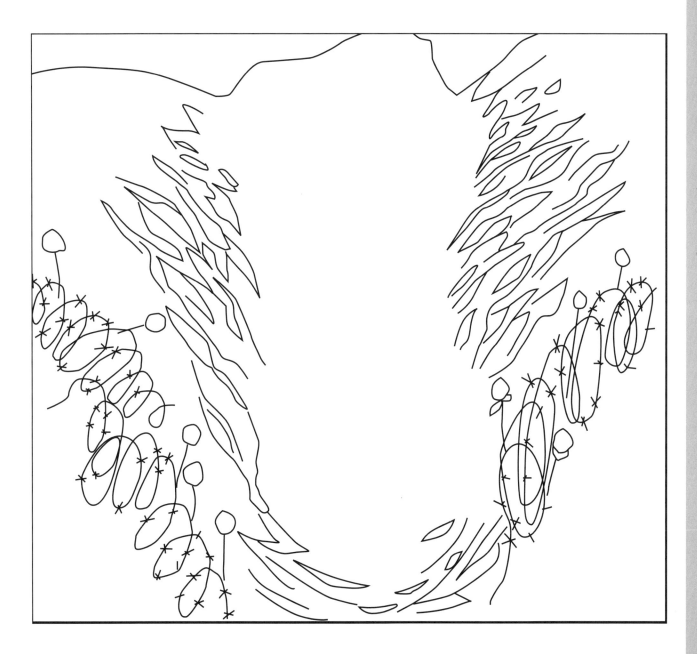

- Welche Hoffnungen hast du für die Zukunft? Male sie in die Mitte des Bildes.
- Male das, was dich bedrängt hinter den Stacheldrahtzaun.

5 Menschen beten zu Gott.
Bitten, danken, loben mit allen Sinnen

Kompetenzen erwerben

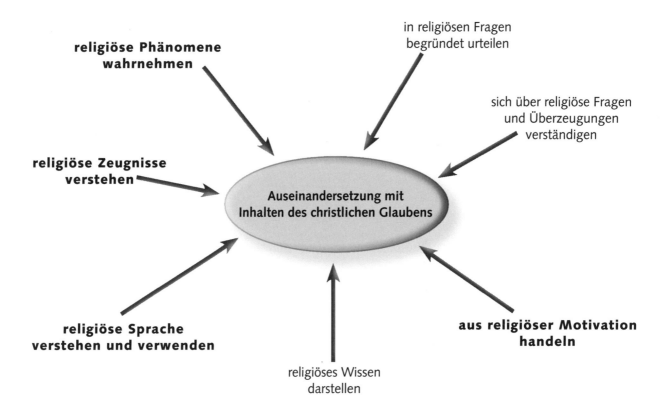

Die Schülerinnen und Schüler ...
... zeigen an Gebetstexten auf, in welchen menschlichen Erfahrungen sich die Frage nach Gott heute stellt;
... entfalten an Gebetstexten und -handlungen wie Menschen im Vertrauen auf Gott die Spannung von Gelingen und Scheitern im Leben aushalten;
... erläutern liturgische Vollzüge (Sprach- und Ausdrucksformen) der Kirche.

Didaktischer Leitfaden
Das Gebet ist der »Testfall des Glaubens« (W. Kasper). Als solcher kann es in diesem Kapitel zum Unterrichtsgegenstand werden, zunächst sicherlich nicht in seiner praktischen Durchführung, sondern vielmehr als Phänomen, als Kernstück praktisch gelebten Glaubens: »Wenn ich den Glauben habe, kann ich nicht *nicht* beten« (Peter L. Berger). Im Sinne eines kritisch zu hinterfragenden Phänomens kann das Gebet auch zum Testfall im Rahmen einer Unterrichtsreihe werden, nicht zuletzt mittels der Charakterisierung von Gebet als »sprechender Glaube« (Otto H. Pesch). Gleichzeitig muss man davon ausgehen, dass heutige Sch kaum oder keine Gebetserfahrungen mitbringen.

Bereits der Titel des Kapitels markiert einige inhaltliche Grundoptionen: 1) Beten tritt hier als vermittelndes Element einer Beziehung zwischen Menschen einerseits und Gott bzw. einer Transzendenz andererseits auf. 2) Beten im weitesten Sinne gehört zur Grundverfasstheit des Menschen, ist gewissermaßen ein anthropologisches Grunddatum. 3) Darüber hinaus ist Beten auch ein Beziehungsgeschehen zwischen Menschen untereinander. Darauf deutet der Untertitel hin, der auf ein ganzheitliches Grundverständnis von Beten »mit allen Sinnen« abhebt. Denn die Sinne sind unsere Brücken zur Außenwelt und damit Träger unserer Beziehungen zu den Mitmenschen und auch zu Gott. 4) Schließlich nennt der Titel mit Bitten, Danken und Loben die drei Grundformen des Betens, die implizit in den einzelnen Einheiten enthalten sind.

Die erste Einheit (**5.1., S. 66–67**) zeigt die religions- und völkerübergreifende Vielfalt des Phänomens Beten auf, indem es unterschiedliche Zeugnisse nebeneinanderstellt und somit einen ersten phänomenologischen Zugang zum Thema bietet. Mit der zweiten Einheit beginnt eine »kleine Gebetsschule«. Beten beginnt hier mit Schweigen, aus dem ein Hören und Sprechen werden kann, das schließlich in ein Handeln mündet (**5.2. bis 5.5, S. 68–75**). Eine solche in ihrer Schrittabfolge mögliche Gebetsdidaktik bietet ein Doppeltes: Zunächst eröffnet sich auf diese Weise der Vorschlag eines gestuften Betenlernens, das auf einer niedrigen Eingangsschwelle (Schweigen) beginnt und schließlich in die notwendige Konsequenz einer Gebetspraxis mündet (Handeln). Weiterhin – und das ist sicherlich die unterrichtlich eher zu realisierende Alternative – werden hiermit die verschiedenen Dimensionen eines christlichen Gebetsverständnisses (bis hin zu Wallfahrten als *einer* Ausdrucksmöglichkeit gemeinsamen Betens und Glaubens) aufgezeigt, die gerade in ihrer Gesamtheit das Gebet ausmachen. Die letzte Seite des Kapitels (**S. 78**) fordert schließlich heraus, Beten als persönliches Geschehen und ein individuelles Sich-Ausdrücken zu erfahren. Sie kann aber auch mit Rücksicht auf bleibende Fraglichkeiten zeigen, dass es auch die Erfahrung des Nicht-beten-Könnens gibt.

Mögliche Verbindungen

- zu Kapitel 1 »Miteinander leben. Ich und die anderen« (anhand S. 20–24: Zwischen Angst und Vertrauen)
- zu Kapitel 2 »Das Leben feiern. Feste – Feiern – Bräuche« (anhand kirchlicher Feste und Vollzüge)
- zu Kapitel 6 »Aus einer Wurzel. Juden und Christen« (anhand S. 83: Das jüdische Hauptgebet)
- zu Kapitel 8 »Ein Traum von Gemeinschaft. Christen leben in Gemeinden«
- zu Kapitel 9 »Der Islam. Eine Weltreligion bei uns«

5.0. Eröffnungsseite — S. 65

Hintergrund

Niki de Saint Phalle (1930–2002)
Die in Frankreich geborene Malerin und Bildhauerin wuchs in New York auf und kehrte 1951 nach Paris zurück, wo sie schon bald als Aktionskünstlerin mit ihren »Schießbildern« auf sich aufmerksam machte: Sie erstellte Gipsreliefs mit eingearbeiteten Farbbeuteln, auf die sie während der Vernissage schoss. Ab 1964 entstanden die ersten »Nanas«, Frauenfiguren aus Polyester mit betont weiblichen Formen in stark farbiger Bemalung. Im Jahr 2000 wurde die Künstlerin zur Ehrenbürgerin der Stadt Hannover ernannt und vermachte 300 ihrer Werke dem dortigen Sprengel-Museum.

Niki de Saint Phalle: »Le temple idéal« (Eine Kirche für alle Religionen), 1972
Beschreibung: Die Skulptur lädt zu einer Entdeckungsreise ein: bunte Farben, spiegelnde Mosaiksteinchen, organische Formen, ein Eingangsportal, runde Öffnungen, eine goldene symbolträchtige Kuppel, Schlangenköpfe wie Wasserspeier – Fabelwesen oder Bauwerk, Burg oder Raumschiff? Auf den Titel des Kunstwerks machen die vier goldenen Symbole aufmerksam: das Kreuz, der Halbmond mit Stern, der (in der vorliegenden Perspektive etwas verdeckte) Davidstern und eine Buddhastatue.
Deutung: Die Skulptur vereint die vier großen Weltreligionen Christentum, Islam, Judentum und Buddhismus, verbunden durch ein fragiles Gitterwerk – ein »temple idéal«, eine ideale Kirche? Die Massivität wird nach oben hin aufgelöst in eine Leichtigkeit spielerischer Formen, verstärkt durch die goldene Farbgebung. Dennoch lädt das Fundament der 1991 von der Künstlerin auf eine Höhe von 16 Metern vergrößerten »Kirche für alle Religionen« zum Eintreten und Durchgehen ein, fast wie ein Portal mittelalterlicher Kathedralen. Sollen der Betrachter und die Begeherin des Kunstwerks dadurch in ihrem Denken und Glauben verändert werden? Hält der Tempel uns buchstäblich den Spiegel vor, wenn wir vor ihn treten? Diese Kirche »ist kein ökumenisches Modell, sie kann Ort der Begegnung werden, Begegnung mit sich selbst, Begegnung mit den anderen. Sie kann Anlass sein zu Gespräch und Austausch, zur Vergewisserung über das Eigene und das Fremde, zur Besinnung auf das Verbindende« (*Rita Burrichter, Eine Kirche für alle Religionen, in: KBl 118 (1993) S. 493–496, hier S. 496*).

Unterrichtsbausteine

- Arbeit mit dem Foto (als Folie enthalten in: *Bilder der Kunst für den Religionsunterricht. 36 Farbfolien*, Kösel, München 2000, Folie 32):
  - Sch assoziieren spontan Begriffe zur abgebildeten Skulptur.
  - Sch benennen zunächst alles, was auf dem Foto der Skulptur wahrzunehmen ist, und beschreiben Formen und Farben.
  - Sch geben der Skulptur einen Titel; im Anschluss an die Präsentation findet ein Vergleich mit dem Originaltitel statt.
  - Sch überlegen gemeinsam verbindende Elemente und trennende Aspekte in einer »Kirche für alle Religionen«.
- Sch vervollständigen mithilfe des Fotos Sätze zum Einstieg ins Kapitelthema: »Beten ist für mich wie ...«

5.1. Menschen verschiedener Völker beten zu Gott S. 66–67

Hintergrund

Die erste Doppelseite greift indirekt die Thematik der Startseite auf, denn sie vereint **Fotos und Texte** verschiedenster religiöser Bekenntnisse: Die Bildelemente auf der linken Seite greifen die **fernöstlichen Religionen (S. 66)** auf und zeigen sowohl buddhistische Mönche vor der Statue eines meditierenden Buddha als auch Hindus bei rituellen Waschungen und beim Gebet am Ganges bei Benares (heute: Varanasi). Für strenggläubige Hindus gilt es als besonders erstrebenswert, in Varanasi in der Ganga, dem Heiligen Fluss, zu baden sowie dort zu sterben und verbrannt zu werden. Die Buddhastatue zeigt typische Elemente der buddhistischen Ikonografie: den Lotossitz als klassische meditative Sitzhaltung, die Erdberührungsgeste der rechten Hand als Ausdruck von Buddhas Anrufung der Erde zur Zeugin seiner Wahrheit sowie die Meditationsgeste der nach oben geöffneten linken Hand. Die rechtsseitigen Bildelemente sind den drei großen **monotheistischen Weltreligionen (S. 67)** entnommen. Sie zeigen (von oben nach unten): orthodoxe jüdische Männer bei der Toralesung an der Jerusalemer Klagemauer – sehr gut erkennbar sind die Torarolle, die traditionellen Gebetsriemen und -kapseln (die *Tefillin*) sowie der Gebetsmantel (*Tallit*; vgl. Kap. 6); Muslime beim Freitagsgebet, auf ihren nach Mekka gerichteten Gebetsteppichen stehend oder kniend; eine christliche Gottesdienstgemeinde in Tansania.

Vier der Texte sind Fotos direkt zugeordnet. Das aus Indien stammende **Bitt- und Lobgebet (S. 66)** richtet sich an den Gott Krishna (der Dunkle). Krishna gilt in der Bhagavadgita (Gesang Gottes), einer narrativ verfassten religiösen Hauptschrift des Hinduismus, als ein personaler Gott, der alle bisherigen göttlichen Manifestationen in sich vereint und der sich den Menschen liebevoll zuwendet. (Zugleich wird von ihm auch als Herzensbrecher erzählt, der gerne schönen Hirtinnen nachstellt.) Das große Thema Krishnas ist die Liebe: zwischen Gott und Menschen sowie zwischen den Menschen untereinander – dies spiegelt auch der in erotischer Sprache verfasste Gebetstext wider. Die Anrede eines persönlichen Gottes stellt diesen Text aus der östlich-hinduistischen Tradition in eine Parallele neben die rechts stehenden Texte aus den drei großen monotheistischen Religionen.

Psalm 121 eröffnet als sog. Wallfahrtspsalm die drei **Lobgesänge (S. 67)**. Er wurde wohl von den Jerusalempilgern auf ihrem Weg durch das judäische Bergland gesprochen und gesungen. Der Psalter insgesamt kann als die »Antwort Israels« (Gerhard v. Rad) gegenüber seinem Gott JHWH verstanden werden und wird somit als Gebets- und Meditationsbuch zum Lobpreis der universalen in Schöpfung und Tora grundgelegten Gottesherrschaft JHWHs. Davon zeugt auch dieser Psalm, dessen Sprecher zugleich um den beständigen Schutz dieses »Ich-bin-da«-Gottes bittet. Die Verse aus dem altkirchlichen Gloriahymnus, seit dem 6. Jh. fester Bestandteil des westkirchlichen Messordinariums, nehmen im Zitat der Engel nach Lk 2,14 diesen Lobgesang auf den Schöpfer und Allherrscher auf. Im Gloriagesang stimmt die irdische Liturgie der Messfeier in den himmlischen Lobpreis der Engel (*Hymnus angelicus*) ein und wird damit zu einer Symbolhandlung für das Ineinandergreifen von himmlischer und irdischer Liturgie bzw. für die Beziehung zwischen Gott und Mensch (Gebet!). Wie hier bilden auch im Folgenden Text- und Bildelement einen direkten Zusammenhang: Die kurze erste Sure aus dem Koran, die »Eröffnende« (arab. *al-fatiha*), ist zugleich die wichtigste aller Suren, denn mit ihr wird das von allen Muslimen fünfmal am Tag zu sprechende **Pflichtgebet** (vgl. dazu das **Foto**) eröffnet. Die Bedeutung dieser Sure mag man mit der des christlichen Vaterunsers vergleichen, und Parallelen lassen sich auch zu den Psalmen ziehen (vgl. Ps 27,11 oder Ps 23,3 oder auch den abgedruckten Ps 121).

Der linksseitig abgedruckte **Gebetstext einer afrikanischen Stammesreligion** integriert ebenfalls die bereits erwähnten Elemente: die Anrede eines personalen Gottes Tsuigoa sowie Bitte und Lobpreis, gerichtet an den Schöpfer und Herrn allen Lebens.

Unterrichtsbausteine

- Sch ordnen Bild- und Textelemente einander inhaltlich zu und legen in PA eine Tabelle an, in der die Ähnlichkeiten und Unterschiede zwischen den verschiedenen Fotos und Textzeugnissen gesammelt werden. In einer anschließenden Auswertung werden zentrale, wiederkehrende Elemente identifiziert (Gebetshaltung, Bitte, Lobpreis).
- Sch benennen alle Namen und Titel, mit denen »das Göttliche« in den Gebeten angesprochen wird, und vergleichen diese (Tsuigoa, Vater der Väter, Herr, Allmächtiger, Krishna, Teuerster, Bester, Hüter Israels, Gott, König des Himmels, Herrscher über das All, Jesus Christus, Allah, Barmherziger, Herr der Welten, Gnädiger, Herrscher). Welche anderen, z.B. auch geschlechtsneutrale und weibliche Gottesnamen kennen sie?
- Sch sammeln (als HA) weitere Textbeispiele und Bilder, in denen Gebete und Gebetsweisen verschiedener Religionen zum Ausdruck kommen, und stellen diese erläuternd vor.

Weiterführende Anregungen

- Wer selbst musikalisch versiert ist und wessen Sch (oder eine kleine Teilgruppe von ihnen) bestimmte Musikinstrumente beherrschen, kann in zwei bis drei

Stunden ein Projekt durchführen, in dem gemeinsam ausgewählte Gebetslieder (z.B. S. 66) mit Gesang und Instrumenten umgesetzt bzw. interpretiert werden. Hierbei werden auch verschiedene Rhythmusinstrumente eingesetzt, um möglichst viele Sch aktiv einzubinden. Ziel dabei ist es, die in den Gebetsliedern enthaltenen Formen und Aussagen, wie Lobpreis, Bitte, Klage, musikalisch zum Ausdruck zu bringen.

- Nach erfolgreicher Durchführung eignen sich die Ergebnisse auch zur Präsentation bei Andachten, Schulgottesdiensten etc.

5.2. Beten ist Schweigen   S. 68–69

Hintergrund

Schweigen heißt nicht nur, nicht zu reden. Schweigen bedeutet auch, auf die innere und äußere Stille zu hören, aufmerksam zu werden für leise ungewohnte Töne. Darauf zielt diese Doppelseite ab, die zugleich die kleine Gebetsschule eröffnet. Die Erfahrung der Stille wird hier zweifach qualifiziert: Einerseits geht es um Selbsterfahrung und Selbsterkenntnis, ausgelöst durch eine Situation der Stille und Konzentration wie in der kurzen **Erzählung vom Einsiedler (S. 68)**. Andererseits kann die Erfahrung von Stille zur **Gotteserfahrung** schlechthin werden, vorausgesetzt der Mensch ist bereit zum Schweigen, zum genauen Hinhören und Hinsehen. Die Erzählung stellt diese zentralen Verknüpfungen her: zwischen Schweigen und Aufmerksam-Werden, zwischen einem inneren Hören und einem äußeren Wahrnehmen, zwischen scheinbar trivialer Alltagserfahrung und implizit möglicher Gotteserfahrung.

Die **Elijageschichte (S. 69)** aus dem ersten Buch der Könige ist dafür das biblische Paradebeispiel. Der verborgene Gott wird hierin zugleich zum ganz nahen, erfahrbaren Gott – allerdings nur für denjenigen, der die lauten Töne seines Lebens von den leisen unterscheiden kann und der selbst aufmerksam wird für die verborgenen Dinge und Zeichen. Elija befindet sich hier an einem Scheidepunkt seines Prophetenlebens. Zuvor hatte er noch scharfe prophetische Kritik an König Ahab und den Baalspropheten geübt und auf dem Berg Karmel in einem eindrücklichen Feuerschauspiel die Macht JHWHs demonstriert. Nun wird er unter Todesandrohung verfolgt und findet Zuflucht in einer Höhle am Berg Horeb. Der Prophet wandert also von Berg zu Berg und verwandelt sich dabei vom Jäger zum Gejagten. JHWH erscheint ihm im »sanften, leisen Säuseln« (1 Kön 19,12) und erteilt ihm den Auftrag, Elischa an seiner Stelle zum Propheten zu salben. Die Tage des Propheten sind von nun an gezählt bis zu seiner Himmelfahrt (2 Kön 2,1–18). Die **Illustration** von Silke Rehberg (**S. 69**) ist eine Momentaufnahme eben jenes Augenblicks der Gotteserfahrung und des bevorstehenden Auftrags JHWHs.

Silke Rehberg: »Elija begegnet Gott am Berg Horeb«, 2003

Bildbeschreibung: Das Elija-Bild, entnommen aus einer umfassenden Bibelillustration der Künstlerin (*Meine*

> **Silke Rehberg (*1963)**
> Die gebürtig aus Ahlen stammende Künstlerin studierte Bildhauerei und Freie Kunst in Münster und war Meisterschülerin von Timm Ulrichs. Sie hat bereits zahlreiche Auszeichnungen für ihr Werk als Malerin und Bildhauerin erhalten und ist Mitglied der Deutschen Gesellschaft für christliche Kunst. Sie lebt heute bei Münster.

Schulbibel, Kösel u.a., München 2003; auch im zugehörigen Farbfoliensatz enthalten), setzt die dialektisch angelegte Gotteserfahrung kontrastreich ins Bild:
1) **Hell und dunkel:** Auffällig ist zunächst der harte Kontrast im Bildhintergrund, hervorgerufen durch eine tiefschwarze größere Fläche in Abgrenzung von einer weißen, malerisch unbearbeiteten und kleineren Fläche. Die unscharfe Begrenzungslinie führt zu einer Zweiteilung des Bildhintergrunds. 2) **Streifen und Flächen:** Während Hintergrund und die Grundfarbe des Prophetengewands eher einen flächigen Eindruck erwecken (ebenso die große rechte Handfläche), stellen dazu die zart hellblauen Streifen des Gewands ebenso wie die durch dickere schwarze Linien angedeuteten Falten einen weiteren deutlichen Kontrast dar.
3) **Gewicht und Leichtigkeit:** Das Gewicht der statuenhaften, fast monumentalen Größe des Propheten (verstärkt durch die perspektivische Untersicht) wird spielerisch kontrastiert durch das leichte Schweben der herabsinkenden Blätter, die eine Diagonale durch die Bildmitte bilden, den Faltenwurf des Gewandes aufnehmend. Die geöffnete Handfläche unterstreicht diesen Aspekt. 4) **Verhüllen und Enthüllen:** Das Gesicht des Propheten ist nur halb zu sehen, bei längerem Betrachten sticht aber das Blau seiner Augen deutlich heraus.

Bilddeutung: Es scheint so, als habe Elija sein Gesicht gerade erst verhüllt, als er aus der Höhle ins Freie getreten ist. Hat er Furcht vor der Gottesbegegnung? Oder ist er gerade dabei, mit der geöffneten rechten Hand sein Gesicht zu enthüllen, um seinem Gott selbstbewusst gegenüberzutreten? Das Bild friert genau diesen Augenblick ein und fordert beim Betrachten heraus, diesem Elija fragend gegenüberzutreten.

Unterrichtsbausteine

- Eine kurze Einstiegsübung: Auf die Stille hören
  - Sch schließen für fünf Minuten die Augen und nehmen eine bequeme Sitzhaltung ein, konzentrieren sich unter Anleitung der/des L auf die Wahrnehmung ihrer momentanen Haltung und Atmung.
  - Sch richten die persönliche Wahrnehmung nach außen und nehmen alle Geräusche der Umgebung (Atem, Heizung, Vogelgezwitscher, Stimmen auf dem Flur etc.) wahr.
  - Nach einem gemeinsamen Abschluss der Übung durch L notieren Sch ihre Hörerlebnisse und teilen anschließend ihre individuellen Erfahrungen mit.
  - Hilfreich bei eher unruhigen Klassen: Die Konzentration der Wahrnehmung wird auf einen bestimmten Gegenstand (Stein, Walnuss, Holzstück etc.) gelenkt und mit Fragen durch L erschlossen.

(Zur Ergänzung und Weiterführung vgl. *Gerda und Rüdiger Maschwitz, Gemeinsam Stille entdecken. Wege zur Achtsamkeit – Rituale und Übungen*, Kösel, München ²2004.)

- Sch beschreiben das Bild (S. 69) in seinen formalen gestalterischen Elementen und konzentrieren sich dabei insbesondere auf die Wahrnehmung von Kontrasten (→ **Methodenkarte** »Ein Bild erschließen«).
- Sch verfassen einen Tagebucheintrag aus der Sicht Elijas, in dem seine Erwartung hinsichtlich der bevorstehenden Gottesbegegnung zum Ausdruck kommt.
- In der Vorstellung, diesem Elija des Bildes leibhaftig gegenüberzutreten, schreiben Sch in PA einen Dialog mit Elija.
- Falls die Elijaerzählung noch weitgehend unbekannt ist, setzen Sch die Geschichte fort. Anschließend werden die Ergebnisse mit dem Bibeltext verglichen und wird das Handeln JHWHs interpretiert.

5.3. Beten ist Hören S. 70–71

Hintergrund

Wer selber schweigt, kann besser hinhören! In dieser Konsequenz folgt auf *Schweigen* nun *Hören* als Hinführung zum Gebet oder sogar als eigenständige Form des Betens. Wenn Beten ein dialogisches Geschehen ist, dann ist Hören notwendiger Bestandteil, wenn nicht notwendige Voraussetzung. Das zentrale Gebet der Juden ist das Sch'ma Israel, dessen erster Satz zugleich Titelgeber ist: »Höre, Israel! Der Herr, unser Gott, der Herr ist einzig!« (Dtn 6,4; vgl. dazu *Treffpunkt RU 5/6*, S. 83). Mit dem Hören beginnt der Kommunikationsprozess zwischen Mensch und Gott (vgl. umgekehrt Ex 3,9), aber auch der zwischen den Menschen. Im Glaubensbekenntnis Israels wird das Volk als Ganzes angesprochen, angerufen, nicht nur der Einzelne. Seine Gleichnisreden rahmt auch Jesus oft mit der Aufforderung zum genauen (Zu-)Hören (vgl. Mk 4,3.9.23 u.ö.); denn nach biblischem Verständnis ist das Hören ein Vorgang, der den ganzen Menschen beansprucht und die Bereitschaft einschließt, sich auf das Gehörte einzulassen.

Allerdings ist Hören nicht gleich Hören. Es gibt eingeschliffene Hörgewohnheiten (nicht nur hinsichtlich des eigenen Musikgeschmacks), bewusstes Weghören, ein absolutes Gehör, ein genaues Hinhören etc. Auch davon erzählt die **Geschichte »Das Geräusch der Grille«**, die Hören in einen Zusammenhang zu Gewohnheit und selektiver Wahrnehmung rückt. Wenn es also unterschiedliche Weisen und Gewohnheiten des Hörens gibt, die letztlich auch dazu führen können, bestimmte Geräusche zu überhören (wie z.B. die zirpende Grille), dann muss das betende Hören bzw. das hörende Gebet wohl auch erlernt, ausgebildet, eingeübt werden. Es kann sich dabei also nicht um ein ganz gewöhnliches Hören handeln, sondern vielmehr um ein Hören, das Ersteres zwar integriert, darüber hinaus aber auf eine innere Stimme hört. Ein solches umfassendes Hören setzt die Bronzeplastik von Toni Zenz ausdrucksstark in Szene (**S. 71**).

> **Toni Zenz (*1915)**
> Der Bildhauer Toni Zenz ist in Köln geboren, besuchte dort Anfang der 1930er-Jahre die Kölner Werkschulen und studierte als Schüler von Toni Stockheim und Wolfgang Wallner Bildhauerei. Der Stil eines sanften Expressionismus in seinen Bronzeplastiken erinnert an die Werke von Ernst Barlach (1870–1938) und Käthe Kollwitz (1867–1945). Anders als viele Bildhauer verzichtet er auf vorausgehende Skizzen oder Zeichnungen und formt seine Reliefs und Skulpturen in Ton, bevor er die Gipsmodelle für den Guss anfertigen lässt. Zahlreiche seiner Kunstwerke stehen in Köln, wo der Künstler noch heute lebt.

Toni Zenz: »Der Hörende« (Pax-Christi-Kirche in Essen)
Beschreibung: »Ich bin ganz Ohr!« – Ein Satz, den keiner besser nach außen hin auszudrücken vermag als dieser Mensch. Seine aufwärtsgerichtete Haltung, der schweigende und aufmerksame Gesichtsausdruck mit geschlossenem Mund, die weit geöffneten Augen, ja

sogar die längliche Form seines Kopfes scheinen diesen einen Satz zu schreiben. Verstärkt wird dies durch Form und Position der Hände, die selbst gleichsam zur vergrößerten Ohrmuschel geworden sind, sowie durch die spitz zusammenlaufenden Unterarme. Die so entstandene Dreiecksform mit der Grundseitenlinie Fingerspitzen – Augenlider – Fingerspitzen stellt praktisch die ›Auffangfläche‹ für das zu Hörende und zu Sehende dar, ähnlich einer Satellitenschüssel. Die scharf gezeichneten Begrenzungslinien der Augenhöhlen, die organisch in den Nasenrücken übergehen, unterstreichen diesen Eindruck.

Deutung: Dieser Mensch ist im wahrsten Sinne des Wortes »ganz Ohr« geworden, denn nichts scheint ihn ablenken und aus seiner Haltung höchster Aufmerksamkeit herausreißen zu können. Doch zugleich offenbaren einerseits sein Blick und die hochgezogenen Augenbrauen einen Zug der Furcht oder des Erstaunens und andererseits seine herabfallenden Mundwinkel einen Ausdruck von Traurigkeit. Hat er Angst vor einer Botschaft, vor Neuem und Ungewohntem? Oder ist es der Ausdruck von Ehrfurcht vor dem, was er gleich erfahren wird und was ihn durch seine großen Hörmuscheln von innen heraus erfüllen wird? Oder ist er einfach nur traurig, weil er *gar nichts* hört, weil er immer noch *keine Antwort* bekommen hat?

Unterrichtsbausteine

- Bevor mit dem Bild gearbeitet wird, stellen Sch den Satz: »Ich bin ganz Ohr!« in PA als Standbild (→ **Methodenkarte** »Ein Standbild stellen«) dar und präsentieren dieses anschließend.
- Sch analysieren die Gestaltung der Bronzeplastik und geben ihr einen Titel. Die Bildtitel werden gesammelt und verglichen. Abschließend wird geprüft, welcher der Vorschläge nach Ansicht der Klasse am besten erscheint.
- Sch vergleichen die Bronzeplastik von Toni Zenz mit dem Foto der Skulptur »Der Lauscher« (1986) von Helmut Bourger (**AB 5.1**) und halten Ähnlichkeiten fest.
- Nach den verschiedenen Auseinandersetzungen mit der Bronzeplastik übertragen Sch ihre Erkenntnisse auf die Kapitelüberschrift »Beten ist Hören«, geben Interpretationen und suchen Antworten auf die Frage, was beim Beten zu hören ist.
- Sch wenden diese Inhalte auf das Hauptgebet Israels, das Sch'ma Israel (vgl. S. 83 sowie Kap. 6.3.), an und klären die Bedeutung des Hörens in diesem Text (Dtn 6,4–9).

Weiterführende Anregung

Als Einstieg in das Kapitel einen *Hörgang* unternehmen: Mithilfe der Fragen und Aufgabenstellungen auf **AB 5.2** verlagert man den Unterricht je nach Gelegenheit für eine kurze Dauer nach draußen und lässt Sch sowohl »von Menschen erzeugte Geräusche« und »Geräusche der Natur« wahrnehmen. Nach einer ersten Auswertung kann die Aufgabe als HA fortgesetzt werden: Sch notieren über einen ganzen Tag verteilt immer wieder Geräusche, die sie wahrnehmen. Mithilfe der Auswertungsfragen auf **AB 5.2** wird dieser Einstieg abgeschlossen. (Vielfältige praktische Übungen zur Achtsamkeit, zum schweigenden Hören finden sich in: *Wolfgang G. Esser/Susanne Kothen, Die Seele befreien. Kinder spirituell erziehen, Kösel, München 2005, S. 33ff.*)

5.4. Beten ist Sprechen – aber wie? S. 72–73

Hintergrund

Während die bisherigen Charakterisierungen des Betens eher *passiver* Art waren (auch wenn es ein *aktives* Schweigen und Hören gibt!), beschäftigt sich das vierte Unterkapitel mit dem Sprechen, einer *aktiven* Art des Sich-Ausdrückens, des Kommunizierens, und schließlich mit der dritten Stufe des Betens innerhalb dieser Gebetsdidaktik. Wie vielfältig solche subjektiven Ausdrucksweisen sind, bezeugt die linke Hälfte der Doppelseite (**S. 72**). Zugleich werden den persönlichen **Gebeten von Kindern** solche aus dem kirchlichen Gebetsschatz gegenübergestellt. Genau darin liegen Herausforderung und Anregung dieses Kapitels: im selbstständigen Verfassen von Gebeten bzw. gebetsanalogen Texten und deren Vergleich mit traditionellen, **überlieferten Gebetstexten**. Die Auswahl zeigt die Grundformen des Bittens und Dankens, meist in der Form von Abendgebeten. Auffällig ist, dass die selbst verfassten Kindergebete ein hohes Maß an Authentizität aufweisen: Die Kinder erzählen aus ihrem Leben und von ihren Sorgen. Damit ist schon eine erste Antwort auf die Frage in der Kapitelüberschrift gegeben: Beten ist authentisches Sprechen, es bringt den eigenen Alltag, das ganze Leben vor Gott. In der Erkenntnis dieses Charakteristikums von Beten und demgegenüber in der Vermeidung von bloß klischeehaft nachgesprochenen Gebetssätzen (wie ›Lieber Gott, mach …‹) liegt ein altersadäquates Lernziel dieses Kapitels.

Die **Erzählung von »Joschi und Flabes« (S. 73)** stellt indirekt die drängende Frage nach dem Sinn des Bittgebets: Der pragmatisch denkende Joschi versucht den ängstlichen Flabes davon zu überzeugen, die Dinge beim Namen zu nennen und der Realität ins Auge zu sehen. Das Gewitter wartet er ab, um danach im strömenden Regen seinen Dank für Gottes Schöpfung loszuwerden – auch eine Form des authentischen Betens. Dass Beten auch anders als durch Sprache zum Ausdruck kommen kann, bringt das Verhalten Joschis plastisch zum Ausdruck. Die Aussage der Erzählung wird durch das **Zitat** von F. Grillparzer (**S. 73**) weiter zugespitzt.

Unterrichtsbausteine

- Sch lesen die Gebete auf S. 72 und ordnen sie einander zu (Bitte, Dank, Gebetsanlässe wie Abend oder Mahlzeit); sie wählen ein Gebet aus und schreiben eine kurze Geschichte: Was könnte der Beter oder die Beterin erlebt haben?
- Sch lesen die Erzählung von »Joschi und Flabes« und beschreiben jeweils Meinungen und Verhalten der beiden. Anschließend verfassen sie eine Antwort von Flabes auf Joschis Schlussfrage.
- Sch überlegen sich konkrete Beispiele zum Zitat auf S. 73, die anschließend in einer Tabelle an der Tafel gesammelt werden:

Lasten ...	Stärkung durch ...
Angst vor dem Alleinsein	die Anwesenheit eines Freundes oder einer Freundin
Streit in der Familie	den eigenen Mut, ein klärendes Gespräch zu führen und den Streit zu schlichten
...	...

- Sch bearbeiten **AB 5.3** (in Anlehnung an: *Vreni Merz, Lieber Gott, mach ...! Anregungen, wie Kinder ein Beten jenseits von klischeehaften Sätzen lernen können*, in: KBl 132 (2007), S. 182–186). Anschließend werden die Gebete kopiert und in einer Mappe gesammelt. Wahlweise können sie nun vertiefend zum Unterrichtsgegenstand oder für Gebetsanlässe genutzt werden (vgl. die Anregung auf S. 73).
- Sch schreiben ein Figurengebet (→ **Methodenkarte** »Ein Figurengebet schreiben«).

5.5. Beten und Handeln   S. 74–75

Hintergrund

Alles Beten ist sinnlos, wenn es nicht auch in ein verändertes Denken und Handeln mündet. Wie sollte Gott etwas bewirken können – und das bedeutet letztlich, dass Beten helfen kann –, wenn der Mensch sich demgegenüber davor verschließt, als Konsequenz aus seinem Beten auch selbst etwas zu ändern? Mit der **Erzählung (S. 73)** war bereits angeklungen, dass Beten ohne eigenes Zutun sinnlos ist. In der Tat: Beten ist keine Form magischer Beschwörung eines *Deus ex machina*. Es ist vielmehr ein aktiver Vorgang, der nicht zuletzt den Beter selbst verändert, ihn herausfordert, sein Handeln neu zu überdenken. Aufgabe dieses Kapitels muss es sein, das »und« zu interpretieren: Wie verhalten sich Beten und Tun, Beten und Handeln zueinander? In der **Erzählung von Max (S. 74)** treten Beten und Tun als zwei Alternativen auf, um an ein Ziel gelangen zu können: entweder lernen oder beten. In der **chassidischen Geschichte** (vgl. **AB 5.4**) scheint eine Rangfolge der Dringlichkeit vorzuliegen: zum rechten Zeitpunkt das Richtige tun, anstatt zu beten. In der kurzen **Erzählung »Der alte Fischer«** von Leo N. Tolstoj (**S. 75**) wird das verbindende »und« in den Vordergrund gestellt. Angesichts des Sturmes sind die Fischer von der Vergeblichkeit ihrer Anstrengungen überzeugt und verlassen sich allein auf die Hilfe des Himmels. Die Mahnung des alten Fischers ruft zur Vernunft und bindet Beten und Handeln zusammen. Denn die Bitte an Gott, helfend einzugreifen, dispensiert nicht von den eigenen Anstrengungen. Sie stärkt jedoch das Vertrauen in die eigenen Kräfte und Möglichkeiten – aus dieser Haltung heraus leben und beten Glaubende: Sie wissen sich von der Fürsorge Gottes getragen und sind nicht auf sich allein gestellt (vgl. Mt 7,7–11). Beten und Tun, Gebet und Handeln bilden eine Einheit; denn das eine kann für einen glaubenden Menschen ohne das andere nicht gelingen (vgl. Lk 6,46).

Unterrichtsbausteine

- Sch verfassen in Ergänzung zu den AA (S. 75) in PA einen Dialog zwischen Max und seiner Religionslehrerin.
- Sch bearbeiten **AB 5.4** und benennen im anschließenden Auswertungsgespräch die unterschiedlichen Verhältnisbestimmungen von Beten und Handeln.
- Zur Arbeit mit dem Bild von Max Pechstein (S. 74) eignen sich die Methoden *Ein Bild erleben* bzw. *Ein Bild erschließen* (→ **Methodenkarten**). Hilfreiche Hintergrundinformation zu Künstler und Bild und ergänzende Anregungen finden sich in: *Treffpunkt RU, 36 Farbfolien*, Folie 5.

5.6. Beten mit Händen und Füßen – Wallfahrten   S. 76–77

Hintergrund

So ungewöhnlich diese Doppelseite in einem Religionsbuch erscheint, so wichtig und richtig ist der damit verbundene Akzent, Beten über bloßes Sprechen hinaus auch auf andere Ausdrucksformen auszuweiten. **Prozessionen** und **Wallfahrten** sind solche Formen, in denen sich die Leibhaftigkeit des Glaubens realisiert. Glauben bzw. Beten sind keine Vollzüge einer vergeistigten Innerlichkeit, sondern drängen nach außen, zur Gestaltwerdung in leiblich-sichtbaren Vollzügen an Ort und Stelle. In einer solchen Verleiblichung des Gebets liegt die Bezeugung, die Bewahrheitung des Geglaubten durch Praxis. In diesem Sinne wird Wallfahren als »Beten mit den Füßen« oder werden Heilige als »Evangelium auf zwei Beinen« bezeichnet. Zu welcher Herausforderung Beten dann werden kann, weiß jeder Christ, der sich in der heutigen Zeit auf eine Fronleichnamsprozession durch die Straßen unserer Innenstädte vorbei an erstaunten Zuschauern begibt. Nicht zuletzt ist es das Motiv der Kirche als pilgerndes Gottesvolk, das sich hier ausdrückt – vielleicht heute aktueller denn je!? Prozessionen allerdings gehören religionsgeschichtlich betrachtet zu den elementaren kultischen Vollzügen und sind für Religionen fast aller Zeiten belegt: etwa im Islam die Umgänge um die Kaaba in Mekka während der muslimischen Pflichtwallfahrt; die hinduistische Pancathirta-Prozession von Benares; Prozessionen im christlichen Mittelalter zur Eröffnung von Sonntagsmessen und allen voran die seit der Zeit der Konfessionalisierung im liturgischen Kalender fest verankerte Fronleichnamsprozession.

Hiermit schließt sich der inhaltliche Bogen des Kapitels, indem an den interreligiösen Zugang zu Beginn angeknüpft wird, der Beten insgesamt als eine elementare religionsübergreifende Grundform darstellt.

Unterrichtsbausteine

- Wenn mit der Klasse eine kleine Prozession (Wallfahrt) vorbereitet werden soll, kann unter Beachtung einiger ergänzender Hinweise so vorgegangen werden:
  - Nach einer kurzen Vorstellung des Projekts und der gemeinsamen Lektüre der Doppelseite (S. 76f.) bearbeiten Sch in GA die Punkte 1 bis 10, notieren ihre Ideen und Antworten und tragen diese vor.
  - Nach der Einigung im Plenum über Ziel und Weg der Prozession werden die Punkte 1 bis 10 nochmals gemeinsam bearbeitet und geklärt.
  - Falls nicht schon ein konkretes Ziel vor Augen steht, ist es sinnvoll, der Prozession ein Oberthema zu geben, unter dem sie vorbereitet und durchgeführt wird.
  - Verschiedene Stationen auf dem Weg werden in arbeitsteiliger GA vorbereitet.
  - Eine Prozession kann auch auf dem Schulgelände stattfinden!
  - Das Projekt sollte über mehrere Unterrichtsstunden laufen und die Prozession während der Unterrichtszeit den Abschluss bilden.
  - Zu bedenken ist insgesamt, dass eine Prozession als Form des Gebets der Ausdruck einer gläubigen Haltung, eines religiösen Bekenntnisses ist. Ob und ggf. wie ein solches Projekt unter den konkreten Bedingungen vor Ort durchführbar ist, ist mit Blick auf die Lerngruppe und ihren religiösen Hintergrund genau abzuwägen.
- Sch lesen und bearbeiten **AB 5.5** *Der betende Gaukler* (zunächst nur den ersten Teil!). Die Ergebnisse werden präsentiert und diskutiert – insbesondere unter der Fragestellung, inwiefern das Thema der Doppelseite mit der Erzählung vom Gaukler Gemeinsamkeiten aufweist und welche anderen Formen Beten annehmen kann.
- Abschließend lesen Sie den zweiten Teil und malen ein Bild des tanzenden Bruders.

Schlussseite   S. 78

Hintergrund

Das **Gebet** ist ein authentisches Beispiel jugendlichen Bedenkens und Zur-Sprache-Bringens von persönlichen Erfahrungen, Gedanken, Unzulänglichkeiten und Überzeugungen. Darüber hinaus zeugt es von einer Gottesbeziehung persönlicher Vertrautheit. Ob der Text Sch anzusprechen vermag, wird stark von der jeweiligen Lerngruppe abhängen. Vielmehr aber kann er als Anregung und schließlich auch Aufforderung fungieren. Eine freiwillige Präsentation der Texte (auch in anonymisierter Form möglich) kann mithilfe einer Plakatwand vielleicht in eine kleine Ausstellung im Schulgebäude münden.

Unterrichtsbaustein

- Sch verfassen zum Abschluss der Unterrichtsreihe selbst einen solchen persönlichen (Gebets-)Text (→ **Methodenkarte** »Ein Gebet schreiben«).

Der Lauscher

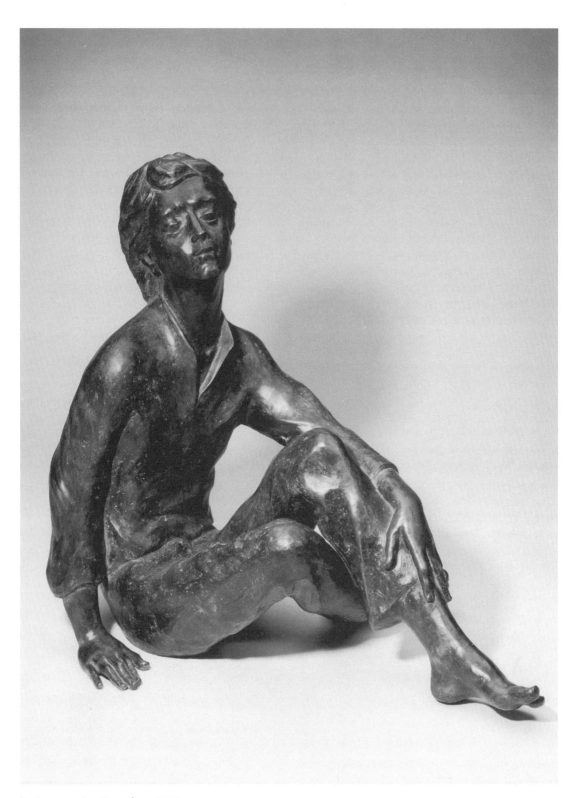

H. Bourger, Der Lauscher, 1985

Arbeitsblatt 5.1

Hören

ANLEITUNG

Welche Geräusche hörst du am häufigsten? Die Geräusche von Verkehr? Musik? Geräusche von Maschinen? Das Sprechen von Menschen? Welche anderen Geräusche?

Wann hörst du Töne der Natur? Wann achtest du auf Geräusche der Natur? Bei Tage? Bei Nacht? In welcher Jahreszeit?

Welche Geräusche magst du nicht gern? Was ist das allerunangenehmste Geräusch für dich?

Welche Geräusche hörst du besonders gern? Wer von euch hört gern, wenn eine Katze schnurrt? Wer von euch mag gern, wenn ein Hund bellt? Wer von euch hört gern, wenn der Wind ums Dach pfeift? Wer von euch hört gern das Geräusch des Regens? Wer von euch hört gern Vogelstimmen?

Was ist das lauteste Naturgeräusch, das du kennst? Und was ist das allerleiseste Naturgeräusch, das du gerade noch hören kannst?

Und wie hat sich dein Gehör entwickelt? Hörst du jetzt anders als vor zwei Jahren? Wann hattest du die »besten« Ohren?

Ich möchte, dass wir gemeinsam herausfinden, was Kinder in eurem Alter hören können. Wir werden nachher vergleichen, wer was gehört hat.

Nehmt ein Blatt Papier und teilt es der Länge nach in zwei Hälften. Schreibt über die linke Hälfte: »Von Menschen erzeugte Geräusche« und über die rechte Hälfte »Geräusche der Natur«. Wir werden gleich eine Viertelstunde nach draußen auf einen kleinen Spaziergang gehen. Hört gut auf alle Geräusche in der Umgebung. Schreibt jedes Geräusch auf und schreibt es in die richtige Spalte.

Geben Sie Beispiele. Wählen Sie die Route für den Spaziergang so, dass möglichst unterschiedliche Geräusche bemerkt werden können. Die Dauer des Spaziergangs sollte so bemessen sein, dass die Kinder auch feine Geräusche bemerken können. Kehren Sie um, wenn das Interesse der Kinder nachlässt.

Nun kommt immer zu zweit zusammen und vergleicht eure Listen. Was habt ihr beide gehört? Was hat nur eine/r von euch gehört? Bei welchen Geräuschen war es schwer zu sagen, ob sie natürlich oder von Menschen gemacht waren? Lasst euch zehn Minuten Zeit.

Anschließend Auswertung. Sie können die Kinder ggf. mitteilen lassen, wie viele Geräusche sie in jeder Spalte notiert haben.

AUSWERTUNG

Wozu brauchen wir Geräusche?
Welche Geräusche sind für die Menschen gesund?
Was ist Stille? Wo kann man sie erleben?
Was geschieht, wenn wir gar nichts hören können?
Kenne ich einen Menschen, der gehörlos oder schwerhörig ist?
Wie wirken sich Töne und Klänge auf meine Stimmung aus?
Wie gut hat mein Gehör für mich gearbeitet?
Wie kann ich mein Gehör trainieren?

Schreibwerkstatt Gebet (1)

Beantworte die folgenden Fragen jeweils schriftlich mit einigen Stichwörtern!

a) Was hast du in der letzten Woche erlebt, das dir in Erinnerung geblieben ist?

b) Welches Gefühl bewegt dich im Moment – Freude, Frust, Angst, Ärger, Schmerz …?

c) Was beschäftigt dich im Moment? Worüber denkst du nach?

d) Gibt es etwas, das du nicht verstehst, eine Frage, die dir unter den Nägeln brennt, oder irgendetwas, das du nicht akzeptieren kannst?

e) Gibt es etwas, das dir fehlt oder das du brauchst? Worum würdest du bitten?

f) Gibt es etwas Wichtiges, Schönes, Überraschendes, für das du danken möchtest?

g) Gibt es etwas Ärgerliches, Trauriges, Schwieriges, worüber du klagen könntest?

h) Gibt es etwas Großartiges, Außergewöhnliches, Erfreuliches, das dir widerfahren ist?

Schreibwerkstatt Gebet (2)

Lies deine Antworten noch einmal durch und überlege, was davon du in deinem persönlichen Gebet aufgreifen möchtest. Achte außerdem auf einen passenden Gebetsanfang mit einer Anrede und auf das Ende. Schreibe dieses Gebet mit deinen eigenen Worten hier auf:

Der Rabbi und das verlassene Kind

Einmal, am Vorabend des Versöhnungstages, versammelte sich die ganze Gemeinde des Rabbi Mojsche-Lejb im Bethaus. Doch der Rabbi selbst kam nicht. Er hatte aber ein für alle Mal befohlen, dass man auf ihn niemals mit dem Beten warten solle. Darum stimmte man das Kol-Nidrej-Gebet ohne ihn an.

Später erschien der Rabbi doch. Die Leute forschten nach, warum er so spät gekommen war und das so wichtige Gebet versäumt hatte, und sie erfuhren Folgendes:

Als der Rabbi zum Beten ging, hörte er unterwegs in einem Hause ein Kind weinen. Er ging hinein und sah, dass die Mutter zum Beten weggegangen war und das Kind alleingelassen hatte. Der Rabbi hatte Mitleid mit dem Kind und spielte mit ihm so lange, bis es müde wurde und einschlief.

Erst dann ging er ins Bethaus, das Kol-Nidrej zu beten.

- Der Versöhnungstag (Jom Kippur) ist das höchste Fest des Judentums, und es ist deshalb eine wichtige Pflicht für einen gläubigen Juden, am Vorabend zu beten. Wer hat in der Geschichte richtig gehandelt: der Rabbi, der sich um das Kind gekümmert hat, oder die Mutter, die zum Beten gegangen ist?
  Findet zu zweit Argumente, mit denen diese beiden Personen jeweils ihr Handeln erklären.
- Vergleicht gemeinsam die Geschichte vom Rabbi mit den beiden Erzählungen in *Treffpunkt RU 5/6*, S. 74–75: Worin unterscheiden sie sich? Wie verhalten sich jeweils die handelnden Personen? Achtet dabei insbesondere auf die jeweils dargestellte Beziehung zwischen Beten und Tun.

Der betende Gaukler (1)

Es war einmal ein Gaukler, der tanzend und springend von Ort zu Ort zog, bis er des unsteten Lebens müde war. Da gab er alle seine Habe hin und trat in das Kloster zu Clairvaux ein. Aber weil er bis dahin sein Leben mit Springen, Tanzen und Radschlagen zugebracht hatte, war ihm das Leben der Mönche fremd, und er wusste weder ein Gebet zu sprechen noch einen Psalter zu singen.

So ging er stumm umher, und wenn er sah, wie jedermann des Gebetes kundig schien, aus frommen Büchern las und mit im Chor die Messe sang, stand er beschämt dabei: Ach, er allein, er konnte nichts. »Was tu ich hier?«, sprach er zu sich, »ich weiß nicht zu beten und kann mein Wort nicht machen. Ich bin hier unnütz und der Kutte nicht wert, in die man mich kleidete.«

In seinem Gram flüchtete er eines Tages, als die Glocke zum Chorgebet rief, in eine abgelegene Kapelle. »Wenn ich schon nicht mitbeten kann im Konvent der Mönche«, sagte er vor sich hin, »so will ich doch tun, was *ich* kann.« Rasch streifte er das Mönchsgewand ab und stand da in seinem bunten Röckchen, in dem er als Gaukler umhergezogen war. Und während vom hohen Chor die Psalmgesänge herüberwehen, beginnt er mit Leib und Seele zu tanzen, vor- und rückwärts, linksherum und rechtsherum. Mal geht er auf seinen Händen durch die Kapelle, mal überschlägt er sich in der Luft und springt die kühnsten Tänze, um Gott zu loben. Wie lange auch das Chorgebet der Mönche dauert, er tanzt ununterbrochen, bis ihm der Atem verschlägt und die Glieder ihren Dienst versagen.

Ein Mönch aber war ihm gefolgt und hatte durch ein Fenster seine Tanzsprünge mit angesehen und heimlich den Abt geholt. Am anderen Tage ließ dieser den Bruder zu sich rufen. Der Arme erschrak zutiefst und glaubte, er solle des verpassten Gebetes wegen gestraft werden …

- Die Geschichte vom betenden Gaukler geht weiter, aber wie?
  Stell dir vor, der »Bruder Gaukler« kommt zum Abt des Klosters und steht nun vor ihm.
  Was mag in ihm vorgehen? Was sagt er dem Abt? Wie reagiert der Abt und was tut er mit dem Bruder?
- Verfasse einen kurzen Dialog zwischen den beiden und bedenke dabei insbesondere die Absichten des tanzenden Bruders.

Arbeitsblatt 5.5b

Der betende Gaukler (2)

Und so geht die Geschichte weiter:

Also fiel er vor dem Abt nieder und sprach: »Ich weiß, Herr, dass meines Bleibens hier nicht ist. So will ich aus freien Stücken ausziehen und in Geduld die Unrast der Straße wieder ertragen.« Doch der Abt neigte sich vor ihm, küsste ihn und bat ihn, für ihn und alle Mönche bei Gott einzustehen: »In deinem Tanze hast du Gott mit Leib und Seele geehrt. Uns aber möge er alle wohlfeilen Worte verzeihen, die über die Lippen kommen, ohne dass unser Herz sie sendet.«

Mein Bild des betenden Gauklers bzw. tanzenden Bruders

6 Aus einer Wurzel. Juden und Christen

Kompetenzen erwerben

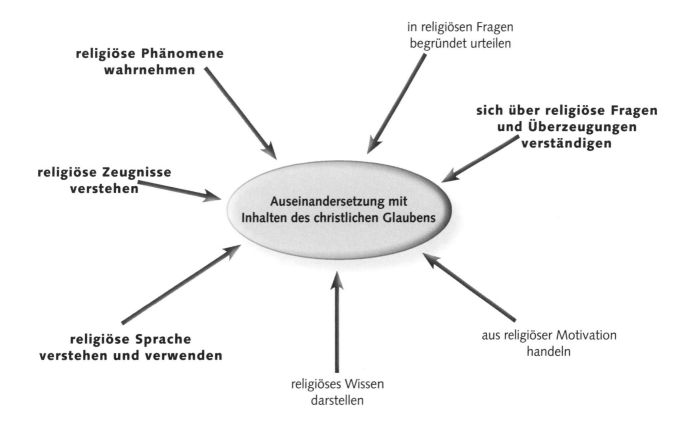

Die Schülerinnen und Schüler ...
... erläutern die Bedeutung des Exodus für Juden und Christen;
... stellen exemplarische Grundzüge des Judentums dar;
... entfalten das Verhältnis der Kirche zum Judentum.

Didaktischer Leitfaden
Das Kapitel über das Judentum beginnt und endet mit einer biblisch-theologischen Aussage höchsten Ranges: Juden und Christen stammen aus einer gemeinsamen Wurzel (vgl. die Kapitelüberschrift und die Eröffnungsseite sowie **S. 90**) und begreifen sich als gleichberechtigte Geschwister (**6.6., S. 94**) in der Geschichte des JHWH-Gottes mit den Menschen. Eingebettet ist diese theologische Kernaussage in einen religionsphänomenologischen Blick auf Judentum, jüdisches Leben und jüdische Geschichte.
Die Inhaltsdichte des Bildes von Marc Chagall (**6.0., S. 79**) wird zunächst etwas gelockert, indem es zuallererst um einen Blick auf jüdisches Leben in der Gegenwart geht – und in einem kritisch-hermeneutischen Sinne auch gehen muss. Drei solche **hermeneutischen Grundsätze** für eine Beschäftigung mit der Thematik »Judentum« seien hier den didaktischen Überlegungen vorangestellt: 1. Judentum sollte nicht als eine Größe der Vergangenheit unterrichtet werden, gar in der Verengung auf eine einseitige Opferperspektive im Kontext der Shoa. 2. Die Eigenständigkeit sowohl jüdischer Traditionen als auch der jüdischen Bibel muss vor einer zu schnellen Verknüpfung mit christlichen Traditionen und Inhalten unbedingt gewahrt bleiben. 3. Die Vielfalt des Judentums, seiner Traditionen und Bekenntnisse (vom orthodoxen über das konservative bis zum liberalen Judentum) sollte möglichst oft herausgestellt werden, um vorherrschende stereotype und pauschalisierende Aussagen abzubauen bzw. zu vermeiden (**6.3., S. 85–87**). In dieser Konsequenz gibt es also nicht lediglich »das« Judentum – vielmehr gilt es (auch im eigenen sprachlichen Umgang damit), exemplarische Stücke jüdischer Traditi-

onen zum Gegenstand zu machen, in denen die Vielfalt jüdischen Lebens und Glaubens aufscheinen kann.
Das Kapitel beginnt deshalb (im Rahmen des Möglichen) erfahrungsorientiert mit der Frage nach jüdischen Spuren bzw. jüdischem Leben in unserer Gesellschaft (**6.1., S. 80**) sowie mit einem Blick auf das gegenwärtige Land Israel und seine Hauptstadt Jerusalem (**6.2., S. 81–82**). Hier vermischen sich bereits religionsgeschichtliche und politische Perspektiven der Thematik. Eine biblisch-theologische Vertiefung schließt sich unmittelbar an (**6.3., S. 83–89**), die in mehreren Etappen einen Blick auf Ausprägungen jüdischen Glaubens wirft: exemplarisch vorgestellt werden hier das Sch'ma Israel (**S. 83**), die Synagoge, die Tora und der Shabbat (**S. 84–86**), das Beschneidungsritual, die Feier der Bar/Bat Mizwa (**S. 87**) sowie das Pessach-Fest als »Geburtstagsfeier« des jüdischen Volkes (**S. 88–89**). Bereits diese Grundmomente jüdischen Glaubens bezeugen die im Judentum fest verankerten Traditionen des Erinnerns. In **6.4. (S. 90–91)** geht es um die gemeinsame Wurzel von Juden und Christen, aber auch um »das« Trennende: Jesus. Nicht unbeachtet bleibt die Leidensgeschichte des jüdischen Volkes von mittelalterlichen Pogromen bis hin zur Shoa des 20. Jhs. (**6.5., S. 92–93**).
Den Abschluss des Kapitels (**6.6., S. 94**) bildet ein Blick auf die Geschwisterlichkeit, also eine Rückkehr zur Kapitelüberschrift »**Aus einer Wurzel**«.

Mögliche Verbindungen

– zu Kapitel 3 »Geschichten zum Leben. Die Bibel – ein Schatz von Glaubensgeschichten«
– zu Kapitel 4 »Gott ist mit seinem Volk unterwegs: Exodus« (insbesondere auch als Hintergrund zu S. 88–89: Das Pessach-Fest)
– zu Kapitel 5 »Menschen beten zu Gott« (als Kontext zu S. 83: Das jüdische Hauptgebet)
– zu Kapitel 7 »Ein neuer Mensch werden. Paulus«
– zu Kapitel 9 »Der Islam. Eine Weltreligion bei uns« (als Ergänzung der Weltreligionen und im Vergleich zur Synagoge oder zum jüdischen Festkalender)

6.0. Eröffnungsseite — S. 79

Hintergrund

Marc Chagall (1887–1985)
s. Lehrerkommentar, S. 67

Marc Chagall: »Die weiße Kreuzigung«, 1938
Das Gemälde zählt sicher zu den bekanntesten Bildern des weißrussischen Künstlers. Als direkte Reaktion auf die Novemberpogrome des Jahres 1938 wird es zum Schlüsselwerk im Schaffen Chagalls.
Bildbeschreibung: Im Mittelpunkt steht das in einem Lichtstrahl stehende Kreuz mit dem gekreuzigten Juden Jesus, umringt von Einzelszenen der Verfolgung, Brandstiftung und Flucht, des Schmerzes, der Klage und der Angst. Die Figurengruppe am oberen Bildrand besteht aus den ratlosen und klagenden Stammvätern Abraham, Isaak und Jakob sowie der herbeieilenden Rachel.
Die in einer Linie durch die Bildmitte angeordneten Hoffnungszeichen sind nicht zu übersehen: der helle Lichtstrahl, die brennende Menora am Fuß des Kreuzes, die an das Kreuz angelehnte Leiter und das weiße Kreuz selbst.
Bilddeutung: Die Deutung des Gemäldes hängt ganz von der Perspektive ab, die darauf eingenommen wird: Wird die Geschichte des jüdischen Volkes in eine Linie mit dem Leben und Leiden Jesu gestellt? Soll etwa der gekreuzigte Jesus auch für die jüdischen Menschen der Zeit zu einer Identifikationsfigur werden (vgl. den Text von P. Lapide auf **S. 91**)? Erinnert Chagall mit dem Bild und seiner weißen Hauptlinie an die bleibende Hoffnung auf den erlösenden, befreienden Gott, der aller Gewalt und Vernichtung standhält? Oder aber ist hier eine persönliche Glaubenshoffnung des Künstlers zu sehen, die angesichts der Shoa »nur« eine anfängliche Hoffnung geblieben ist? (Als bereichernde Ergänzung sehr zu empfehlen ist: *Christoph Goldmann, Bild-Zeichen bei Marc Chagall. Alphabetische Enzyklopädie der Bildzeichen, Göttingen 1995, S. 64ff.*)

Unterrichtsbausteine

- Zur Arbeit mit dem Bild vgl. *Treffpunkt RU, 36 Farbfolien*, Folie 6.
- Sch erschließen das Bild (→ **Methodenkarte** »Ein Bild erschließen«).
- Sch beschreiben detailliert die verschiedenen Figuren des Bildes, ihre jeweilige Darstellung (bärtige Männer, Mann mit Torarolle, Mann mit Gebetskapsel, Soldaten etc.) und Kleidung (Jesus im jüdischen Gebetsschal, blau gekleideter Mann mit weißem Schild über der Brust etc.). Dazu formulieren sie Fragen, die im weiteren Gang der Unterrichtsreihe sukzessive aufgegriffen werden können.
- Sch notieren alle Gegenstände, die sie auf dem Bild entdecken können, und versuchen, diese auf den Folgeseiten des Kapitels wiederzuentdecken. Hierüber kann sich ein erstes, einführendes UG über jüdische Bräuche und Symbole ergeben.
- Um eine Bildbetrachtung zu verlangsamen, bietet sich – insbesondere im Umgang mit den Bildern Marc Chagalls und ihrem Reichtum an Details – folgende Methode an: Aus einer Pappe, die groß genug ist, die ganze Bildfolie abzudecken, werden kleine Öffnungen ausgeschnitten, um zunächst nur einzelne Bilddetails zu betrachten. Nach mehreren Einzelbetrachtungen überlegen sich die Sch den Aufbau des Gesamtbildes und seine Thematik.

6.1. Jüdische Spuren bei uns S. 80

Hintergrund

Die **Fotoseite** bildet verschiedene **Zeugnisse jüdischer Geschichte und Gegenwart** ab. Der Straßenname erinnert an das Leben der Anne Frank, dem 1929 in Frankfurt geborenen jüdischen Mädchen, das durch die Veröffentlichung seines Tagebuchs zur Symbolfigur für alle Opfer nationalsozialistischer Vernichtung geworden ist. Anfang März 1945 starb Anne Frank im Konzentrationslager Bergen-Belsen, vermutlich an den Folgen einer Typhus-Epidemie. Ebenso historische Mahnmale und Erinnerungszeichen stellen sowohl die auf einem Stein befestigte Gedenktafel als auch der Davidsstern (*Magen David*) dar. Der an einem jüdischen Grabmal zu sehende Junge zeigt den unter Juden verbreiteten Brauch, zum Gedenken einen Erinnerungsstein an das Grab verstorbener Angehöriger zu legen. Jüdische Friedhöfe werden nicht zuletzt durch solche Erinnerungsrituale zu Orten des Lebens (*Bet Ha-Chajjim*) und der Ewigkeit (*Bet Ha-Olam*). Vom jüdischen Leben in der Gegenwart zeugen die Bilder der Synagoge (mit dem noch zu erkennenden Toraschrein zwischen den siebenarmigen Leuchtern), der Mesusa (einer an den Hauseingängen befestigten Gebetskapsel mit dem Sch'ma Israel) und des Chanukka-Leuchters zur Feier des achttägigen Festes der Tempelweihe.

Unterrichtsbausteine

- Als Einstieg in die Unterrichtsreihe führen die Sch ein Brainstorming (→ **Methodenkarte** »Brainstorming«) durch und notieren ihre eigenen Assoziationen zum Begriff »Judentum« an der Tafel.
- Sch strukturieren in PA die vorhandenen Begriffe als Mindmap (→ **Methodenkarte** »Eine Mindmap erstellen«) im Heft.
- Sch sammeln auf den Fotos alle Symbole, die sie mit dem Judentum in Verbindung bringen, und klären diese im UG.

Weiterführende Anregungen

- Die Fotoseite regt dazu an, sich selbstständig auf die Recherche nach jüdischem Leben in unserer Gesellschaft zu begeben (vgl. den letzten Arbeitsauftrag auf S. 81):
  - Vorbereitung eines Kurzreferates (→ **Methodenkarte** »Ein Referat halten«) über das Leben der Anne Frank (vgl. dazu die Internetpräsenz des *Anne Frank Zentrums* in Berlin unter *www.annefrank.de*).
  - Vorbereitung eines Kurzreferats über den Zentralrat der Juden in Deutschland (vgl. dazu *www.zentralratdjuden.de*).
  - Weitere hilfreiche Internetseiten: *www.talmud.de* (über jüdisches Leben in Deutschland); *www.judentum.net* (Überblicksseite mit zahlreichen Links).
  - Eine hilfreiche didaktische Anregung für verschiedene Phasen zu Beginn oder während der Unterrichtsreihe stellen die Religionskoffer zum Judentum mit zahlreichen rituellen Gegenständen dar (erhältlich in den meisten religionspädagogischen Medienstellen der Landeskirchen und Bistümer).

6.2. »erez Israel« – Das Land der Juden S. 81–82

Hintergrund

Mit dem in der Überschrift verwendeten hebräischen Ausdruck »erez Israel« (Land Israel) ist man bereits mitten in der Problematik einer doppeldeutigen Rede von »Israel« angekommen. Einerseits gilt das Volk Israel als das biblische JHWH-Volk, für das wiederum »erez Israel« als seine Verheißung und gottbestimmte Heimat gilt. Andererseits gebraucht man mit »Land Israel« zugleich einen politisch besetzten Begriff, bezogen auf das territoriale Gebiet des modernen Staates Israel. Der Einleitungstext und die nachstehenden Bibelzitate mit den alttestamentlichen Landverheißungen lassen beide Sichtweisen ineinanderfließen; in einer unterrichtlichen Behandlung sollte hier nach Möglichkeit ein differenziertes Bewusstsein geschaffen werden zwischen dem biblisch-religiösen Hintergrund der Rede von »erez Israel« und der politischen Inanspruchnahme dieses Begriffs bzw. des politischen Gebrauchs im Sinne des modernen Staates Israel.

Insgesamt bildet »erez Israel« ein integrales Motiv in der Religion, der Geschichte und der Kultur des Judentums. An seinem Beginn stehen die biblischen Verheißungen und die Landnahmeerzählungen, die Erfahrungen des Exils und der Tempelzerstörung in biblischer Zeit. Über die Zeit der Zerstreuung in alle Welt für fast 2000 Jahre bleibt der Begriff im kollektiven Bewusstsein des Judentums erhalten, bis die »mächtige Legende« (Theodor Herzl) schließlich im zuerst religiösen und dann säkularen Zionismus des 19. Jhs. politisch gewendet, mit der Staatsgründung 1948 historische Realität wird und seitdem bis in die konfliktträchtige Gegenwart hinein fortwirkt.

Wenn man vom »Land der Juden« spricht, ist also immer eine doppelte Sichtweise geboten: auf die biblische Landverheißung des Gottesvolkes (religiöse Perspektive) und auf den Kontext eines modernen Staates (politische Perspektive).

Gewissermaßen der Kristallisationspunkt aller religiösen und politischen Konflikte um das Land Israel bzw. Palästina in Geschichte und Gegenwart ist die Stadt Jerusalem (hebr. *Jeruschalajim = Stadt des Friedens*) (**S. 82**). Sie gilt als die Heilige Stadt der Juden, Christen und Muslime und ist damit gleichermaßen sowohl historischer Konfliktherd als auch Symbol eines interreligiösen Dialogs zwischen den drei monotheistischen Religionen.

Unterrichtsbausteine

- Sch bearbeiten **AB 6.1** und begründen ihre Ordnung anschließend im UG.

- Sch legen als HA eine Zeitleiste mit den wichtigsten Daten der territorialen Geschichte Israels bis zur Gegenwart an. (Das kann arbeitsteilig geschehen: Eine Hälfte beschäftigt sich mit der Geschichte des biblischen Volkes Israels und des Judentums bis zur Zerstörung des Zweiten Tempels 70 n.Chr.; die andere Hälfte bearbeitet die moderne Geschichte Israels seit Beginn des 20. Jhs. Im darauffolgenden Unterricht können die Ergebnisse in KG zusammengetragen, ergänzt und ausgetauscht werden. Dabei sollte auch die »Zwischenzeit« der Zerstreuung thematisiert werden.)
- Sch lesen die beiden Bibelzitate auf S. 81 und überlegen, was mit dem Bild »ein Land, in dem Milch und Honig fließen« ausgedrückt werden soll. Als Vertiefung schreiben die Sch einen eigenen Text, in dem sie ihre Vorstellung so eines Landes/Zustandes darlegen und erläutern.

6.3. Wie Juden ihren Glauben leben S. 83

Hintergrund

Das **Sch'ma Israel** (»Höre Israel«) in Dtn 6,4–9 ist das Glaubensbekenntnis des Judentums. Wie das christliche Credo ist es fester Bestandteil des Gottesdienstes (in der Synagoge), aber darüber hinaus auch ständiger Begleiter im Leben eines gläubigen Juden. Man findet – als wörtliche Befolgung von Dtn 6,8f. – seinen Anfangsbuchstaben, das ש (*Schin*), oft abgedruckt auf der Mesusa am Türpfosten (gut zu sehen auf S. 81) oder auf den Tefillin, den Gebetskapseln strenggläubiger Juden (ebenfalls gut sichtbar auf dem **Foto** eines jüdischen Jungen).

Das Sch'ma Israel vereint dabei verschiedene Elemente des Judentums: Es ist zunächst das Bekenntnis zu dem einen Gott JHWH, dem Gott des Exodus und des Dekalogs. Darüber hinaus beinhaltet es gewissermaßen ›katechetische Anweisungen‹: Das Herz wird mit einer Schreibtafel verglichen. Da das Herz früher auch als Sitz des Gedächtnisses galt, wird hiermit ausgesagt, »diese Worte« (gemeint ist das gesamte Religionsgesetz im Buch Dtn einschließlich der Zehn Gebote) auswendig zu kennen. Darüber hinaus sollen sie zum elementaren Bestandteil der Erziehung werden, indem sie beständig und überall zu wiederholen sind (vgl. Dtn 6,7). Das Sch'ma Israel ist damit gleichsam die Magna Charta der jüdischen Erinnerungstradition. Religiöses Lernen und Lehren im Judentum beginnt mit der Erinnerung an den Bundesgott JHWH und dessen Befreiungshandeln an seinem Volk. Das geschieht zum einen intentional, etwa fest institutionalisiert in der Liturgie des Sederabends, dem Vorabend der Pessach-Feier (vgl. **S. 88f.**), an dem sich die Familie an den Exodus erinnert. Zum anderen aber ist es auch funktional verankert in der Durchformung des gesamten Lebens, in einer Heiligung des Alltags – etwa im Sch'ma Israel als täglichem Morgen- und Abendgebet, im Berühren der Mesusa oder im Anlegen der Gebetsriemen bei orthodoxen Juden. Die kurze, von Martin Buber überlieferte **chassidische Erzählung (S. 83)** bringt genau diesen letzten Aspekt zum Ausdruck: das Sch'ma Israel kann nicht gebetet werden, ohne nicht immer auch im Alltag präsent, das heißt praktisch zu werden im Handeln und im Dienst am Nächsten. Auch das Gebot der Nächstenliebe als zweiter Teil des Doppelgebots in Mk 12,28–34 ist übrigens bereits alttestamentlich belegt (Lev 19,18).

Unterrichtsbausteine

- Sch überlegen sich, wie sie die Aussagen und Aufforderungen aus Dtn 6,4–9 bildlich ausdrücken können, und gestalten ein entsprechendes Bild.
- Sch sammeln in Anlehnung an die AA auf S. 83 mögliche symbolische Handlungen oder Rituale, in denen Christen ihren Glauben zum Ausdruck bringen (Kreuzzeichen, Kniebeuge, gefaltete Hände, Tischgebet, Abendgebet, meditative Schriftlesungen, Prozessionen etc.; vgl. hierzu auch Kap. 5).
- Sch vergleichen Dtn 6,4–9 sowohl mit Mk 12,28–31 als auch mit der chassidischen Erzählung (S. 83) und zeigen inhaltliche Beziehungen auf.
- Sch sammeln in PA alltägliche Beispiele für die Erfüllung des Doppelgebots, zunächst für beide Gebote gesondert, um anschließend im UG oder in der HA zu klären, ob das eine ohne das andere erfüllt werden kann.

S. 84

Hintergrund

Die **Synagoge** gilt im Judentum als Versammlungsraum für den Gottesdienst und als ein Haus des Lernens gleichermaßen. Das ist insofern beachtenswert, als das am Religionsgesetz orientierte Judentum grundlegend geprägt ist durch die Tradition des jüdischen Lernens: Im traditionsverbundenen (d.h. vorwiegend durch die rabbinisch-talmudische Periode nach der Zerstörung des Zweiten Tempels geprägten) Judentum besteht eine religiöse Lernpflicht, die zur ständigen Auseinandersetzung mit der Tora ermahnt: »Nicht weiche dieses Buch der Weisung von deinem Mund, du sollst darüber nachsinnen Tag und Nacht« (Jos 1,8; vgl. Dtn 6,6; 11,18f.). Diese Lernpflicht hat eine ständige Aktualisierung der religiösen Quellen und religionsgesetzlichen Inhalte nach sich gezogen. Die so im Erinnerungs- und Überlieferungsprozess in den rabbinischen Lehrhäusern entstandene ›mündliche Tora‹ hat zu Beginn des dritten Jhs. zu schriftlichen Fixierungen geführt: zunächst in der religionsgesetzlichen Synthese der Mischna und dem dazu entstandenen großen Kommentarwerk, dem Talmud. Jüdisches Lernen meint immer lebenslanges Lernen und gilt als traditionell-jüdisches Bildungsideal. So kann für einen traditionsverbundenen Juden das Lernen zur »Melody of Life« (Ernst A. Simon), zur Identität stiftenden Lebensmelodie schlechthin werden, die ihn in die Kette der Überlieferung einfügt: »So sitzen wir lernenden Juden in einem unendlichen Gespräch, von Mose sich herleitend und seitdem niemals und nirgends ganz abgebrochen. Die Melodie des Gebetes wird begleitet von der Melodie des Lernens ...« (Ernst A. Simon) Insofern die geoffenbarte **Tora** als göttliche »Einladung zum Lernen« (Abraham J. Heschel) verstanden wird, gilt Lernen sogar als Gottesdienst, denn es schreibt die Worte der göttlichen Weisung ins Herz des Menschen ein (vgl. Dtn 6,6; 11,18) und stellt so das ganze Leben in die ständige Gegenwart Gottes. Die Gebote und das jüdische Religionsgesetz (hebr. *Halacha* = Weg, Wandel) insgesamt sind dem gläubigen Juden »lebendige Gegenwart der göttlichen Liebe« (E. Lévinas).

Unterrichtsbaustein

- Sch erarbeiten Referate (→ **Methodenkarte** »Ein Referat halten«) über zerstörte Synagogen in der näheren Umgebung bzw. über regionale Neubauprojekte von Synagogen (nützliche Informationsquelle: *www.synagogen.info* mit einem Zugriff auf virtuelle Synagogen und einer Suchmaske für regionale Synagogen).

Weiterführende Anregung

- Wenn die örtlichen Möglichkeiten es zulassen, ist der Besuch einer nahe gelegenen Synagoge dringend zu empfehlen, um die gegenwärtige Präsenz jüdischen Lebens und Glaubens erfahrbar werden zu lassen. Hilfreich zur Vorbereitung und Durchführung mit zahlreichen didaktischen Anregungen und Arbeitsblättern: *Christa Brüll/Norbert Ittmann/Rüdiger Maschwitz/Christina Stoppig, Synagoge – Kirche – Moschee. Kulträume erfahren und Religion entdecken, München 2005.*

S. 85–87

Hintergrund

Wer ist bzw. wie wird man Jude? Die heute (gerade auch in Israel) viel diskutierte Frage wird entweder mit dem »matrilinearen Prinzip« beantwortet (das heißt: Jude ist, wer eine jüdische Mutter hat) oder mit einer in religionsgesetzlich korrekter Form vollzogenen Konversion zum Judentum. Judentum ist also zugleich Abstammungs- und Wahlgemeinschaft. Die volle Eingliederung in die religiöse Gemeinschaft erfährt der jüdische Junge allerdings erst mit der **Beschneidung** gemäß den Worten Gottes an Abraham (S. 85). Der ursprüngliche Sinn der (übrigens bei vielen Völkern verbreiteten) Beschneidung ist nicht eindeutig geklärt, eine hygienische Begründung erst neuzeitlich. In der biblisch-jüdischen Tradition wurde sie aber zum Zeichen des Bundes mit JHWH, zum *b'rit mila* (hebr.: Bund der Beschneidung). Bei der meistens in der Synagoge stattfindenden Beschneidung spricht der Vater den jüdischen Lobpreis: »Gepriesen seist Du, Herr unser Gott, König der Welt, der uns durch seine Gebote geheiligt und uns geboten hat, das Kind in den Bund Abrahams, unseres Vaters, einzuführen.« Die Anwesenden antworten: »Wie er in den Bund eingeführt wurde, möge er in die Tora, zur Ehe und zu guten Taten geführt werden.« Anlässlich der Beschneidung bekommt der Junge einen biblischen Namen für alle religiösen Anlässe von der Bar Mizwa (vgl. S. 87) über die Aufrufung zur Toralesung bis hin zum Grabstein. Mädchen erhalten im traditionellen Judentum ihren Namen gewöhnlich am Shabbat nach der Geburt.

Ebenso wie die Beschneidung ist der **Shabbat** (S. 85) – über die Bedeutung als Ruhetag der Schöpfung nach Ex 20,8–10 hinaus – sichtbares Zeichen, Bekenntnissymbol des JHWH-Bundes und mahnende Erinnerung an die göttliche Erlösung aus der Sklaverei Ägyptens (vgl. Dtn 5,15). Ein hohes Gebot ist die Einhaltung der Shabbatruhe, weniger als Verbot, sondern vielmehr als ein Abschalten vom Alltag und Besinnung auf Schöpfungsordnung, Bund und Verheißungen des Jenseits, als dessen Vorwegnahme die Shabbatruhe gilt. Auf narrative Weise wird die auf diesem Verständnis gründende Shabbatpraxis mit ihren traditionellen Ritualen in *Treffpunkt RU 5/6* dargestellt, insbesondere die Verteilung der verschiedenen Dienste und Ämter zwischen Mann und Frau.

Im Unterschied zur **Schilderung eines orthodoxen Shabbatgottesdienstes (S. 86)** wird die **Feier einer Bat Mizwa (S. 87)** aus der Perspektive einer reformiert-jüdischen Gemeinde erzählt. Das ist daran zu erkennen, dass Männer und Frauen in der Synagoge nicht getrennt sitzen, aber auch an der Tatsache einer Bat Mizwa (»Tochter des Gebotes«) an sich. In orthodoxen Gemeinden existiert nur die traditionelle Bar Mizwa (»Sohn des Gebotes«) eines jüdischen Jungen mit Vollendung des 13. Lebensjahres. Mit ihr tritt der Junge bzw. das Mädchen in das öffentliche Leben der Gemeinde ein und liest zum ersten Mal einen Abschnitt aus der Tora vor. Auf dem abgedruckten Foto sind gut zu erkennen: die Torarolle und der Torazeiger (*Jad*) des Rabbiners, der Bar Mizwa mit dem jüdischen Gebetsmantel (*Tallit*) bei seiner ersten Lesung und der Vater. Die Bar/Bat Mizwa ist im Ansatz vergleichbar mit unserer katholischen Firmung als öffentliche Bekräftigung der Taufe.

Unterrichtsbausteine

- Sch bearbeiten **AB 6.2** zur Feier des Shabbats und der Bar/Bat Mizwa.
- Sch verfassen in EA einen Text, in dem sie von der Gestaltung des Sonntags in ihren Familien erzählen. Anschließend werden die Ergebnisse vorgestellt und miteinander verglichen. Möglicherweise lassen sich in einem folgenden UG gemeinsame Elemente der Sonntagsgestaltung extrahieren und an der Tafel fixieren. Diese könnte man mit dem Bericht über die Shabbatfeier vergleichen.

S. 88–89

Hintergrund

Als wohl bedeutendstes Fest in einem jüdischen Haushalt gilt das **Pessach-Fest**, aus dem das christliche Osterfest entstanden ist. Es vereinigt, wie andere Feste auch, in seinen Ursprüngen ein landwirtschaftliches Fest mit historischer Erinnerung. Hirten begingen den Frühlingsanfang mit einem Opfermahl, bei dem ein Lamm geschlachtet wurde; zur Abwehr von Unheil wurde das Blut des Lammes an die Zeltstangen gestrichen. Um dieselbe Zeit feierten bereits sesshafte Bauern die Gerstenernte, indem sie eine Woche ihr neues, nicht mit den Resten der alten Ernte vermischtes Brot aßen, ungesäuerte Brote (*Mazzot*). Beides verschmolz ineinander zu einem Fest, das seit der Kultreform von König Joschija (622 v.Chr.) nun endgültig vom religiösen Motiv der Befreiung aus der Knechtschaft beherrscht wurde (vgl. dazu Lev 23,5f.; Dtn 16,1–3). Seither gilt Pessach als das Fest der Befreiung, und so erscheint es auch auf der Doppelseite **S. 88–89** als »Geburtstag des Volkes Israel«. Spätestens mit der Zerstörung des Zweiten Tempels (70 n.Chr.) entstand ein allgemeines Bedürfnis, das Pessach-Fest neben einer synagogalen Liturgie auch zu Hause zu feiern. Charakteristisch dafür ist der häusliche *Seder* (Ordnung) am Abend vorher, an dem die sog. Pessach-Haggada (Erzählung) gelesen und des Exodus gedacht wird. Traditionell wird das Fest eingeleitet von der Frage des jüngsten Kindes: »Warum ist diese Nacht so anders als alle anderen Nächte?« Diese erzählte Hausliturgie (S. 88) umfasst zentrale Elemente jüdischen Glaubens: geschichtsbewusste Erinnerung und zukunftsstiftende Hoffnung.

(Zur Einführung in die Traditionen des Judentums eignen sich besonders die beiden Taschenbücher: *Günter Stemberger, Jüdische Religion, München ³1999; Dan Cohn-Sherbok, Judentum, Freiburg i.Br. 2000.*)

Unterrichtsbausteine

- Sch bearbeiten den ersten AA S. 89.
- Sie wählen sich aus dem Text S. 88 ein Element (eine Speise, eine einzelne Begebenheit aus der Geschichte Israels, eine Festszene etc.) aus und malen dieses auf ein einzelnes Blatt. Unter dem Bild vervollständigen sie den Satz: »Ich habe mich für dieses Bild entschieden, weil ...« Die Ergebnisse können anschließend im Klassenraum aufgehängt und in einem ›Museumsgang‹ betrachtet werden (→ **Methodenkarte** »Eine Ausstellung gestalten«).
- Sch bearbeiten als abschließende Ergebnissicherung das Begriffsrätsel auf **AB 6.3** (Lösungen: Synagoge – Christen – Honig – Altes Testament – Land Israel – Oster – Mizwa – Abraham – Lamm – Exodus – Chanukka – Heiligung – Erev Shabbat – Mesusa; Lösungswort: Schalom alechem = »Friede sei mit euch«).
- Sch bearbeiten als HA **AB 6.4** zu den jüdischen Festen im Jahreskreis. Nach einer gemeinsamen Auswertung können an den entsprechenden Stellen Namen und Termine der christlichen Feste im Jahreskreis ergänzt werden.

6.4. Was Juden und Christen verbindet   S. 90–91

Hintergrund

Dass Juden und Christen angesichts ihres gemeinsamen Glaubens an den einen Gott Abrahams, der auch der Gott Jesu ist, in einer besonderen Beziehung zueinander stehen, kann und darf heute theologisch nicht mehr infrage gestellt werden. Die kirchentheologischen Grundlagen dafür hat das Zweite Vatikanische Konzil (1962–1965) mit seiner Erklärung über das Verhältnis der Kirche zu den nichtchristlichen Religionen »Nostra Aetate« (vom 28. Oktober 1965) gelegt. Hierin wird erklärt, dass »alle Christgläubigen als Söhne Abrahams dem Glauben nach in der Berufung dieses Patriarchen eingeschlossen sind« und dass die Kirche »durch jenes Volk, mit dem Gott aus unsagbarem Erbarmen den Alten Bund geschlossen hat, die Offenbarung des Alten Testamentes empfing und genährt wird von der Wurzel des guten Ölbaums, in den die Heiden als wilde Schösslinge eingepfropft sind« (NA 4). Zugleich beinhaltet dieses Schreiben die Verpflichtung zum theologischen Dialog mit dem Judentum sowie eine abschließende Anklage aller »Verfolgungen und Manifestationen des Antisemitismus, die sich zu irgendeiner Zeit und von irgendjemandem gegen die Juden gerichtet haben«. Der Konzilstext kann als Initialzündung für eine sich in den Folgejahrzehnten bis heute entwickelnde positive Auseinandersetzung mit jüdischem Denken gesehen werden, von offiziellen kirchlichen Verlautbarungen (hier insbesondere der Synodenbeschluss »Unsere Hoffnung« von 1975 oder das päpstliche Kommissionspapier »Wir erinnern. Eine Reflexion über die Shoah« von 1998) bis zu radikalen Neuansätzen der wissenschaftlichen Theologie.
Diese Ansätze waren anfänglich vorwiegend geprägt durch ein neues Bewusstsein über die jüdischen Wurzeln Jesu. Der Jude Jesus ist nun einerseits zur Herausforderung einer christlichen Theologie und andererseits zu einer Identifikationsfigur für viele jüdische Denker geworden. Die **Zitate (S. 91)** machen diese beiden Perspektiven deutlich. Auch für die Sch wird dieser verbindende und zugleich aber immer noch trennende Aspekt (vgl. den letzten Satz des Zitats von S. Ben-Chorin) eine starke Überzeugungskraft haben. Mit dem **Bild des Ölbaums (S. 90)** und seiner Wurzel hat sich bereits das Konzil auf den paulinischen Römerbrief bezogen, insbesondere Röm 11,13–24. Auf plastische Weise kann auch dieses Bild die Beziehung zwischen Juden und Christen für Sch überzeugend einsichtig machen.

Unterrichtsbausteine

- Sch vervollständigen in PA mehrfach den Satzanfang: »Man kann erkennen, dass Jesus ein Jude war, weil er …« Dafür können die im AA (S. 91) angegebenen biblischen Textstellen ergänzend zuhilfe genommen werden.
- Sch zeichnen die Umrisse des Ölbaums (S. 90) auf ein leeres Blatt und schreiben alles in den Umriss hinein, was Juden und Christen ihrer Meinung nach verbindet. *Alternative*: In die Wurzel gehören alle Elemente aus dem Judentum, die das Christentum tragen (Gott der Schöpfer, Altes Testament, Stammvater Abraham, Propheten, Psalmen etc.). In der Baumkrone stehen alle Elemente, die das Christentum vom Judentum übernommen und fortgeführt hat (das Doppelgebot der Gottes- und Nächstenliebe, Shabbat/Sonntag, Pessach/Ostern etc.). Dabei kann der Hinweis auf die vorangegangenen Seiten hilfreich sein.
- Sch diskutieren den Schlusssatz im Zitat von S. Ben-Chorin: »Der Glaube Jesu einigt uns, der Glaube an Jesus trennt uns.« (→ **Methodenkarte** »Eine Klassenkonferenz abhalten«)

6.5. Aus der Leidensgeschichte der Juden   S. 92–93

Hintergrund

Das Verhältnis der Kirche zum Judentum kann nicht ungeachtet der jahrhundertelangen Verfolgungen und Pogrome gegen das jüdische Volk betrachtet werden. In mehr oder weniger offenkundigen Antijudaismen und Diffamierungen (Beschuldigung als Gottesmörder, Vorwurf des Ritualmords und der Hostienschändung) haben auch die Christen einem antisemitischen Bewusstseinswandel Vorschub geleistet. In Ansätzen sollte auch diese Problematik in einer Unterrichtsreihe über das Judentum thematisiert werden. Am überzeugendsten wird dies unter Verwendung der **Texte** auf S. 92–93 in narrativer Weise gelingen. Auf der einen Seite ist den Sch das historische Faktum Judenpogrome und Shoa bewusst zu machen. Auf der anderen Seite kann versucht werden, bei den Sch eine Sensibilität zu wecken für begangene unhaltbare Beschuldigungen gegen die Juden seitens des Christentums. Besonders augenfällig wird die absurde innere Widersprüchlichkeit eines christlichen Antisemitismus in dem abgebildeten **Foto (S. 92)**. Gerade im Anschluss an den vorangegangenen Abschnitt sollten die Sch hierfür sensibilisiert sein.
Die **Wandaufschrift (S. 93)** aus einem Versteck von Juden während des Nationalsozialismus ist ein Zeugnis für den im Judentum mit seiner langen Verfolgungsgeschichte seit der Zerstörung des Zweiten Tempels über die Pogrome des Mittelalters bis zur Shoa immer wieder

offenbar werdenden mit Gott ringenden »Dennoch-Glauben«, biblisch bezeugt durch die Geschichte Hiobs und bis in die Gegenwart hinein zu verfolgen. »Ich glaube an den Gott Israels, auch wenn Er alles getan hat, dass ich nicht an ihn glauben soll« (*Zvi Kolitz, Jossel Rakovers Wendung zu Gott, Zürich 2004, S. 73*). Der bereits in **6.3.** erwähnte ethische Imperativ des *Zachor* (Erinnere dich!) zeigt sich auch und besonders in diesem Kontext jüdischer Geschichte.
(Hinweis: Das Internetportal *www.shoa.de* hält in großem Umfang ergänzende Information zum Gegenstand bereit.)

Unterrichtsbausteine

- Sch betrachten das Foto S. 92; sie überlegen, wann und wo es entstanden sein könnte, und diskutieren Beobachtungen sowie inhaltliche Widersprüche.
- Um die Emotionalität und innere Zerrissenheit des Autors des Gedichts S. 93 in Ansätzen nachvollziehen zu können, verfassen die Sch einen ähnlichen Text, indem sie Umfang und dialektische Struktur als Rahmen übernehmen, aber mit eigenen Inhalten füllen.

6.6. Ihr seid unsere älteren Brüder und Schwestern — S. 94

Hintergrund

Wie in **6.4.** erläutert, hat die Konzilserklärung Nostra Aetate endlich den Weg für verschiedene offizielle kirchliche Erklärungen und Verlautbarungen gebahnt. In dieser Linie stand auch das Pontifikat von **Johannes Paul II.** samt seinem **Besuch in der Synagoge Roms** am 13.4.1986 (!), der allgemein als historisches Ereignis bewertet wurde. Der Papst hatte auch hier nochmals die Worte des Konzils wiederholt und die Verbrechen der Shoa verurteilt. Auch in dem päpstlichen Schuldbekenntnis zum Versöhnungsjahr 2000 hat sich der Papst stellvertretend für die Gemeinschaft der katholischen Christen zu den gegenüber dem Judentum begangenen Sünden bekannt. Ohne die besondere Bedeutung dieses liturgischen Bekenntnisaktes schmälern zu wollen, wurde in darauffolgenden Stellungnahmen aber auch kritisch angemahnt, dass die Formulierungen des Schuldbekenntnisses gegenüber anderen Erklärungen der Kirche sowie nationaler Bischofskonferenzen doch inhaltlich zurückblieben. Noch im Februar 2009 hatte der deutsche Papst Benedikt XVI. für eine vehemente öffentliche Kritik an der römischen Kirche und ihrem Verhältnis zum Judentum gesorgt, indem er die bestehende Exkommunikation von vier Geistlichen der rechtskonservativen Piusbruderschaft aufgehoben hatte. Unter ihnen befand sich der britische Bischof Richard Williamson, der in der Öffentlichkeit als Holocaustleugner in Erscheinung getreten war. Die Kritik an der Papstentscheidung seitens Politik und kirchlicher Vertreter offenbarte dabei sowohl die hohe öffentliche Sensibilität für diese Thematik als auch die bleibende Bedeutung der Konzilserklärungen und den erreichten Status quo nach vierzig Jahren jüdisch-christlicher Verständigung.

Die **Parabel** von Willi Fährmann scheint auf den ersten Blick (Bildebene) nichts mit dem Thema Judentum – Christentum gemeinsam zu haben. Erst auf der Sachebene wird der Zusammenhang deutlich: Die beiden Brüder, als Bild für die beiden Religionen, liegen in Streit, wer den Weisungen des Vaters (Gott) mehr entspricht. Der Rat des Weisen, dass der Vater über die Auseinandersetzungen traurig sein wird, bringt die Söhne zum Nachdenken: »Sie brauchten einige Zeit, bis der Rat des Weisen die harte Kruste ihrer Herzen durchdrungen hatte ...« Auch Christentum und Judentum brauchten Zeit, sich einander anzunähern, eine Freundschaft aufzubauen, die nach den langen Streitigkeiten weiterhin diffizil ist. Aber die Grundlage, das Nachdenken und sich auf die gemeinsame Wurzel, den Vater, zu besinnen, ist geschaffen, darauf lässt sich bauen.

Unterrichtsbausteine

- Sch schreiben das Zitat von Papst Johannes Paul II. in ihr Heft ab und sammeln in PA zu jeder der drei gemachten Aussagen inhaltliche Begründungen. Hierbei kann der Verweis auf die vorausgegangenen Unterrichtsinhalte hilfreich sein.
- Sch überlegen, was die Parabel mit dem Thema der Unterrichtseinheit zu tun hat.
- Sch schreiben die Parabel weiter. Mögliche Anregungen: Wie verändern sich die Söhne? Worüber sprechen sie? Was erlebt der Vater bei seiner Rückkehr? Die vorliegende Parabel und die entstandenen Erzählungen können abschließend entweder vorgelesen oder als kurzes szenisches Anspiel vorgestellt werden.

»erez Israel« zwischen Religion und Politik

- Ordne die folgenden durcheinanderstehenden Stichworte jeweils der richtigen Tabellenspalte zu. Nimm dazu die Texte aus *Treffpunkt RU 5/6*, S. 81–82, zuhilfe.

- Geschenk von JHWH
- Konflikt mit den Palästinensern
- Besiedlung vor über 3000 Jahren
- Botschaft des Staates Israel
- Ziel des Auszuges aus Ägypten
- besetzte Gebiete
- Heimat des Volkes Israel
- Jerusalem als Stadt des Tempels
- Tourismus- und Pilgerland

- Verheißung an Abraham
- Gelobtes Land
- Einwanderungen nach Palästina
- Gründung im Jahr 1948
- »Land der Väter«
- Kriege zwischen Juden und Arabern
- Hauptstadt Jerusalem
- »Land, wo Milch und Honig fließen«
- Tel Aviv

Israel als verheißenes Land des Judentums	Israel als politisches Land eines modernen Staates

Die Feier von Shabbat und Bat Mizwa

- Lies in Treffpunkt RU 5/6 die S. 85–87 und ergänze den Lückentext.

Der **Shabbat** ist der jüdische Ruhetag ähnlich dem christlichen _____. Er beginnt jede Woche am _____. Traditionell lebende Juden richten dafür die ganze Wohnung her und bereiten verschiedene Speisen vor. Wichtiger Bestandteil der familiären Shabbatfeier sind die beiden Shabbatbrote, die _____. Sie sind Symbole für das Getreideopfer im früheren Jerusalemer Tempel. Neben den Broten steht auf dem Tisch Salz und der schwere, süße _____ sowie der dafür vorgesehene _____. Nach Sonnenuntergang beginnt der Shabbat, und dann zündet die jüdische Frau die _____ an. Sie weisen auf die besondere Ruhe dieses Tages hin und sind Zeichen für Hoffnung und Frieden. Anschließend geht die Familie in die _____ zum Gottesdienst. Danach beginnt die Feier zu Hause, zu der auch oft Gäste eingeladen werden. Man begrüßt sich mit _____ _____ und singt gemeinsam das Friedenslied. Der Mann segnet seine _____ und spricht das Loblied auf die _____. Danach folgen die Heiligung des Weines und die Segnung der Brote. Nach dem gemeinsamen Essen werden noch die Parascha, die wöchentliche Toralesung, diskutiert und das _____ gesprochen.

Die **Bat Mizwa** ist die Feier der Aufnahme eines jüdischen Mädchens mit ___ Jahren in die Gemeinde. Bei einem dreizehnjährigen Jungen nennt man die Feier _____ Mizwa, das bedeutet: _____ _____ _____. In der Feier liest das jüdische Mädchen zum ersten Mal der Gemeinde aus der _____ vor. Dabei wird es von seinem Vater und vom Rabbiner begleitet: Der Rabbiner legt die Tora auf die _____, das Lesepult in der Synagoge. Nachdem verschiedene Mitglieder der Gemeinde vorgelesen haben, liest die Bat Mizwa den letzten und größten Abschnitt aus der Tora. Der Vater spricht das _____, und nun legt der Rabbiner als Zeichen des Schutzes seinen _____ über sie und sich selbst. Dann fliegen Bonbons durch die Synagoge, denn die Tora soll »_____ in deinem Mund« sein. Der Vater legt den biblischen Text aus und bedankt sich bei allen. Der Rabbiner spricht die abschließenden _____. Die Tora wird feierlich durch die Synagoge getragen und zurück in den _____ gestellt. Gebete beenden den Gottesdienst. Zur Feier des Tages gibt es ein großes gemeinsames _____ für die ganze Gemeinde.

Begriffe gesucht!

Notiere jeweils den richtigen Begriff! Die Anfangsbuchstaben der einzelnen Wörter ergeben das Lösungswort: Es gehört zur jüdischen Shabbatfeier.

1. Die ... ist der Mittelpunkt der jüdischen Gemeinde.
2. Jerusalem ist die heilige Stadt der Juden, Muslime und ...
3. Das Gelobte Land ist das Land, wo Milch und ... fließen.
4. Als Tora bezeichnen die Juden die fünf Bücher Mose im ...
5. »erez Israel« bedeutet übersetzt ...
6. Das jüdische Fest »Pessach« steht in Beziehung zum christlichen ...-fest.
7. Gebot bzw. Pflicht heißt auf Hebräisch ...
8. ... ist der gemeinsame Stammvater von Juden, Christen und Muslimen.
9. Ein Knochen erinnert die Juden am Pessachfest an ein bestimmtes Tier, das ihre Vorfahren geschlachtet haben. Es ist das ...
10. Das biblische Buch, das von der Befreiung des jüdischen Volkes aus der Knechtschaft in Ägypten erzählt, heißt ...
11. ... ist der hebräische Name des jüdischen Lichterfestes mit dem achtarmigen Leuchter.
12. »Kiddusch« ist hebräisch und heißt übersetzt ...
13. Der Shabbatabend heißt auf Hebräisch ...
14. Das kleine Behältnis an Türpfosten mit dem Text des Sch'ma Israel heißt ...

1.	
2.	
3.	
4.	
5.	
6.	
7.	
8.	
9.	
10.	
11.	
12.	
13.	
14.	

Das Lösungswort heißt:

Den jüdischen Festkalender füllen

- Finde im World Wide Web (beispielsweise unter: *www.talmud.de*) die genaue Bedeutung der jüdischen Jahresfeste und ihre genauen Termine in diesem Jahr heraus. Trage dann alles in den Festkalender ein!

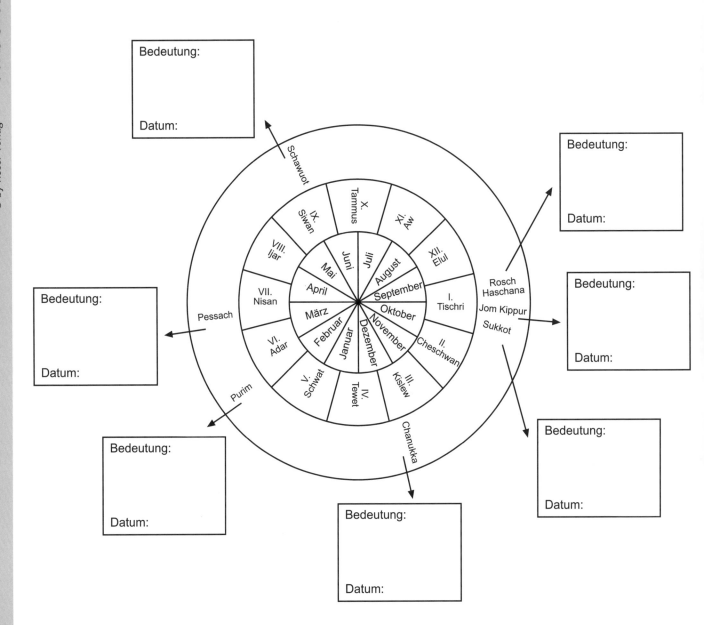

7 Ein neuer Mensch werden. Paulus

Kompetenzen erwerben

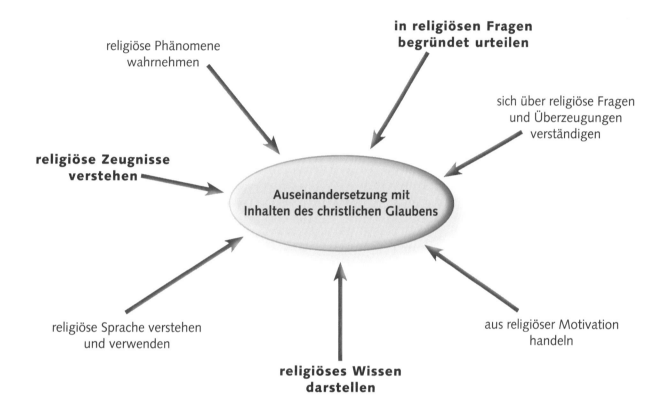

Die Schülerinnen und Schüler ...
... stellen in Grundzügen den Lebensweg des Paulus dar;
... erläutern exemplarisch anhand der paulinischen Briefe den Aufbau und die Entstehungsgeschichte biblischer Schriften sowie ihre Bedeutung für ChristInnen heute;
... skizzieren das Verhältnis der frühen Kirche zum Judentum;
... entfalten die Sendung der Kirche an Beispielen und nehmen dazu Stellung.

Didaktischer Leitfaden
Das Kapitel zeichnet narrativ die wesentlichen Stationen des Lebens des hl. Paulus nach, wobei ein Schwerpunkt auf die – auch für heutige Menschen mögliche – Erfahrung der persönlichen Umkehr bzw. Lebenswende gelegt ist, ein weiterer auf die Bedeutung des Paulus für die weltweite Verbreitung des christlichen Glaubens, die sich in der Einheit der Kirche der Gegenwart widerspiegelt. Es ist die durch die paulinische Rechtfertigungslehre vorbereitete Loslösung des Christentums aus dem jüdischen Gesetz – vor allem den Speise- und Reinheitsgeboten sowie der Vorschrift der Beschneidung, die die Entwicklung des neuen Glaubens als eigenständige Religion unabhängig von seinen jüdischen Wurzeln und damit seine weltweite Verbreitung erst ermöglichte.
Vor dem Hintergrund der zunächst beschriebenen tiefen Verwurzelung des Paulus im jüdischen Glauben und seiner Rolle bei der Christenverfolgung (**7.1., S. 96–97**) wird die anhand zentraler biblischer Zeugnisse belegte Bekehrung des Paulus, das sogenannte Damaskuserlebnis (**7.2., S. 101**), in ihrer Tragweite verständlich. Die Geschichte »Herr Brümmel ändert sein Leben« (**S. 98–100**) bietet veranschaulichend ein fiktives Beispiel für

eine radikale Lebenswende in der Gegenwart. Die anschließende Einheit (**7.3., S. 102–108,** »Paulus verkündete das Evangelium«) zeigt zunächst das beachtliche Ausmaß der paulinischen Missionsreisen auf (**S. 102**), führt aber exemplarisch auch Auseinandersetzungen in den frühchristlichen Gemeinden sowie das in den neutestamentlichen Briefen des Paulus dokumentierte Bemühen um eine Einheit im Glauben vor Augen (**S. 103–105**). Die bleibende Einheit und Verantwortung der kirchlichen Gemeinden füreinander wird durch ein Partnerschaftsprojekt deutscher Sch für ein südamerikanisches Projekt illustriert (**S. 106**).

Das Kapitel schließt auf der letzten Seite mit dem sogenannten Hohelied der Liebe, einer zentralen Textpassage aus 1 Kor 13 (**S. 108**). Bei der Bearbeitung des Kapitels wird also deutlich, wie eng das Christentum in seiner Entstehung mit dem Judentum verbunden war und bis heute ist, wie aber der im Judentum verwurzelte und darüber hinaus von griechisch-hellenistischer Kultur geprägte Paulus durch seine Deutung der (Freiheits-)Botschaft Jesu Christi deren Verkündigung von ihrem jüdisch geprägten Entstehungsraum in eine kulturell anders geartete Welt erst ermöglichte.

Mögliche Verbindungen
– zu Kapitel 6 »Aus einer Wurzel. Juden und Christen«
– zu Kapitel 8 »Ein Traum von Gemeinschaft. Christen leben in Gemeinden«

7.0. Eröffnungsseite S. 95

Hintergrund

Rembrandt van Rijn (1606–1669)
Rembrandt Harmenszoon van Rijn wurde 1606 in Leiden geboren, wo er sich bereits mit 14 Jahren an der Universität einschrieb. Kurze Zeit später ließ er sich aber seiner Neigung folgend zum Maler ausbilden. Nach den Lehrjahren bei van Swanenburgh (gegen 1624) arbeitete Rembrandt noch kurz in der Werkstatt von Pieter Lastman, einem der berühmtesten Historienmaler seiner Zeit. Dessen Einfluss prägte auch den Stil Rembrandts: dramatische Motive, gedrängte Bildkompositionen, bewusste Kontraste von Licht und Schatten.

Rembrandt van Rijn: »Paulus im Gefängnis«, 1627
Das Ölgemälde stellt Paulus als alten Mann umgeben von Büchern auf einem einfachen Bett sitzend dar. Es gehört zu einem der ersten, in denen Rembrandt die Lichteffekte in besonderer Weise einsetzte. Rembrandt zählt zu den wenigen Künstlern seiner Zeit, die biblische Erzählungen in eine bildhafte Sprache umsetzten. Das Ungeheuerliche, das Einbrechen des Göttlichen in die Wirklichkeit, beflügelt die Fantasie des Künstlers.
Bildbeschreibung: Der Fokus im Zentrum des Bildes, durch den für den Künstler typischen Lichteinfall hervorgehoben und gleichsam mit einem Heiligenschein versehen, liegt auf dem in nachdenklicher Pose dargestellten, offenbar mit der Abfassung eines Schreibens beschäftigten und in das intensive Studium der Bücher vertieften Heiligen. Bei genauerer Betrachtung wird deutlich, dass die Lichtfläche im Bild nicht allein durch das – durch das vergitterte Fenster am linken Bildrand einfallende – Sonnenlicht erklärbar ist, sondern vielmehr eine gleichsam innere Erleuchtung und Inspiration des Heiligen durch die Begegnung mit Gott in Jesus Christus versinnbildlicht. Angelehnt an die Liege ist in der linken Bildhälfte ein großes Schwert dargestellt – ein Detail, das schwerlich zum Titel (»im Gefängnis«) passt, jedoch ebenso wie das Buch zu den ikonografischen Merkmalen bei der Darstellung des hl. Paulus gehört.
Bilddeutung: Das Licht ist als Zeichen der durch die Gottesbegegnung gewonnenen und lebenswendenden Erkenntnis als Anspielung auf das sog. Damaskuserlebnis zu verstehen und versinnbildlicht zugleich die bleibende Gegenwart Gottes für den Gläubigen auch am Ort tiefer Angst und Verzweiflung, wie im Kerker. Solche Gefühlsregungen sind vom Gesicht des dargestellten Heiligen folgerichtig auch nicht ablesbar, weiß er in seinem ihn ganz durchdringenden Glauben und Vertrauen sich und sein Schicksal doch in Gottes Hand. Wie das Buch auf die von Paulus überlieferten Schriften, d.h. Briefe, verweist, so symbolisiert das Schwert einerseits den Märtyrertod des Paulus, andererseits mit Bezug auf Hebr 4,12 (»denn lebendig ist das Wort Gottes, kraftvoll und schärfer als jedes zweischneidige Schwert«) die zentrale Bedeutung und Macht der Verkündigung des Apostels, die eine Verbreitung der frohen Botschaft von der Freiheit im Glauben an Jesus Christus über den jüdischen Kulturraum hinaus erst vorangetrieben und ermöglicht hat. Die aufgeschnürte Sandale, auf der der rechte Fuß des Apostels ruht, verweist wohl auf die nun an ein Ende gekommenen Missionsreisen des Paulus, bei denen er weite Strecken mit den für das Reisen seiner Zeit üblicherweise verbundenen Beschwernissen zu Fuß zurücklegen musste. Das Gemälde bietet in den dargestellten Details einen vielfachen Bezug zu biografischen Aspekten, aber auch zum Anliegen und der bleibenden Bedeutung des Wirkens des Heiligen (weitere Information in: *Treffpunkt RU, 36 Farbfolien,* Folie 7).

Unterrichtsbausteine

- Sch erschließen das Bild (→ **Methodenkarte** »Ein Bild erschließen«) als Eingangsimpuls zu Beginn der Unterrichtssequenz, in deren Verlauf und am Ende zur Festigung des neu erworbenen Wissens über Paulus.

- Sch vergleichen die Darstellung des Paulus im Gefängnis bei Rembrandt und Habdank (vgl. S. 107) und stellen begründete Vermutungen über die Aussageabsicht des jeweiligen Malers auf.

7.1. Wer war Paulus? S. 96–97

Hintergrund

Die erste Einheit des Kapitels beschäftigt sich mit Herkunft und kultureller Prägung des Apostels und stellt dabei seine jüdischen Wurzeln in den Vordergrund. Als Quelle für alle **biografischen Angaben zum Leben des Paulus** dienen zunächst vor allem die authentischen Paulusbriefe (Röm, 1 und 2 Kor, Gal, Phil, 1 Thess, Phlm; weniger die ihm nachträglich zugeschriebenen sog. Deuteropaulinen) sowie die Apostelgeschichte. Letzterer ist ein gewisser Vorbehalt entgegenzubringen, entstand sie doch erst etwa 20–30 Jahre nach dem Tod des Apostels und enthält zahlreiche Ausschmückungen und Deutungen.

Paulus, dessen Geburtsjahr nicht genau zu bestimmen ist, entstammt der jüdisch-hellenistischen Diaspora. Er lebt als römischer Bürger in der Stadt Tarsus, die als griechische Kolonie in Kleinasien (heutige Türkei) gegründet worden war. Er erfährt neben der Bildung in griechischer Sprache vor allem eine intensive religiöse Prägung. Zur Abgrenzung von ihrer heidnischen Umwelt darf bei den Diasporajuden von einer besonderen Frömmigkeit und einer besonders peinlichen Beachtung der Tora, insbesondere der Speise- und Reinheitsgebote ausgegangen werden. Paulus, mit jüdischem Namen Saulus, entstammt der Gruppe der Pharisäer, er lernt, wie für diese üblich, ein Handwerk (Zeltmacher) und wird nach Apg 22,3 von dem hoch angesehenen Pharisäer Gamaliel »nach dem Gesetz der Väter ausgebildet«. Der besondere Eifer, mit dem sich Paulus bei der Verfolgung der Christen engagiert, wird zuweilen als Hinweis darauf gedeutet, dass er eine gewisse Nähe zu den Zeloten hatte, einer besonders radikalen und militanten Gruppe jüdischer Frommer. Es ist daran zu erinnern, dass die Juden die Einhaltung des Gesetzes als Antwort auf die ihnen zuvor geschenkte Zuwendung JHWHs verstehen, als Konsequenz des Bundes JHWHs mit seinem Volk Israel.

Das Bild des »**Rabbi mit der Torarolle**« von Marc Chagall (1887–1985) **(S. 97)** zeigt einen mit Kippa, Gebetsschal, Tefillin und Gebetsriemen bekleideten Juden, der die durch rote Farbgebung hervorgehobene Torarolle wie einen kostbaren Schatz in den Armen birgt. Das in Gal 1,13f. zum Ausdruck gebrachte Selbstverständnis des Paulus vor seiner Bekehrung, in besonderer Treue zum Gesetz und mit besonderem Eifer für dessen Einhaltung, deutet den Ursprung seines Konflikts mit den frühen Christen an. Als frommer Jude hegt er gegenüber Jesus, der bekanntermaßen immer wieder in Konflikt mit den Geboten des Judentums kam, Skepsis, sein Tod am Kreuz lässt ihn endgültig als einen von Gott »Verfluchten« erscheinen. Die Judenchristen der Urgemeinde aber deuten Jesus als den ersehnten Messias und räumen den Speise- und Reinheitsgeboten sowie der Vorschrift zur Beschneidung nicht mehr den Rang ein, der ihnen in den Augen gesetzestreuer Juden in Erwartung des noch ausstehenden Messias zusteht. Sie sehen sie im Gegenteil in der durch die Auferweckung Jesu angebrochenen neuen Zeit sogar als überholt an. Dies führte zur Verfolgung der judenchristlichen Gemeinden, der hl. Stephanus erlitt nach der Überlieferung als Erster das Martyrium (Apg 6,8ff.). Als die Judenchristen aufgrund dieser Gefahr aus Jerusalem in die Gegend von Judäa, Samaria und auch Damaskus flohen, verbreiteten sie den neuen Glauben in einen weitgehend griechisch-hellenistisch geprägten Kulturraum. Die Mitglieder der hier neu entstehenden christlichen Gemeinden waren Nicht-Juden, die sich den jüdischen Gesetzesbestimmungen noch weniger verpflichtet fühlten und daher ebenso verfolgt wurden. Hierbei zeigte der tief fromme junge Paulus, der beim Martyrium des Stephanus zum ersten Mal Erwähnung findet, vor dem Damaskuserlebnis besonderen Eifer: »Saulus aber versuchte die Kirche zu vernichten; er drang in die Häuser ein, schleppte Männer und Frauen fort und lieferte sie ins Gefängnis« (Apg 8,3).

Marc Chagall (1887–1985)
s. Lehrerkommentar, S. 67

Marc Chagall: »Rabbi mit Torarolle«, o.J., Louvre/Paris

Bildbeschreibung: Das Bild führt anschaulich in jüdische Religiosität ein. Es zeigt einen Rabbiner, der eine Torarolle hingebungsvoll umarmt. Ein Rabbiner (von hebr. *Rabbi* = Mein Lehrer/Meister) ist ein Gelehrter, der als Kenner und Ausleger der Tora orientierende und seelsorgerliche Funktion in der jüdischen Gemeinde hat. Während im Bild ein kräftiges Blau, die typische Chagall-Farbe für Ruhe, Wahrheit und Treue (im Sinne von Verpflichtung zur erkannten/erfahrenen Wahrheit, und daher auch im Sinne von tiefem Glauben), vorherrscht,

das bis in die Augenlider des Rabbi reicht, sticht die Schriftrolle in der Bildmitte durch ihr leuchtendes Rot, der Farbe von passionierter Liebe und Leiden, hervor (was ihre zentrale Bedeutung hervorhebt). Sie ist, ebenso wie der rechts davon zu sehende Toraschrein, mit dem Davidstern (einem Hexagramm, das durch seine zwei verschlungenen Dreiecke als Verbindung der sicht- und der unsichtbaren Welt gedeutet werden kann) geschmückt. Der Davidstern ist das wichtigste jüdische Symbol, ein (oft missbrauchtes) Erkennungszeichen der Juden und zugleich Emblem des Staates Israel. Auf dem Toraschrein im Bild ziert der Davidstern den blauen (Samt-)Vorhang mit goldenen Fransen. Hinter diesem wird die Torarolle aufbewahrt. Den Schrein zieren außerdem die Gesetzestafeln, die von einem Engel (?) gehalten werden. Der Rabbi trägt Gebetskleidung: den *Tallit* (Gebetsmantel) und die *Tefillin* (Gebetsriemen mit Kapseln, in denen mit Ex 13,16 und Dtn 6,8; 11,18 beschriebene Pergamentstreifen liegen). Sie werden beim (Morgen-)Gebet an Stirn und Arm (im Bild nicht sichtbar) angelegt. Versunken schmiegt sich der Rabbi mit dem Kopf, an dem die Schläfenlocken orthodoxer Juden angedeutet sind, an die Torarolle, eine sogenannte Sefer-Tora, d.h. Gesetzesrolle, die für den Gebrauch im Gottesdienst bestimmt ist. Tora kann zwar auch mit »Gesetz« übersetzt werden, meint aber nach jüdischem Verständnis eher »Lehre« oder »Weisung«. Sie enthält den Pentateuch, die fünf Bücher Mose, die im Laufe eines Jahres in der Synagoge vorgelesen werden.
Bilddeutung: Die Haltung des Rabbi zeugt von einer besonderen Vertrautheit, ja Liebe zur Weisung Gottes, die z.B. auch am »Tag der Gesetzesfreude« (hebr.: *Simchat Tora*), wenn der letzte Abschnitt der Schrift gelesen und die Lesung am nächsten Tag von Neuem beginnt, zum Ausdruck kommt. Der Rabbi liest die Tora nicht – er meditiert sie, ja verschmilzt fast mit ihr. Die Torarolle in der Mitte wird also mehrfach umrahmt: von Kopf, Händen und Herz des Rabbi, der so die Verbundenheit der Weisung mit seinem ganzen Menschsein – stellvertretend für alle gläubigen Juden – zeigt. Sie wird umhüllt von dem Gebetsmantel des Rabbi, was nicht nur der Tradition entspricht, sondern auch die Heiligkeit der Schrift ehrfürchtig würdigt und ihr Schutz gibt. Vom alles umhüllenden Blau, das das »Himmlische« des Raums und die religiös-gläubige Atmosphäre, die Treue zum Bund zwischen Gott und seinem Volk wiedergibt, wird sie schließlich ebenso umrahmt wie von der Synagoge, angedeutet durch das Fenstergitter und den Schrein, die als Lebens- und Glaubenszentrum der jüdischen Gemeinde ein Ort ist, in dem Gebet, Kontemplation, Begegnung mit Gott in besonderer Weise und anders als in der Welt draußen möglich ist.

Unterrichtsbausteine

- Sch betrachten das Bild von Chagall, bringen ihr vorhandenes Wissen über das Judentum und insbesondere über die Bedeutung der Tora im Leben eines Juden ein. Dieses Wissen übertragen sie nach der Lektüre von S. 96 auf Paulus.
- Sch erarbeiten mithilfe der Bibel und **AB 7.1** selbstständig erstes Wissen über die Person des hl. Paulus. Daraus entwickeln sie Leitfragen für eine Unterrichtssequenz. (*Lösungswörter:* Saulus, Tarsus, Zilizien, beschnitten, Pharisäer, Zeltmacher, Griechisch, Hebräisch, Israelit, Tarsus, römische, Kirche, Damaskus, Arabien, Damaskus, Jerusalem, Kephas, Jakobus, Syrien, Zilizien, Gesetz)
- Sch halten einen Vortrag (→ **Methodenkarte** »Einen Vortrag halten«) über die Ursachen und das Ausmaß der Verfolgung früher christlicher Gemeinden.
- Sch bearbeiten **AB 7.2**.

S. 98–100

Hintergrund

Gert Loschütz (*1946)
Der deutsche Schriftsteller Gert Loschütz wurde 1946 in Genthin geboren und siedelte mit seiner Familie 1957 von der DDR in die BRD über. Neben dem Studium der Geschichte, Soziologie und Publizistik in Berlin arbeitete er in der literarischen Dependance des Luchterhand Verlags. Er pflegte intensive Kontakte zu Mitgliedern der Gruppe 47. Seit 1971 lebt er als freier Schriftsteller, in den 80er- und 90er-Jahren in Frankfurt, mittlerweile wieder in Berlin. Loschütz ist Verfasser von Lyrik, Prosawerken, Theaterstücken, Hör- und Fernsehspielen.

Gert Loschütz: »Herr Brümmel ändert sein Leben«

Die Geschichte bildet eine Überleitung zur Auseinandersetzung mit der Wende im Leben des Paulus. Sie erzählt in teilweise unrealistischen Zügen von dem in seiner Zahlenwelt gefangenen und zunehmend unzufriedenen Buchhalter Brümmel, dessen in absolut regelmäßigen, gleichförmigen Bahnen verlaufendes Leben einen radikalen Wandel erfährt, als er eines Morgens den Bus verpasst. Ohne dass in der Geschichte konkret ausgeführt wird, in welche Richtung Brümmels Veränderung geht, so wird doch mit der Kündigung seines Arbeitsplatzes ein radikaler Bruch mit seiner Vergangenheit und ein neues Selbstbewusstsein (»ich habe nämlich heut zum ersten Mal über mich nachgedacht«) deutlich. Augenscheinlich wird dieser Neuanfang durch Brümmels Notiz »heute Geburtstag« auf dem Kalender-

blatt des Tages seiner Wende und durch die rote Farbe, mit der er seine ganze Umgebung streicht.
In der radikalen Wende des Lebens – bei Brümmel von absoluter Regelmäßigkeit zu einem geradezu verrückten Neubeginn, bei Paulus vom frommen Juden und eifrigen Christenverfolger zum ebenso überzeugten Verkünder und Missionar des christlichen Glaubens – liegt der Vergleichspunkt zwischen der Person des Heiligen und des fiktiven Buchhalters. Dennoch sind auch die Unterschiede augenfällig. Während Brümmel mit seiner inhaltsleeren Vergangenheit radikal bricht, sieht Paulus die ihn prägende Tora nach seiner Bekehrung gleichsam mit neuen Augen, er bricht nicht mit seiner Tradition, sondern interpretiert sie neu. Die durch Jesus bestätigten zentralen Gebote der Gottes- und Nächstenliebe sieht er gerade in der Nachfolge Christi erfüllt, während die Reinheits- und Speisegesetze in ihrer Bedeutung nun auch für Paulus an Gewicht verlieren. Paulus ist von der Freiheit und Gerechtigkeit der Menschen allein in der gläubigen Nachfolge Christi und nicht in der peinlich genauen Einhaltung des Gesetzes überzeugt und damit zu deren Überwindung bereit, wo sie, etwa bei der Bekehrung der »Heiden«, dem christlichen Glauben ein Hindernis bilden. Insofern bildet der Vergleich mit der Geschichte Brümmels in ihren Parallelen, aber auch Unterschieden für Sch eine Folie für das Verständnis der Lebenswende »vom Saulus zum Paulus«.

Unterrichtsbausteine

- Sch verfassen eine Geschichte nach dem Vorbild von »Herr Brümmel ändert sein Leben« mit Elementen aus ihrer eigenen Lebenswelt.
- Sch gestalten eine Doppelseite in ihrem Heft anhand von **AB 7.3**.

7.2. Paulus änderte sein Leben S. 101

Hintergrund

Die Lebenswende des Paulus wird anhand zweier **biblischer Zeugnisse** dargestellt: dem Selbstzeugnis des Paulus im Galaterbrief und der späteren Erzählung aus der Apostelgeschichte. Beide Zeugnisse schildern die Wende nicht als Ergebnis einer nach einem Prozess des Nachdenkens und Suchens getroffenen eigenen Entscheidung, sondern vielmehr als eine von Gott her über ihn hereinbrechende Erkenntnis, ein Ergriffenwerden von Jesus Christus (vgl. Phil 3,14). Während die Apg das sog. Damaskuserlebnis mehrfach (9,1ff.; 22,3ff.; 26,9ff.) zur Sprache bringt und dabei offenbar in Anlehnung an alttestamentliche Epiphaniegeschichten legendär ausschmückt, interpretiert Gal die Lebenswende als Konsequenz der Auserwählung »schon im Mutterleibe«, in der durch die Erkenntnis Jesu Christi erfüllten Berufung zum Heidenapostel. Das – auch für die Behandlung dieser Einheit im Unterricht – Entscheidende sind nicht die äußeren Umstände der Berufung, sondern der **Wandel in der religiösen Überzeugung**, wie der zuerst eifrige Verfechter des jüdischen Glaubens Paulus sie auch an anderer Stelle formuliert. »Doch was mir Gewinn war, das habe ich um Christi willen als Verlust erkannt ... Nicht meine eigene Gerechtigkeit suche ich, die aus dem Gesetz hervorgeht, sondern jene, die durch den Glauben an Christus kommt, die Gerechtigkeit, die Gott aufgrund des Glaubens schenkt« (Phil 3,7.9). »Christus ist das Ende des Gesetzes und jeder, der an ihn glaubt, wird gerecht« (Röm 10,4).
Paulus betont den göttlichen Ursprung seiner Sendung, ohne dass er einen Menschen zurate zog: »Ich ging auch nicht sogleich nach Jerusalem hinauf zu jenen, die vor mir Apostel waren, sondern zog nach Arabien« (Gal 1,17). Die Unabhängigkeit seiner Berufung zum Apostel für die Heiden von einer Autorisierung durch die judenchristliche Urgemeinde Jerusalems, die mit dem jüdischen Gesetz ja keineswegs gebrochen hatte, und die durch den Glauben an den gekreuzigten und auferstandenen Jesus Christus ermöglichte Überwindung oder, besser gesagt, Erfüllung des Gesetzes sind dabei zwei Seiten derselben Sache.

Unterrichtsbausteine

- Sch lesen und analysieren (→ **Methodenkarte** »Einen Text erlesen«) Apg 9,1–22; Gal 1,11–16a; Phil 3,5–10 im Vergleich und erarbeiten die zentralen Aspekte der Selbstzeugnisse des Paulus.
- Sch gestalten eine Doppelseite in ihrem Heft zur Lebenswende des Paulus ähnlich wie bei **AB 7.3**.
- Sch schreiben einen Zeitungsbericht (**AB 7.4**) zum Berufungserlebnis des Paulus.

7.3. Paulus verkündete das Evangelium S. 102–103

Hintergrund

Den Verlauf der auf einer **Karte** eingezeichneten Missionsreisen des Paulus können Sch anhand der angegebenen Textstellen aus Apg – soweit hier erwähnt und bekannt – selbstständig nachvollziehen. Sie verdeutlichen zum einen die Lebensleistung des Apostels in der Gründung zahlreicher Gemeinden und sein Ziel der Weltmission. Zum anderen können Sch aber auch nachvollziehen, dass es sich bei den Missionsreisen keineswegs um ein rastloses Umherreisen gehandelt hat, sondern dass Paulus durch z.T. jahrelange Aufenthalte in den jungen Gemeinden intensive Beziehungen aufgebaut hat, die er später durch seinen Briefkontakt weiter pflegte. Die Verbreitung des christlichen Glaubens über die Grenzen der jüdisch geprägten Kultur hinaus führte zu innergemeindlichen Konflikten zwischen einigen Judenchristen und den sog. Heidenchristen, die zum Anlass für das sog. Apostelkonzil zur Frage der Beschneidung werden.

Der Anlass des sog. **Apostelkonzils** lässt sich aus den biblischen Quellen (Gal 2,1–10; viel stärker ausgeschmückt in Apg 15,1–35) herauslesen: Offenbar besonders gesetzestreue Judenchristen aus Jerusalem haben die Gemeinde in Antiochien aufgesucht und dort die Beschneidung der Heiden gefordert. Um diese Forderung zu verstehen, ist die Bedeutung der Beschneidung als das unveräußerliche, von Gott an Abraham und seine Nachkommen gegebene Bundeszeichen hervorzuheben, das den Juden die Zugehörigkeit zum wahren Gottesvolk versicherte und gleichzeitig ihre Absonderung von der heidnischen Umwelt besiegelte. Für Paulus stehen mit dieser Forderung die »Freiheit, die wir in Christus Jesus haben« (Gal 2,4), und die »Wahrheit des Evangeliums« (Gal 2,5) auf dem Spiel, sodass er um derentwillen zu keinerlei Kompromissen bereit ist. In diesem Sinne ist er wohl als strenger bzw. in radikaler Konsequenz gläubiger Christ zu bezeichnen. Über den genauen Verlauf des Konzils gibt Paulus selbst nicht Zeugnis. Fest steht aber, dass es ihm gelingt, die Jerusalemer Urgemeinde und die ihr vorstehenden Apostel – unter ihnen Petrus und Jakobus – davon zu überzeugen, dass die in der Botschaft Jesu Christi offenbarte umfassende Gnade Gottes die Schranken zwischen Heiden und Juden durchbricht. Nach Gal 2,9 reichen die Urapostel Paulus und Barnabas die Hand als Zeichen der Einheit und anerkennen Paulus als Apostel für die Heiden, während sie selbst ihren Aposteldienst unter den Juden weiter verrichten wollen. Dieser Handschlag, in dem sich die Einigung im sog. Jerusalemer Apostelkonzil manifestiert, besiegelt die Voraussetzungen dafür, dass sich die Jerusalemer Urgemeinde nicht als jüdische Sekte verkrustet und die hellenistischen Christengemeinden sich nicht vereinzeln, sondern zum Ausgangspunkt einer weltweiten Mission werden.

Unterrichtsbausteine

- Sch lesen und analysieren (→ **Methodenkarte** »Einen Text erlesen«) 2 Kor 11,21–27 und Röm 15,15–24 im Hinblick auf die äußeren Bedingungen und die Zielsetzung der Missionsreisen des Paulus.
- Sch nutzen den Computer und erarbeiten wesentliche Lebensstationen und Kernaussagen der paulinischen Verkündigung mit dem P@ulus-Online-Spiel unter www.ekd.de.

S. 104–106

Hintergrund

Die Fragen und Probleme, mit denen Paulus bei seiner Mission befasst war, sowie der von ihm rege gepflegte briefliche Kontakt zu den von ihm begründeten Gemeinden werden exemplarisch an **Auszügen aus den Korintherbriefen** thematisiert. Paulus bereist die Stadt erstmals auf seiner zweiten Missionsreise und hält sich für etwa anderthalb Jahre dort auf (ca. zwischen 49 und 52). Die zu einem bedeutenden Handelszentrum herangewachsene Hafenstadt wies eine divergente Bevölkerungsstruktur von der reichen Oberschicht über Handwerker bis zu einfachen Lohnarbeitern oder Sklaven auf, die sich auch in der Zusammensetzung der neu gegründeten christlichen Gemeinde widerspiegelte. Nachdem Paulus diese verlassen hatte und nach Ephesus weitergereist war, erreichten ihn dort zahlreiche Anfragen, die seinen Rat zum Verhalten in scheinbar profanen Alltagssituationen, aber auch gegenüber Heiden und innerhalb der Gemeinde betrafen. Der hier angesprochene Konflikt bei der Feier des Herrenmahls reicht dabei tiefer in das Fundament der von Paulus verkündeten Botschaft, als es zunächst scheint. Offenbar ist es zu einer Unsitte geworden, dass sich bei der Versammlung zum Herrenmahl die Wohlhabenden der Gemeinde zuerst einfinden und mit dem Verzehr der von ihnen mitgebrachten Speisen beginnen, während die dazugehörigen einfachen Arbeiter erst nach ihrem Tagewerk eintreffen, selbst wenig oder nichts zum Mahl beitragen können und sich deshalb mit den Resten begnügen müssen. Am Ende der Versammlung fand dann das eigentliche gemeinsame eucharistische Herrenmahl im Gedenken an Jesus Christus statt. Scharf fällt die Antwort des Paulus aus, kritisiert er doch nicht nur das gemeinschaftswidrige Verhalten der Reichen gegenüber den Armen, sondern sieht es im krassen Widerspruch zum Kern des eucharistischen Mahls. Die Einsetzungsworte (»mein Leib ... mein Blut ... für euch«) sind Ausdruck des unbedingten und umfassenden Mitseins des Gekreuzigten mit den Menschen – gerade jenen in Not. Zu diesem steht das unsolidarische Verhalten der Reichen in eklatantem Widerspruch und trifft so den Kern der christlichen Botschaft. Vor diesem Hintergrund verstanden gewinnt die Arbeitsanregung (AA 2, S. 104), Anfragen aus der eigenen Gemeinde zu formulieren, an Brisanz, gilt es doch auch in der heutigen Gemeinde, die zentralen Glaubensinhalte in Wort und Tat zu bewahren.

Dass Paulus trotz seines intensiven, sein ganzes Leben bestimmenden Einsatzes für die Verbreitung des Glaubens nicht unumstritten war und in seiner Autorität zuweilen in Zweifel gezogen wurde, kann u.a. aus **2 Kor 11 und 12 (S. 105)** gefolgert werden. Wanderprediger, ebenfalls christliche Missionare wie Paulus selbst, hatten in Korinth dessen Autorität als Apostel infrage gestellt, war er doch in seinen Reden offenbar ein »Stümper« und fehlten seinem Auftreten wunderbare Offenbarungen und Wundertaten. Doch in der von seinen Gegnern verspotteten Schwachheit sieht Paulus gerade seine Stärke, in seinem unermüdlichen, alle Strapazen in Kauf nehmenden Einsatz für das Evangelium, frei vom Streben nach persönlichem Ruhm sieht er ausreichend den Beleg für ein gerechtfertigtes Apostolat: »Wir sind jedenfalls nicht wie die vielen anderen, die mit dem Wort Gottes ein Geschäft machen. Wir verkünden es aufrichtig und in Christus, von Gott her und vor Gott« (2 Kor 2,17).

Am Beispiel der **Kollekte für die Jerusalemer Gemeinde**, die Paulus auf seinen Reisen bei wohlhabenderen Gemeinden gesammelt hat und bei deren Übergabe er schließlich in Gefangenschaft gerät, wird seine Forderung nach einem Liebeswerk in Verbundenheit mit den weniger reichen Gemeinden verdeutlicht. Dass diese Auffassung letztlich für die heutige katholische, d.h. weltumfassende Kirche fortbesteht, wird anhand eines **Eine-Welt-Projektes (S. 106)** dargestellt. Die Vorstellung des Projekts erfolgt in aller Knappheit und hebt vor allem das Übertragbare des konkreten Vorhabens heraus: SchülerInnen erwirtschaften durch verschiedene Aktionen (z.B. Waffelbacken und Verkauf auf dem Weihnachtsmarkt, s. Foto links unter der Welthalbkugel, die Europa zeigt) Geld, das sie einem Projekt zuführen, in dem Kindern aus der unteren Sozialschicht der Zugang zu Bildung und Grundnahrung ermöglicht wird (s. Foto rechts unterhalb der Welthalbkugel mit Südamerika).

Unterrichtsbausteine

- Sch spielen ein fiktives Rollenspiel (→ **Methodenkarte** »Ein Rollenspiel durchführen«) zum Konflikt um das Herrenmahl in Korinth. Mögliche Rollen: reiche Gemeindemitglieder, die das gemeinsame Essen genießen; die Armen der Gemeinde, die ihre Situation beklagen; ein/e Vorsteher/in des Herrenmahls, der oder die zu vermitteln versucht; Paulus, der die Betroffenen zurechtweist.
- Sch übersetzen die Anweisungen des Paulus in eigene Worte, so wie sie auch heute noch Gültigkeit für die »rechte Feier eines Gemeindegottesdienstes« haben könnten.
- Sch erarbeiten 1 Kor 12,12–31a, indem sie das Miteinander in der Gemeinde als »Kirche Gottes« in dem Bild des einen Leibes mit vielen Gliedern deuten.
  - Sch führen ein Interview mit ihrem Pfarrer/GemeindereferentIn/einem Mitglied des Pfarrgemeinderats und befragen sie nach den »Gliedern«, die das Leben in ihrer Gemeinde bestimmen.
  - Sch gestalten als Ergebnis ein Plakat (→ **Methodenkarte** »Ein Plakat gestalten«), auf dem sie den »Leib« ihrer Heimatgemeinde mit ihren vielen »Gliedern« und deren Funktion darstellen.
- Sch arbeiten im Rahmen einer Schulveranstaltung an einem sozialen Projekt.

S. 107–108

Hintergrund

Auf der rechten Seite (**S. 107**) wird knapp das vor allem aus der Apg Bekannte über die Umstände der **Verhaftung des Paulus** bei der Übergabe der Kollekte zusammengefasst sowie sein weiteres Schicksal bis zur Hinrichtung, die in Apg gar nicht mehr erwähnt wird. Flankiert wird diese Darstellung von einem Holzschnitt Walter Habdanks, ebenfalls mit dem Titel »Paulus im Gefängnis«.

Walter Habdank: »Paulus im Gefängnis«, 1960
Bildbeschreibung: Der Holzschnitt zeigt den von den Strapazen seiner Reise deutlich ausgemergelten Apostel an einen Pflock angekettet in aufrechter Haltung vor dem vergitterten Fenster, dessen Stäbe drei Kreuze bilden. Das schlanke Hochformat des Holzschnitts, die aufrechte Haltung des Mannes, die Gelassenheit und Zuversicht seiner Mimik zeigen keinen gebrochenen Menschen, sondern einen, der auch im Kerker nicht gefangen ist. Die Strahlen der Sonne erreichen sein aufwärtsgerichtetes Gesicht und treffen auf die großen Augen.

Walter Habdank (1930–2001)
Habdank wurde in Schweinfurt als Sohn eines evangelischen Diakons geboren und lebte seit seinem zehnten Lebensjahr in München. Dort studierte er nach dem humanistischen Abitur von 1949–1953 Malerei und Grafik an der Akademie der Bildenden Künste bei Walter Teutsch. Als freischaffender Künstler tätig, machten ihn seine meditativen Holzschnitte schließlich zu einem der bekanntesten Vertreter christlicher Kunst seiner Zeit. Sein Werk umfasst neben seinen populären Lithografien und Holzschnitten Landschaftsbilder in Aquarell und Öl, Stillleben, Frauenakte sowie eine Vielzahl von Wandmalereien und Altarbildern. Von 1979 bis zu seinem Tod lebte und arbeitete Habdank in Berg am Starnberger See.

In einer Diagonale von rechts oben nach links unten erreichen sie Paulus' rechte Hand mit dem Griffel. *Bilddeutung:* Noch in dieser äußersten Notlage im Angesicht eines möglichen Todesurteils erlebt der Apostel die Gegenwart Christi – symbolisiert in den Kreuzen – und vertraut auf das göttliche Licht – in der Sonne –, das die persönliche Dunkelheit seiner Situation durchbricht. Die Sonne wird zum Licht der Hoffnung und erinnert an das Ergriffensein des Apostels vor Damaskus. Der Griffel verweist auf seine ungebrochene Tätigkeit als Verfasser von Briefen. Der Holzschnitt kann als Illustration von Phil 1,12–25 betrachtet werden, gibt Paulus hier doch in vollkommener Selbstlosigkeit Zeugnis dafür, wie ihn der weitergehende Erfolg der Botschaft Jesu mit Zuversicht erfüllt. Seine Gedanken richten sich fort von seinem persönlichen Schicksal auf seine Hoffnung im Glauben und auf die Mitglieder der ersten Gemeinden (vgl. Schreibgriffel). Sein Gesicht strahlt Zuversicht aus – entweder auf Freilassung und weiteres Wirken oder aber auf das Aufgehobensein im Leben bei Gott auch im Tod. Sein persönliches Ansehen und Schicksal ordnet Paulus in erstaunlicher Konsequenz dem Evangelium unter.

Vor dem Hintergrund des Wissens um diese persönliche Konsequenz des Paulus im selbstlosen Einsatz für die Verbreitung des Evangeliums, in seinem Liebesdienst für die Sache Jesu und die Menschen seiner Zeit, gewinnt der – von zahlreicher Verwendung bei Eheschließungen hinlänglich bekannte – Text aus **1 Kor 13**, mit dem das Kapitel schließt (**S. 108**), an Brisanz.

Unterrichtsbausteine

- Sch nehmen die Körperhaltung des Gefangenen ein (→ **Methodenkarte** »Ein Standbild stellen«) und erschließen den Holzschnitt »Paulus im Gefängnis« von Walter Habdank (→ **Methodenkarte** »Ein Bild erschließen«), evtl. im Vergleich mit der Darstellung bei Rembrandt, *Treffpunkt RU 5/6*, S. 95.
- Sch verfassen eine Predigt für einen Schulgottesdienst zu Habdanks Holzschnitt in Zusammenhang mit Phil 1,12–25 und tragen diese vor (→ **Methodenkarte** »Einen Vortrag halten«).
- Sch führen ein Schreibgespräch (→ **Methodenkarte** »Ein Schreibgespräch führen«) oder erstellen eine Collage (→ **Methodenkarte** »Eine Collage gestalten«) zu 1 Kor 13 (S. 108).

Literaturhinweise

Klaus Berger, Paulus, München ²2005.
Religionsunterricht heute 36 (2008), Heft 2: »Wenn jemand in Christus ist ...«, Anregungen zum Paulus-Jahr.
Günter Bornkamm, Paulus, Stuttgart ⁷1993.
Horacio E. Lona, Kleine Hinführung zu Paulus, Freiburg i.Br. 2006.
Alois Prinz, Der erste Christ. Die Lebensgeschichte des Apostel Paulus, Weinheim 2007 (Jugendbuch).

Gesucht wegen Aufwiegelung gegen das Gesetz

WANTED!

Gesucht wird Paulus, der mit jüdischem Namen auch _ _ _ _ _ _ (Apg 13,9) heißt. Geboren wurde er in _ _ _ _ _ _ (Apg 9,11) in _ _ _ _ _ _ _ _ (Apg 21,39). Er ist ca. 35 Jahre alt und wurde in der Tradition seiner jüdischen Familie am achten Tag nach seiner Geburt _ _ _ _ _ _ _ _ _ _ _ (Phil 3,5) und später zum _ _ _ _ _ _ _ _ _ (Apg 23,6; 26,5) ausgebildet. Außerdem beherrscht er das Handwerk des _ _ _ _ - _ _ _ _ _ _ _ (Apg 18,3). Er beherrscht zwei Sprachen, nämlich _ _ _ _ _ _ _ _ _ _ (Apg 21,37) und _ _ _ _ _ _ _ _ _ (Apg 21,40), und ist nicht nur _ _ _ _ _ _ _ _ (2 Kor 11,22), also Jude und Bürger von _ _ _ _ _ _ (Apg 22,3), sondern besitzt auch das _ _ _ _ _ _ _ _ Bürgerrecht (Apg 22,25f.).

Als frommer Jude setzte er sich als junger Mann mit besonderem Eifer ein bei der Verfolgung der _ _ _ _ _ _ (Apg 8,1–3). Mit ca. 32 Jahren schloss er sich aber selbst der Sekte der Jesusanhänger an, angeblich weil er dazu auf dem Weg nach _ _ _ _ _ _ _ _ (Apg 9,3–5) berufen wurde.

Zunächst hielt sich der Gesuchte etwa drei Jahre in _ _ _ _ _ _ _ _ (Gal 1,17) auf, wo er weitere Anhänger für die Jesus-Sekte gewinnen wollte, bevor er nach _ _ _ _ _ _ _ _ _ (Gal 1,17) zurückkehrte. Seine Spur führt dann weiter nach _ _ _ _ _ _ _ _ _ _, wo er sich für etwa 15 Tage mit führenden Kräften der Jesus-Anhänger mit Namen _ _ _ _ _ _ und _ _ _ _ _ _ _ (Gal 1,18f.) traf, wohl um weitere Pläne zur Verbreitung der aufrührerischen Sekte zu schmieden.

Unbestätigten Angaben zufolge hält er sich derzeit im Gebiet von _ _ _ _ _ _ und _ _ _ _ _ _ _ _ (Gal 1,21) auf und predigt weiter die Abkehr vom _ _ _ _ _ _ (Gal 3,23ff.), das er als Gefängnis bezeichnet, und wirbt für seinen neuen Glauben.

Wer kennt diesen Mann und kann Angaben zu seinem Aufenthaltsort machen? Sachdienliche Hinweise bitte an die Synagogenvorsteher von Jerusalem!

- Ergänze den Lückentext, indem du die angegebenen Stellen in der Bibel nachschlägst.

Rabbi mit Tora-Rolle

Marc Chagall, Rabbiner, nicht datiert (Nachzeichnung)

- Male das Bild aus und klebe es als Eingangsbild der Unterrichtsreihe über Paulus in dein Heft.

Wendepunkt aufspüren

»Danach war alles anders.«

»Das hat mein Leben völlig verändert.«

»Das war ein Wendepunkt auf meinem Lebensweg.«

Solche oder ähnliche Aussagen kennst du vielleicht aus Interviews mit Prominenten, aus Erzählungen von Bekannten, oder du hast Ähnliches selbst einmal gedacht.

- Überlege: Wo gab es in deinem Leben einen Wendepunkt, einen Tag, den du niemals vergessen wirst (Umzug, Kennenlernen eines besonderen Freundes, Krankheit, ein besonderer Erfolg …)?
- Gestalte eine Doppelseite deines Heftes dazu:
    - Links: alles, was vor dem »Wendepunkt« lag in Bildern, Texten, Gedanken, Fotos, Farben …
    - Rechts: Was hat sich verändert? Das Leben nach dem »Wendepunkt« in Bildern, Texten, Gedanken, Fotos, Farben …
- Präsentiert eure Ergebnisse in Kleingruppen!

Damaskus-News schreiben

Damaskus - News
Unabhängige Zeitung

EUR 1.10   D 2954 A

8.6.30, Nr. 37/7 D   Herausgegeben von

Belgien   Dänemark   Finnl.   /Frankr.   /Griechenl.
Dr/Großbrit.1,20L/Irland1,40 iL.Ital. /Luxembg.   /Niederl.
Norw.   Österr.   /Portugal   Esc/ Schweden

Immer mehr Lehrer von Grippewelle betroffen

Außergewöhnliches Ereignis vor den Toren der Stadt

Exklusiv von unserem Korrespondenten

now. GALILÄA, im Februar. Zur Freude aller galiläischen Kinder sind immer mehr Lehrer in Galiläa an der nannten Grip...

- Schreibe einen Zeitungsbericht zum Berufungserlebnis des Paulus.

Arbeitsblatt 7.4
© by Kösel-Verlag

8 Ein Traum von Gemeinschaft. Christen leben in Gemeinden

Kompetenzen erwerben

Die Schülerinnen und Schüler ...
... untersuchen Orte gelebten Glaubens;
... reflektieren das eigene Verhältnis zur Kirche;
... erkennen die Einheit der Kirche als Auftrag Jesu Christi;
... entdecken evangelische Gemeinden der näheren Umgebung.

Didaktischer Leitfaden
Das Kapitel beginnt mit der Einheit »Glaube sucht Gemeinschaft« (**8.1., S. 110–111**). Ausgehend von anthropologischen Erfahrungen wird ein erster Zugang zur sozialen Verfasstheit des christlichen Glaubens aufgezeigt. In einem zweiten Schritt folgt der inhaltliche Zugang zu den Aufgaben der Gemeinde und die Erkundung konkreter Pfarrgemeinden (**8.2., S. 112–113**, und **8.3., S. 114–117**). Den Abschluss findet das Kapitel mit dem Thema »Zwei Kirchen: evangelisch – katholisch« (**8.4., S. 118–122**).

Sch bringen unterschiedliche Erfahrungen aus dem Leben der Gemeinden mit. Oft gibt es nur wenige Berührungspunkte mit ihrem Alltag. Dennoch zeigt sich, dass sich das Interesse für das Leben der Kirche wecken lässt. Der RU bietet den Sch die Chance, Berührungsängste zu reduzieren und das eigene Verhältnis zu Kirche und Gemeinde (neu) zu bestimmen.
Dass die konkrete Kirche hinter der Botschaft Jesu vom Anbruch des Reiches Gottes zurückbleibt, bringt bereits die Überschrift des Kapitels zum Ausdruck. Dazu zählt auch die Spaltung der Kirche, deren Überwindung Aufgabe aller Christen ist. Sch haben in diesem Kapitel die Möglichkeit, sich mit Aufgaben und Strukturen der konkreten Pfarrgemeinde auseinanderzusetzen. Sie können ihre eigene Position in Bezug zu ihrer eigenen Gemeinde und zur Kirche bestimmen oder neu bestimmen.

Die Einheit über die Reformation erklärt die Situation der evangelischen und der katholischen Kirche in Deutschland didaktisch reduziert. Zugleich soll deutlich werden, dass die Kirche, die sich auf Jesus Christus gründet, immer auch ein anzustrebendes Ideal bleibt, das noch nicht verwirklicht ist. In diesem Sinne sind auch die Texte der paulinischen Briefe und der Apostelgeschichte zu deuten.

Mögliche Verbindungen
– zu Kapitel 1 »Miteinander leben. Ich und die anderen«
– zu Kapitel 2 »Das Leben feiern. Feste – Feiern – Bräuche«
– zu Kapitel 4 »Gott ist mit seinem Volk unterwegs. Exodus«
– zu Kapitel 5 »Menschen beten zu Gott. Bitten, danken und loben mit allen Sinnen«
– zu Kapitel 7 »Ein neuer Mensch werden. Paulus«
– zu Kapitel 10 »Im Einklang mit Gottes Schöpfung leben. Unsere Welt wahrnehmen und bewahren«
– zu Kapitel 11 »Liebt einander, wie ich euch geliebt habe. Die befreiende Botschaft des Evangeliums«

8.0. Eröffnungsseite S. 109

Hintergrund

Anette Bartusch-Goger
Anette Bartusch-Goger stammt aus Sonthofen im Allgäu. Nach dem Studium absolvierte sie eine Ausbildung bei Professor Hans-Joachim Palm in München und war zunächst als Lehrerin und Dozentin tätig. Sie arbeitet heute als Malerin und Illustratorin. Immer wieder stehen Emotionen im Vordergrund ihrer Arbeiten. Der Mensch in seiner von Gefühlen geprägten Umwelt. Beziehungen, Politik und Umwelt werden zum Dreh- und Angelpunkt der künstlerischen Auseinandersetzung.

Anette Bartusch-Goger: »Gemeinschaft weltweit«, 1999
Das Acrylbild wurde eigens für *Treffpunkt RU 5/6* geschaffen.
Bildbeschreibung: In der Bildmitte ist ein bunter Kreis zu sehen, dessen Inhalt sich schneckenförmig auf den Mittelpunkt zubewegt. Am linken unteren Rand des Kreises sind bunte menschenähnliche Figuren zu sehen, die einem gemeinsamen Ziel entgegenzustreben scheinen. Am mittleren oberen Rand des Kreises gibt es wiederum eine Ansammlung dieser bunten Figuren, die einem gemeinsamen Weg folgen. Ebenso sind am Rand des Kreises Pflanzen und einige Tiere (z.B. eine Giraffe) zu finden. Im Inneren finden sich unregelmäßig geformte, farbenfrohe Rechtecke und Kreise, ebenso wie menschenähnliche Figuren, die in Zweier- oder Dreiergruppen angeordnet sind.
Bilddeutung: Das Thema »Gemeinschaft« zeigt sich in der großen Gruppe der Figuren, die gemeinsam unterwegs sind. Keine Figur ist allein, es sind immer mindestens zwei, die eine Gemeinschaft bilden. Das Motiv »weltweit« wird durch die vielfältige Farbigkeit der Figuren unterstrichen, ebenso durch die bunten geometrischen Figuren im Inneren.

Für den Unterricht empfiehlt es sich, zunächst die Bildfolie einzusetzen (*Treffpunkt RU, 36 Farbfolien*, Folie 8) und dann die Skizze zu bearbeiten.

Unterrichtsbausteine

- Sch malen auf der Grundlage des Bildes von Anette Bartusch-Goger ein gemeinsames Bild der Klasse/des Kurses, z.B. auf der Rückwand des Klassenraums.
- Sch betrachten das Bild (→ **Methodenkarte** »Ein Bild erleben«).
- Sch tragen auf **AB 8.1** ihre Position ein zu:
  – Verhältnis zur Kirche (näher – ferner zur Mitte);
  – Aufgaben und Erscheinungsweisen der Kirche;
  – Angehörigkeit zu Gemeinschaften und deren Distanz zur Kirche (Mitte).

8.1. Glaube sucht Gemeinschaft S. 110–111

Hintergrund

Menschen leben in Gemeinschaften. Bei dieser anthropologischen Grundgegebenheit setzt das Kapitel ein. Steht auf der einen Seite die Geborgenheit in der Gemeinschaft, so kann auf der anderen Seite die Verantwortung jedes Einzelnen innerhalb dieser Gemeinschaft gesehen werden. Jeder und jedem kommt mit seinen jeweiligen Fähigkeiten und Talenten eine Aufgabe zu, das beginnt in den Familien und setzt sich über die Klassengemeinschaft fort, bis hin zur Gemeinschaft aller Menschen.
Christen leben zudem von ihrem Grundverständnis her in der »Gemeinschaft des Glaubens«, in der sie untereinander und mit Gott verbunden sind, wie es das biblische Hauptgebot (Mt 22,37ff.) zum Ausdruck bringt. In der Weggemeinschaft der Christen erweist sich die Glaubwürdigkeit der christlichen Botschaft. Auch in den

Paulusbriefen und in der Apostelgeschichte wird ein Ideal der frühen Christengemeinde vorgestellt. Dabei darf die Betonung der Einheit und Gemeinsamkeit auch als Aufforderung für heute verstanden werden. Die biblischen Texte können als Spiegel gelesen werden, da Grundvorstellungen, Aufgabenteilung, Gottesdienstformen und Ämter bereits in dieser frühen Zeit in den Vorläufern der heutigen Formen zu finden waren.
Zur Unterscheidung der Begriffe »Pfarrei« – »Gemeinde« – »Kirche« führt Karl Lehmann Folgendes aus:

Gegenüber einem einseitig rechtlich-institutionell interpretierten Begriff von Pfarrei wird (beim Gebrauch des Wortes Gemeinde) weniger das Moment einer territorial umschriebenen kirchlichen Verwaltungseinheit bzw. eines Seelsorgebezirks, sondern der im gemeinsamen Glauben wurzelnde, freie Zusammenschluss von Personen hervorgehoben, die sich zum Evangelium Jesu Christi bekennen ... In Abhebung von einem Begriff der »Kirche«, die zu sehr über der Wirklichkeit schwebend und als hypostasiertes Subjekt verstanden wird, liegt der Akzent auf der Einzelgemeinde mit ihren konkreten Bedingungen und Strukturen ... Je mehr die kirchliche Sozialform sich nicht nur an örtlich gebundenen Strukturen, sondern auch am personalen und funktionalen Prinzip der Gemeindebildung orientierte, umso mehr verdrängte der Gemeinde-Begriff das ortskirchliche Prinzip ... Vor allem durch die kirchenrechtliche Prägung des Pfarrei-Begriffs sah man darin eine Auffassung fixiert, welche die Gläubigen weitgehend nur als »Untergebene« und passive Empfänger der vom kirchlichen Amt verwalteten Gnadenmittel in den Blick nimmt. »Gemeinde« unterstreicht dagegen die aus Glaube und Taufe entspringende Würde und Gleichheit aller in Jesus Christus als Fundament des gemeinschaftlichen Lebens, ohne damit schon die Notwendigkeit eines spezifischen Amtes und besonderer Dienste zu leugnen.
(In: Karl Lehmann, Franz-Xaver Kaufmann, Heinrich Fries, Christlicher Glaube in moderner Gesellschaft [29], Freiburg i.Br. ²1988, 8f.)

Die **Texte** der Doppelseite **S. 110–111** bringen das Aufeinander-angewiesen-Sein von Menschen zum Ausdruck. Das **indische Märchen »Der Blinde und der Lahme«** (S. 110) beschreibt eben dieses Angewiesen-Sein. Der Lahme würde ohne die Hilfe des Blinden nicht schnell genug vor dem Feuer fliehen können, während der Blinde Gefahr liefe, in die Flammen zu laufen und nicht vor ihnen davon.

Das **Bild** von Anette Bartusch-Goger (**S. 111**) illustriert den **Text »Die kleine Schraube«** von Rudyard Kipling (1865–1936). Diese Geschichte macht deutlich, wie wichtig die Gemeinschaft aller ist, damit etwas, hier das Schiff, nicht zerbricht.
Den Texten wird der Abschnitt aus der **Apostelgeschichte (S. 110)** gegenübergestellt. Im Vergleich soll deutlich werden, dass der Mensch als Glaubender ebenso auf Mitglaubende angewiesen ist, wie er als Einzelner nicht existieren kann. Christsein lässt sich nur in Gemeinschaft, in mitmenschlicher Kommunikation leben. Die ersten Christen fanden ihre Gemeinschaft in ihrer Gemeinde. In der Apostelgeschichte stellt Lukas sie idealisiert dar. Die Gütergemeinschaft, von der er spricht, bedeutet zunächst, dass jeder nach seinem Vermögen andere unterstützt. Es gibt allerdings keine gesicherten Hinweise darauf, dass auf Privatbesitz völlig verzichtet wurde, er war jedoch von untergeordneter Bedeutung. Häufig wird das Urchristentum (bis zum 2. Jh.) als originäres, eigentliches Christentum dargestellt, auf das sich zahlreiche christliche Erneuerungsbewegungen, oft auch ungeachtet der historischen Realität, beziehen.
AB 8.2 ergänzt das paulinische Bild vom einen Leib (1 Kor 12); Paulus betont, dass alle Mitglieder der Kirche eine unverwechselbare Aufgabe zu erfüllen haben. Die Lebendigkeit der Gemeinde hängt vom Engagement aller ab, das heißt, es gibt keine Wertung der einzelnen Dienste. Auch das II. Vatikanische Konzil hat diese fundamentale Verantwortung aller Christen aufgrund der Taufe zum Ausdruck gebracht.
Das Bild vom einen Leib bietet den Sch auch eine Anregung, ihren eigenen Kirchentraum (s. S. 122) auszudrücken.

Das **Foto (S. 110)** bietet den Sch Gelegenheit, ihre eigene Sehnsucht nach Gemeinschaft zu reflektieren und zu verbalisieren.

Unterrichtsbausteine

- Sch befassen sich in einer Unterrichtsreihe mit den Anfängen des Christentums in Deutschland (gemeinsam mit dem Fach Geschichte).
- Sch untersuchen die Ursprünge des Christentums am Schulort und halten ein Referat über ihre Ergebnisse (→ **Methodenkarte** »Ein Referat halten«).

8.2. Gemeinde als Treffpunkt — S. 112–113

Hintergrund

Die **Pfarrgemeinde** ist die Gemeinschaft von Gläubigen in einem abgegrenzten Territorium. Sie steht unter der Leitung eines Pfarrers, der vom Bischof der jeweiligen Diözese beauftragt wird. Pfarrgemeinden bildeten sich seit dem 3. Jh. n.Chr. durch die Unterteilung der Diözesen heraus. Bis zum späten Mittelalter gab es überwiegend Großpfarren, die dann in zunehmendem Maße unterteilt wurden. Die Struktur der Pfarreien in

Deutschland, wie sie lange Zeit Bestand hatte, geht im Wesentlichen auf das 19. Jh. zurück.

Heute gibt es in vielen deutschen Bistümern die Tendenz, die Pfarrgemeinden insbesondere auf der Verwaltungsebene miteinander zu verknüpfen. Durch den Rückgang der Zahl der Katholiken und den Priestermangel kommt es auch zur Fusion von Pfarrgemeinden und neuen Leitungsformen.

Pfarrgemeinde soll »Lebensraum zum Glauben« und »Glaubensraum zum Leben« sein.

Allerdings besteht heute nicht mehr die lebenslange Zugehörigkeit zu einer einzigen Pfarrgemeinde, wie es in früheren Jahrzehnten und Jahrhunderten noch gegeben war.

Der **Pfarrer** ist Leiter der Gemeinde, bezogen auf Verwaltung und Liturgie. Diese Leitung wird ihm vom Bischof übertragen. Seine Aufgabe besteht darin, die Kommunikation der Gläubigen mit Gott, untereinander und mit der Welt zu ermöglichen und zu fördern. Im Synodenbeschluss »Die pastoralen Dienste der Gemeinde« heißt es dazu: »Durch die Verkündigung, Spendung der Sakramente, Bruderdienst, Auferbauung und Leitung der Gemeinde und nicht zuletzt durch sein persönliches Zeugnis soll der Priester die anderen zu ihrem eigenen Dienst bereit und fähig machen. Der Priester soll daher Charismen (Gnadengaben, Begabungen) entdecken und wecken, er soll sie beurteilen und fördern und für ihre Einheit in Christus Sorge tragen. Diesen Dienst kann er nur tun in lebendigem Austausch und brüderlicher Zusammenarbeit mit allen anderen Gliedern der Gemeinde« *(Gemeinsame Synode der Bistümer in der Bundesrepublik Deutschland (1971– 1975), Synodenbeschluss »Die pastoralen Dienste der Gemeinde«, 5.1.1.).*

Der **Pfarrgemeinderat** unterstützt den Pfarrer und die pastoralen Mitarbeiter bei deren pastoralen Aufgaben. In Deutschland ist die Bildung eines Pfarrgemeinderates durch Wahl für jede Pfarrgemeinde vorgeschrieben. Der Vorsitzende des Pfarrgemeinderates ist ein Laie, der Pfarrer ist ordentliches Mitglied und darf Beschlüsse des Rates durch sein Vetorecht aufhalten. Gefährdet ist die Zukunft des Pfarrgemeinderates besonders durch die abnehmende Bereitschaft zur ehrenamtlichen Tätigkeit.

GemeindereferentInnen unterstützen den Pfarrer in der Seelsorge der Gemeinde. Ihre Aufgabenbereiche sind Haus- und Krankenbesuche, Erwachsenenbildung, Altenpastoral, Kinder und Jugendarbeit, Religionsunterricht und die Gestaltung von Gottesdiensten.

Die Doppelseite »**Gemeinde als Treffpunkt**« bietet den Sch einen inhaltlichen Einstieg in das Thema. Ausgangspunkt ist der Gedanke, dass in einer Pfarrgemeinde die unterschiedlichsten Menschen mit ihren jeweiligen Interessen aufeinandertreffen. In den verschiedenen Gruppierungen der Gemeinde kommt es zu Begegnungen. Sch können bekannte Elemente wiederfinden, mit denen sie sich identifizieren können, und Neues entdecken. Darüber hinaus lassen sich Aufgaben ergänzen: Pfarrkindergarten, Altenheim, Altenseelsorge, Pfarrbücherei, Mitglieder des Pfarrgemeinderats und des Kirchenvorstands. So erhalten Sch einen ersten Überblick über Aufgaben und Funktionen der Pfarrgemeinde.

Unterrichtsbausteine

- Sch bringen Pfarrbriefe aus ihren Gemeinden mit, aus denen sie selbst die Aufgaben der Pfarrgemeinde zusammentragen, und präsentieren sie in Form eines Plakats (→ **Methodenkarte** »Ein Plakat gestalten«).
- Die Sprechblasen (S. 112–113) (Pfarrer, Diakon, Pfarrsekretärin, Kommunionhelferin) bereiten auf die Erkundung der Pfarrgemeinde (**AB 8.3**) vor. Sie dienen den Sch als Anregung, selbst ein Interview mit Verantwortlichen der Gemeinde zu führen (→ **Methodenkarte** »Ein Interview führen«).
- Sch laden den Pfarrer in den Unterricht ein und stellen vorbereitete Fragen.
- Sch erstellen eine Fotoausstellung über das Leben in der Pfarrgemeinde (→ **Methodenkarte** »Eine Ausstellung gestalten«).

8.3. Leben in einer Pfarrgemeinde S. 114–117

Hintergrund

Die Einheit ist in vier thematische Schwerpunkte untergliedert. Zunächst geht es um das Kennenlernen der eigenen/einer Pfarrei (**S. 114**). Dann folgen beispielhafte Ausgestaltungen zu den Grundvollzügen des kirchlichen Lebens (**S. 114–117**).

Die Anordnung der Texte spiegelt die Grundvollzüge der Kirche (**Gemeinschaft**, griech. *koinonia*, **Dienst am Nächsten**, griech. *diakonia*, **Verkündigung**, griech. *martyria*, und **Gottesdienst**, griech. *leiturgia*) wider. Die Gemeinde führt so fort, was auch das Leben Jesu ausmachte: einander dienen (vgl. Mk 10,45) – den Glauben bezeugen (vgl. yMt 20,1–15) – Gottesdienst feiern (vgl. Mt 6,9–13).

Sch kommen heute oft nur punktuell mit ihrer Pfarrgemeinde in Kontakt. Auch wenn sie sich engagieren, lernen sie nur einen kleinen Ausschnitt der Gemeinde kennen. Ein Einstieg ist möglich über die vorhergehende Doppelseite oder über die Frage nach den Vorerfahrungen der Sch mit ihrer Pfarrei. Die Aufgaben bieten einen weiten Gestaltungsspielraum, der mithilfe des Fragebogens (**AB 8.3**) erweitert werden kann. Die nachfolgenden Seiten können dann der Auswertung dienen.

Text 1 **Gemeinschaft** (**S. 114**) knüpft an die Sehnsucht der Jugendlichen nach Zugehörigkeit, nach Ernstgenommenwerden und Verantwortungsübernahme an. Er

beantwortet zugleich die Frage, auf welche Weise die Zugehörigkeit zu einer neuen Pfarrei, wie beispielsweise im Text nach einem Umzug, möglich wird. Der Text zeigt aber auch, dass eine Pfarrgemeinde aus Menschen besteht und nicht in erster Linie eine Organisationsstruktur ist.
Im Text 2 **Dienst am Nächsten (S. 115)** werden Sch durch ein nicht alltägliches Beispiel der Seelsorge an Drogenabhängigen, Obdachlosen und anderen Hilfsbedürftigen provoziert. Wie weit muss die Nächstenliebe gehen? Was ist Aufgabe der Pfarrgemeinde? Wo kann ich helfen?
Der Text 3 zur Verkündigung (**Mit Leib und Seele, S. 116**) macht den Sch verständlich, dass Verkündigung und Zeugnis für den Glauben im Alltag unterschiedliche Ausdrucksformen haben kann und darauf angewiesen ist. Hier bietet sich im Unterrichtsgespräch die Möglichkeit der Kritik an tradierten Gottesdienstformen und Anregungen für die Diskussion, wie Verkündigung heute aussehen kann.
Der erste Text zu Abschnitt 4 **Gottesdienst (S. 117)** ist eines der frühesten Zeugnisse über die Eucharistiefeier. Er stammt aus der Apologie Justins des Märtyrers († 165). Elemente der heutigen Messfeier lassen sich darin wiederfinden und aus Sicht der Sch besser verstehen (**AB 8.4**).
Illustriert wird die Seite durch **Darstellungen aus römischen Katakomben**. Die Katakomben dienten im Wesentlichen als Begräbnisort für die Märtyrer der frühen Christen. An ihren Gräbern wurde zur Erinnerung Eucharistie gefeiert. Daher stammt der Brauch, auch heute Reliquien der Märtyrer in einen neu geweihten Altar einzulassen.
Die **Darstellung des Fisches** stammt aus der Kallistus-Katakombe (2. Jh.), der kurze Sachtext gibt eine Erläuterung zur Symbolik des Fisches. Die Darstellung des Brotbrechens findet sich in der sog. griechischen Kapelle der Priscilla-Katakombe. Die Abbildung ergänzt den Text Justins des Märtyrers zur Praxis der frühen Eucharistiefeier.
Der **Sachtext** zur Eucharistiefeier stellt den Bezug zwischen dem jesuanischen Abendmahl und der heutigen Form der Eucharistiefeier her. Sie wurde als die zentrale Gottesdienstform der Christen ausgewählt, neben der auch andere Formen, z.B. die Wort-Gottes-Feier, möglich sind. Hier bietet sich unter Verwendung von **AB 8.4** die Möglichkeit, ausführlicher auf dieses Thema einzugehen. Eucharistie bedeutet Danksagung, damit ist bereits ausgedrückt, dass im Vordergrund des liturgischen Handelns nicht die Aktivität des Menschen steht, sondern das Handeln Gottes als befreiende Heilstat. Gott wendet sich im Gottesdienst den Menschen zu, in den Texten des Evangeliums und in der Eucharistie. Der Mensch antwortet darauf mit Dank und Lobpreis. Das Handeln Gottes geht allem menschlichen Tun voraus und ermöglicht es.

Unterrichtsbausteine

- Sch besuchen Einrichtungen der Pfarrgemeinde (Altenheim, Kindergarten, Behinderteneinrichtungen, Arbeitslosenzentrum).
- Sch informieren sich über die Arbeit des Pfarrers, des Pfarrgemeinderates und nehmen, wenn möglich, an einer Pfarrgemeinderatssitzung zu einem aktuellen Thema teil.
- Sch besuchen eine Kirche und entdecken sie gemeinsam (**AB 8.5**).
- Sch bereiten gemeinsam einen Gottesdienst vor (→ **Methodenkarte** »Einen Gottesdienst vorbereiten«).

8.4. Zwei Kirchen: evangelisch – katholisch   S. 118–122

Hintergrund

Unter der Überschrift »**Wie die Einheit verloren ging**« (**S. 118**) wird die Glaubensbiografie Martin Luthers knapp erzählt. Auf der folgenden Seite finden sich Übersichten zur Konfessionsverteilung in Deutschland und zur Gliederung der evangelischen und der katholischen Kirche (**S. 119**).
Die Doppelseite »**Was die Kirchen unterscheidet – was die Kirchen eint**« (**S. 120–121**) soll den Sch erste Kenntnisse über Gemeinsamkeiten und Unterschiede von evangelischer und katholischer Kirche vermitteln. Die abschließende Seite (**S. 122**) zeigt den Stand des ökumenischen Gesprächs auf und veranlasst Sch, über weitere Perspektiven nachzudenken.
Martin Luthers Werdegang ist aufs Engste mit der Reformationsbewegung in Deutschland verbunden. Seine persönliche Lebensfrage, wie er einen gnädigen Gott finden könne, seine Ängste und Nöte finden ihre Antwort schließlich in der Lehre von der Rechtfertigung allein aus Gnade. Zentral steht dafür sein sog. Turmerlebnis (vermutlich 1516). Ausgehend von Röm 1,17 (»Der aus Glauben Gerechte wird leben«) kommt Luther zu der Erkenntnis, dass die Gerechtigkeit Gottes nur in Demut angenommen werden kann. Mit seinem Kampf gegen die Missstände in der Kirche findet Luther schnell zahlreiche Anhänger. 1521 weigert er sich auf dem Reichstag zu Worms, seine Thesen und Überzeugungen vor Karl V. zu widerrufen. Über Luther wird die Reichsacht verhängt und er muss sich als Junker Jörg unter Schutz des Kurfürsten Friedrich des Weisen auf der Wartburg in Eisenach verstecken. In dieser Zeit übersetzt Luther die Bibel ins Deutsche. Diese Übersetzung hatte wegen ihrer Sprachkraft eine nicht zu unterschätzende Wirkung, die die deutsche Sprache bis heute prägt.

Luthers Schrift »Von der Freiheit eines Christenmenschen« wird allerdings von den Bauern als Aufruf zur Befreiung von ihren Herren gedeutet. Es kommt zu den Bauernkriegen, die schließlich blutig niedergeschlagen werden. Luther ist entsetzt über die Auswirkungen seiner Worte und stellt sich gegen die Bauern und damit auch gegen jede Form der Gewalt. In den Landesherren sieht er Garanten für Frieden und Ordnung; daher orientiert sich die Organisation der neu entstehenden evangelischen Kirche an diesen Landesherren. Dies spiegelt sich bis heute in der Struktur der evangelischen Kirche in Deutschland wider.

Mit dem Augsburger Religionsfrieden von 1555 konnte der Landesherr entscheiden, welcher Konfession seine Untertanen angehören sollten (»cuius regio, eius religio« / wem das Land gehört, der bestimmt die Konfession).

Der **Text** über den Werdegang Martin Luthers soll Sch in die Ursachen der Kirchenspaltung einführen. Er reduziert die Information schülergerecht und bietet erste Orientierung über die Ursachen der Reformation in Deutschland. Da der Text sehr komprimierte Information enthält, sollte er durch die Lehrkraft ergänzt und erläutert werden. Eine Erschließung ist auch über **AB 8.6** möglich.

Für den Verlauf der Einheit empfiehlt es sich, bei der heutigen Situation und den Unterschieden und Gemeinsamkeiten anzuknüpfen und rückblickend die Frage zu stellen, wie es zu solch einer Entwicklung kommen konnte. **Kartenmaterial und Statistik (S. 119)** dienen der zusätzlichen Information. Die AA regen zu einem Konfessionsvergleich innerhalb der Klasse, Schule, des Wohnortes an.

Der Einstieg in das Thema empfiehlt sich über die Doppelseite **»Was die Kirchen unterscheidet – was die Kirchen eint« (S. 120–121)**. Hier kann im Unterricht auch an das Vorwissen und Vorerfahrungen der Sch angeknüpft werden. Erste Unterscheidungsmerkmale und Gemeinsamkeiten lassen sich auch mithilfe des **Dialogs** auf S. 120 herausarbeiten. Die Zuordnung der Bilder kann dabei behilflich sein.

Sie zeigen von oben nach unten:
- Eine **evangelische Pfarrerin** im Talar mit Beffchen auf der Kanzel. In der evangelischen Kirche ist seit 1968 auch die Ordination von Frauen zu Pfarrerinnen möglich. Die Amtstracht stammt aus der Zeit Luthers, der das Tragen der oft prächtig verzierten und mit Gold bestickten Messgewänder als Symbol der triumphierenden Kirche ablehnte. Den Talar tragen Pfarrerinnen und Pfarrer nur zu Gottesdiensten und amtlichen Anlässen. Kanzeln befinden sich in evangelischen Kirchen noch in Gebrauch, sie betonen die Bedeutung der Predigt.
- Das mittlere Bild zeigt den **Tabernakel** in einer katholischen Kirche. Der Tabernakel dient der Aufbewahrung der konsekrierten Hostien. Seine Entstehung verdankt der Tabernakel (lat. *tabernaculum*, Zelt) der Aufbewahrung der Krankenkommunion und dem Kommunionempfang außerhalb der hl. Messe. Seit dem Mittelalter wurde er oft in eigenen Sakramentskapellen aufgestellt. Das Ewige Licht, das in der Nähe des Tabernakels brennt, verweist auf die Gegenwart Christi.
In evangelischen Kirchen gibt es keinen Tabernakel, da Brot und Wein nur während des Mahls eine besondere Bedeutung haben.
- Das Bild unten zeigt eine **Marienkapelle** in einer katholischen Kirche. Zu sehen ist eine Marienstatue mit davor aufgestellten Votivkerzen, die Menschen mit besonderen Anliegen aufgestellt haben, da Maria als Vermittlerin zu Gott angesehen wird. Auch in der evangelischen Kirche wird Maria verehrt, allerdings sieht man hier die Gefahr, dass Maria neben Jesus Christus als »Miterlöserin« treten könnte.
- Auf **S. 121** oben: **Christus am Kreuz**. Er verbindet die christlichen Kirchen miteinander.
- Ein **Taufbecken** findet sich in beiden Kirchen, die Taufe wird gegenseitig anerkannt.
- Das Bild von **Papst Johannes Paul II.** steht für die weltkirchliche Dimension der katholischen Kirche, die durch das Kirchenoberhaupt versinnbildlicht wird; es kann auch im Hinblick auf die hierarchische Struktur und das unterschiedliche Amtsverständnis in der katholischen Kirche gedeutet werden. Die evangelische Kirche erkennt das Papstamt nicht an, sondern sieht den Papst nur in seinem Amt als Bischof von Rom.

Das **Apostolische Glaubensbekenntnis (S. 121)** geht auf die Überlieferung durch die Apostel zurück. Es wurde im 2. Jh. formuliert, blieb mit einigen Ergänzungen und stilistischen Änderungen bestehen. Seit 1971 verbindet es die katholische, die altkatholische und die evangelische Kirche durch einen gemeinsamen Text. Allerdings verwenden evangelische Gemeinden die deutsche Übersetzung des Wortes »katholisch« – »allgemein«. Schließlich steht ein Gebet dafür, dass die Verwirklichung der Einheit der Kirchen noch aussteht. Es kann Sch anregen, eigene Gebete für die Einheit aller Christen zu formulieren.

Mit der Seite **»Ich habe einen Traum« (S. 122)** kann die Einheit abgeschlossen werden.

Der einleitende Text bezieht sich auf die **»Gemeinsame Erklärung«**, die vom Lutherischen Weltbund (LWB) und Vertretern der Römisch-Katholischen Kirche am Reformationstag des Jahres 1999 in Augsburg abgegeben wurde. Das Datum und auch der Ort waren nicht zufällig gewählt. Der 31. Oktober gilt in der historischen Überlieferung als das Datum, an dem Martin Luther seine 95 Thesen an die Tür der Schlosskirche zu Wittenberg genagelt hat. Damit löste er eine Welle der Kirchenkritik aus, die dann in die Reformationsbewegung mündete.

1530 verfassten evangelische Theologen eine Erklärung, eigentlich ein versöhnlich abgefasstes Bekenntnis, das unter dem Namen Confessio Augustana in die Geschichte einging. Dieses Bekenntnis wurde auf dem Reichstag in Augsburg 1530 verlesen; da es die katholischen Reichsstände nicht annehmen, besiegelte es die Spaltung der Kirche in Deutschland.

Theologisch betrachtet galt die Rechtfertigungslehre Luthers jahrhundertelang als ein unüberwindlicher Hinderungsgrund für die Einheit. Nach dieser Lehre wird jeder Mensch allein durch die Gnade Gottes *(sola dei gratia)* erlöst und befreit, er kann diese Befreiung nur gläubig annehmen *(sola fide)*, aber sich nicht selbst erlösen.

Die »Gemeinsame Erklärung« beendet den Streit um die Rechtfertigungslehre und zeigt auf, dass hier kein Widerspruch besteht und dass die jeweiligen theologischen Positionen des 16. Jhs. keine Gültigkeit mehr haben.

Diese Erklärung kann daher als Meilenstein auf dem Weg des Dialoges der christlichen Kirchen angesehen werden, der mit ersten Gesprächen in den Sechzigerjahren des vorigen Jahrhunderts grundgelegt worden war. Allerdings ist damit die Einheit noch nicht erreicht, wie Erklärungen des Vatikans aus der Zeit nach der »Gemeinsamen Erklärung« deutlich machen.

Beide **Texte** auf **S. 122** führen die Grundstruktur der Einheit zum Abschluss. Der **Auszug** aus der »**Gemeinsamen Erklärung**« betont die Übereinstimmungen zwischen evangelischen und katholischen Christen und erinnert an ihre Grundlagen und den gemeinsamen Glauben. Er ruft noch einmal den biblisch begründeten Auftrag zur Einheit aller Christen in Erinnerung und fordert dazu auf, die Gemeinsamkeiten und nicht die Unterschiede zu betonen.

Im **zweiten Text**, der ansprechend und auffordernd für Sch in ein Kirchengebäude geschrieben ist, hat der Autor seinen persönlichen **Traum von Kirche** geschrieben. Er soll den Sch als Anlass dienen, selbst ihren eigenen Traum von Kirche zu formulieren, nachdem sie sich zuvor mit den Möglichkeiten, Strukturen und Schwächen der historischen und der heutigen Kirche auseinandergesetzt haben.

Unterrichtsbausteine

- Zusammenarbeit mit dem Geschichtsunterricht: Ursachen und Verlauf der Reformation.
- Sch untersuchen die Konfessionsverteilung in der Klasse/Schule/Stadt/Bundesland und erarbeiten eine statistische Darstellung.
- Sch untersuchen die Zeit der Reformation in der Heimatgemeinde/-region.
- Sch besuchen eine katholische und eine evangelische Kirche und führen, wenn möglich, ein Gespräch mit dem/der dortigen Pfarrer/Pfarrerin und finden Unterschiede und Gemeinsamkeiten.
- Sch veranstalten eine Podiumsdiskussion »evangelisch-katholisch – Gemeinsamkeiten und Unterschiede« (→ **Methodenkarte** »Eine Pro-und-Kontra-Diskussion führen«).
- Sch träumen den »Traum« weiter, veröffentlichen ihn (Kopien für alle, Schülerzeitung, Plakat). Wurde vorher ein Kirchengebäude besichtigt, ist es auch denkbar, den Kirchentraum dort konkret entstehen zu lassen.
- Vertiefend kann ein Besuch auf der Homepage der Deutschen Bischofskonferenz sein, auf der sich ein Überblick über alle deutschen Bistümer befindet. Dort gibt es Zugänge zu den einzelnen Seiten der Diözesen und Information zur Geschichte: www.dbk.de/katholische_kirche/deutschland/bistuemer/index.html.
Die entsprechende evangelische Seite: www.ekd.de/kirche/karte.html.

Ich bin Teil der Gemeinschaft

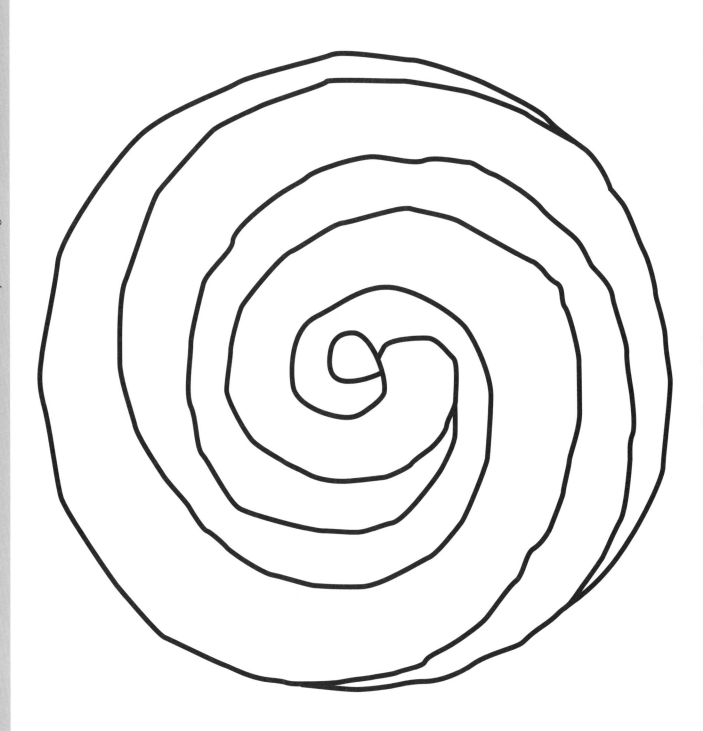

- Trage deinen eigenen Ort in der Gemeinschaft der Christen in die Skizze ein. Überlege, ob du dich z.B. in der Mitte siehst oder eher als Beobachter/in am Rand.
- Tragt zusammen, was ihr mit dem Wort »Kirche« verbindet. Überlegt, was wesentlich ist und was sich durch die Jahrhunderte verändert hat.

Weitere Bibelstellen zur Gemeinschaft der Christen

Frühchristliche Gemeinde

In diesen Tagen, als die Zahl der Jünger zunahm, begehrten die Hellenisten[1] gegen die Hebräer[2] auf, weil ihre Witwen bei der täglichen Versorgung übersehen wurden. Da riefen die Zwölf die ganze Schar der Jünger zusammen und erklärten: Es ist nicht recht, dass wir das Wort Gottes vernachlässigen und uns dem Dienst an den Tischen widmen. Brüder, wählt aus eurer Mitte sieben Männer von gutem Ruf und voll Geist und Weisheit; ihnen werden wir diese Aufgabe übertragen. Wir aber wollen beim Gebet und beim Dienst am Wort bleiben. Der Vorschlag fand den Beifall der ganzen Gemeinde, und sie wählten Stephanus, einen Mann, erfüllt vom Glauben und vom Heiligen Geist, ferner Philippus und Prochorus, Nikanor und Timon, Parmenas und Nikolaus, einen Proselyten[3] aus Antiochia. Sie ließen sie vor die Apostel hintreten, und diese beteten und legten ihnen die Hände auf. Und das Wort Gottes breitete sich aus, und die Zahl der Jünger in Jerusalem wurde immer größer; auch eine große Anzahl von Priestern nahm gehorsam den Glauben an[4].
Apostelgeschichte 6,1–7

Der eine Leib

Denn wie der Leib eine Einheit ist, doch viele Glieder hat, alle Glieder des Leibes aber, obgleich es viele sind, einen einzigen Leib bilden, so ist es auch mit Christus.

Durch den einen Geist wurden wir in der Taufe alle in einen einzigen Leib aufgenommen, Juden und Griechen, Sklaven und Freie; und alle wurden mit dem einen Geist getränkt. Auch der Leib besteht nicht nur aus dem einen Glied, sondern aus vielen Gliedern. Wenn der Fuß sagt: Ich bin keine Hand, ich gehöre nicht zum Leib!, so gehört er doch zum Leib. Wenn aber der ganze Leib nur Auge wäre, wo bliebe dann das Gehör? Wenn es nur Gehör wäre, wo bliebe dann der Geruchssinn? Nun aber hat Gott jedes einzelne Glied in den Leib eingefügt, wie es seiner Absicht entsprach. Wären alle zusammen nur ein Glied, wo bliebe dann der Leib? So aber gibt es viele Glieder und doch nur einen Leib. ...
Ihr aber seid der Leib Christi, und jeder Einzelne ist ein Glied an ihm.
So hat Gott in der Kirche die einen als Apostel eingesetzt, die anderen als Propheten, die dritten als Lehrer; ferner verlieh er die Kraft, Wunder zu tun, sodann die Gaben, Krankheiten zu heilen, zu helfen, endlich die verschiedenen Arten von Zungenrede[5]. Sind etwa alle Apostel, alle Propheten, alle Lehrer? Haben alle die Kraft, Wunder zu tun? Besitzen alle die Gabe, Krankheiten zu heilen? Reden alle in Zungen? Können alle solche Reden auslegen? Strebt aber nach den höheren Gnadengaben.
1. Korintherbrief 12,1–20.27.28–31a

- Beschreibe das Leben der frühchristlichen Gemeinde: Welche Aufgaben, Ämter, Einrichtungen gab es? Nimm dazu auch den Ausschnitt aus der Apostelgeschichte in *Treffpunkt RU 5/6*, S. 110, zu Hilfe.
- Benenne Unterschiede zwischen einer frühchristlichen Gemeinde und einer heutigen Pfarrgemeinde.
- Diskutiert untereinander, warum die frühen Christengemeinden so großen Zulauf hatten.

---

1   Christen, die nicht aus dem Judentum, sondern aus dem griechischen Kulturkreis stammen, oft auch »Heidenchristen« genannt.
2   Christen, die aus dem Judentum stammen, oft auch »Judenchristen« genannt.
3   Ein Proselyt ist ein Nichtjude, der Christ geworden ist.
4   Gemeint sind jüdische Priester.
5   Zungenrede ist ein meist unverständliches Stammeln zum Lob Gottes. Für die Übersetzung war eine besondere Begabung notwendig.

Meine Pfarrgemeinde – ein Erkundungsbogen

Funktion	Name	Wer führt das Interview?
Hauptamtliche Mitarbeiter		
Pfarrer		
Pastoralreferent/-in		
Gemeindereferent/-in		
Küster/-in		
Pfarrsekretär/-in		
Kindergärtner/-in		
Ehrenamtliche Mitarbeiter		
Lektor/-in		
Büchereimitarbeiter/-in		
Kommunionhelfer/-in		
Chormitglied		
Pfarrgemeinderatsmitglied		

Mögliche Fragen zur Person:
- Welche Aufgaben haben Sie?
- Warum haben Sie diese Aufgabe übernommen?
- Wie lange machen Sie das schon?
- ...

Fragen zur Gemeinde:
- Wir groß ist die Gemeinde?
- Welche Einrichtungen gibt es?
- Gibt es Gottesdienste für Jugendliche?
- ...

Die Eucharistiefeier

Was wir tun: **ERÖFFNUNG**   **Ablauf des Gottesdienstes:**

versammeln und sich bereiten

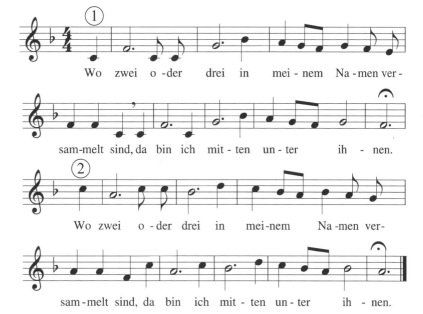

Wo zwei oder drei in meinem Namen versammelt sind, da bin ich mitten unter ihnen.

Begrüßung
Schuldbekenntnis
Kyrie
Gloria
Tagesgebet

WORTGOTTESDIENST – Gegenwart Jesu im Wort

hören
nachdenken
antworten
bitten

Lesung
Evangelium
Predigt
Glaubensbekenntnis
Fürbitten

Arbeitsblatt 8.4a

EUCHARISTIEFEIER – Gegenwart Jesu im Mahl

bereiten

danken

empfangen

Gabenbereitung
Gabengebet

Hochgebet

Vaterunser
Friedensgruß
Kommunion

ENTLASSUNG

gesandt werden

1. Wenn wir jetzt wei-ter-ge-hen, dann sind wir nicht al-lein.
Der Herr hat uns ver-spro-chen, bei uns zu sein.

Schlussgebet
Segen und
Sendung

2. Wir nehmen seine Worte
und Taten mit nach Haus,
und richten unser Leben
nach seinem aus.

3. Er hat mit seinem Leben,
gezeigt, was Liebe ist.
Bleib bei uns heut und morgen,
Herr Jesus Christ.

- Schlag im Gotteslob nach, welche Lieder zu welchem Gottesdienstabschnitt passen.
- Überlegt, welche Elemente des Gottesdienstes von euch gestaltet werden können.

Evangelisch – Katholisch: Grundrisse ausfüllen

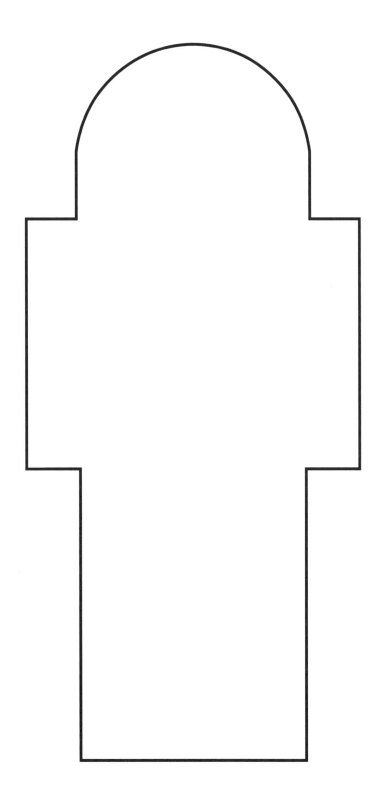

- Trage in die Skizze ein, an welchem Ort sich welcher Gegenstand befindet: Altar, Tabernakel, Taufbecken, Ambo, Kanzel, Weihwasserbecken, Ewiges Licht, Bibel, Beichtstuhl, Apostelleuchter, Orgel, Osterkerze, Kreuz, Marienaltar.
- Beschreibe den Aufbau des Kirchenraums.
- Nenne den Ort in der Kirche, der dir besonders gefällt, und erkläre, warum.

Martin Luther

Als Martin Luther 22 Jahre alt war, trat er als Mönch in das Augustinerkloster in Erfurt ein, wo er zwei Jahre später, 1507, zum Priester geweiht wurde. Während seiner Arbeit an den paulinischen Briefen reifte in ihm die Erkenntnis, dass Menschen nicht dadurch Achtung vor Gott gewinnen, dass sie besondere Leistungen vollbringen. Vielmehr ist jeder Mensch »allein aus Gnade« von Gott angenommen. Die, die daran glauben, gestalten auch ihr Leben nach den Regeln Gottes. Luther wehrte sich dagegen, dass die Menschen seiner Zeit sich von ihren Sünden mit Geld loskaufen wollten, indem sie sogenannte Ablassbriefe erwarben. Luther verfasste 95 Sätze gegen die damalige Ablassregelung, verschickte sie 1517 an andere Gelehrte und schlug möglicherweise ein Exemplar an die Tür der Wittenberger Schlosskirche an. An dieses Ereignis erinnert jedes Jahr der Reformationstag am 31. Oktober.

Wegen dieser Veröffentlichung gab es im gesamten Deutschland viele Auseinandersetzungen und 1521 wurde sogar der Bann über Luther gesprochen, d.h. er durfte nicht mehr öffentlich predigen. In der folgenden Zeit lebte er auf der Wartburg in Eisenach und übersetzte dort das Neue Testament in die deutsche Sprache.

Im Jahr 1525 heiratete Martin Luther Katharina von Bora, mit der er fünf Kinder hatte.

Mit der Zeit gab es immer mehr Landesfürsten, die die Auffassung Luthers vertraten und sich 1531 zu einem Bund zusammenschlossen.

Martin Luther starb am 18. Februar 1546 in Eisleben.

Erst neun Jahre später wurde in Augsburg der Religionsfrieden geschlossen. Katholische und evangelische Länder durften gleichberechtigt bestehen. Die jeweilige Landesreligion wurde vom Landesfürsten bestimmt.

.... Hier knicken ....

Kreuze die sieben richtigen Aussagen an!

❏ 1. Martin Luther war 22 Jahre alt, als er in das Augustinerkloster in Erfurt eintrat.

❏ 2. Zwei Jahre später wurde er zum Priester geweiht.

❏ 3. Er arbeitete an den paulinischen Briefen.

❏ 4. Nur die Menschen, die etwas Besonderes leisten, sind von Gott angenommen.

❏ 5. Die Menschen zu Luthers Zeit konnten sich mit Ablassbriefen von ihren Sünden freikaufen.

❏ 6. Luther wehrte sich gegen die Ablassbriefe.

❏ 7. Er verfasste 95 Sätze dagegen.

❏ 8. Am 31. Oktober, dem heutigen Reformationstag, veröffentlichte Luther seine Sätze.

❏ 9. Wegen dieser Sätze wurde Martin Luther in Bonn geehrt.

❏ 10. Auf der Wartburg in Eisenach übersetzte Martin Luther das Alte Testament.

❏ 11. Im Jahr 1525 ließ sich Martin Luther von Katharina von Bora scheiden.

❏ 12. Immer mehr Landesfürsten wehrten sich gegen die Auffassung Luthers.

❏ 13. Martin Luther starb am 18. Februar 1546 in Eisleben.

❏ 14. In Augsburg wurde 1555 beschlossen, dass jeder Mensch evangelisch sein sollte.

9 Der Islam.
Eine Weltreligion bei uns

Kompetenzen erwerben

Die Schülerinnen und Schüler ...
... entfalten Elemente des islamischen Glaubenslebens;
... erklären die Bedeutung der Moschee für die Muslime;
... erläutern den Gebrauch des Korans;
... zeigen die Bedeutung Muhammads für die Muslime auf (Prophet, Überbringer des Islams, Religionsstifter);
... stellen die fünf Säulen des Islams dar.

Didaktischer Leitfaden
Das Kapitel gibt einen Überblick über die Entstehung und religiösen Grundsätze des Islams. Die Kapitelüberschrift bringt zum Ausdruck, dass der Schwerpunkt auf der Erscheinungsform des Islams in der Bundesrepublik Deutschland liegt. So zieht sich die Geschichte der Schülerin Ajda (6. Klasse) als roter Faden durch das Kapitel. Der Sachinformation werden in jedem Abschnitt Szenen aus dem Leben Ajdas gegenübergestellt, aus denen die Sch die Bedeutung des Inhalts erarbeiten können.
Das Kapitel setzt nach einer Auftaktseite mit einem Überblick über den Islam (**9.1., S. 125**) ein. In einem zweiten Teil wird die Geschichte Muhammads (deutlich gesprochenes h und Betonung auf der zweiten Silbe) als Begründer des Islams vorgestellt (**9.2., S. 126–127**). Es folgt Sachinformation zum Koran und zu den »Fünf Säulen« des Islams (**9.3., S. 130–135**). Abschließend geht **9.4. (S. 136–137)** auf das Leben der Muslime in Deutschland ein. Ein Ausblick auf den christlich-islamischen Dialog (**9.5., S. 138**) rundet die Einheit ab.
Nach dem Christentum ist der Islam mit mehr als drei Millionen Anhängern die zweitgrößte Religionsgemeinschaft in Deutschland. Die ersten MuslimInnen kamen in den Sechzigerjahren als Arbeitsmigranten nach Deutschland. Auf Integration wurde anfangs kein großer Wert gelegt. Mittlerweile leben MuslimInnen in der

dritten oder vierten Generation in Deutschland. Sie fühlen sich als Deutsche muslimischen Glaubens, die ihren Glauben nicht versteckt in Hinterhofmoscheen praktizieren wollen. Zurzeit befinden sich daher in Deutschland ca. 150 Moscheen im Bau; die spektakulärsten davon in Köln und in Duisburg-Marxloh. Am Beispiel der Moscheearchitektur lässt sich die Zerrissenheit der hier lebenden Muslime ablesen: einerseits die Orientierung an traditioneller Moscheebauweise (Duisburg), auf der anderen Seite moderne europäische Architektur (Köln).
Gelegentlich gibt es Proteste gegen Moscheebauten, die häufig auch von Unkenntnis über die islamische Religion herrühren. Die Bedeutung dieses Themas im RU liegt daher auch im Abbau von Vorurteilen gegenüber Andersgläubigen, auch in der alltäglichen Begegnung zwischen Christen und Muslimen.

Mögliche Verbindungen

– zu Kapitel 3 »Geschichten zum Leben. Die Bibel – ein Schatz von Glaubensgeschichten«
– zu Kapitel 5 »Menschen beten zu Gott. Bitten, danken und loben mit allen Sinnen«
– zu Kapitel 6 »Aus einer Wurzel. Juden und Christen«

9.0. Eröffnungsseite — S. 123

Hintergrund

Die Auftaktseite des Kapitels zeigt ein **Foto der »Blauen Moschee«** (Sultan Ahmet-Moschee) in Istanbul.
Sie wurde im Jahr 1609 von Sultan Ahmet in Auftrag gegeben mit der Zielsetzung, die unmittelbar benachbarte Hagia Sophia, eine ehemals christliche Kirche (heute ein Museum) aus byzantinischer Zeit, an Größe und Schönheit zu übertreffen. Baumeister der Moschee, an der bis 1611 gearbeitet wurde, war Mehmet Agca, ein Schüler des berühmten Baumeisters Sinan (1491–1588). Die Sultan Ahmet-Moschee ist heute die Hauptmoschee der Türkei. Sie hat als einzige Moschee weltweit sechs Minarette (nicht auf dem Foto). Der Hauptmoschee des Islams in Mekka wurde nach der Fertigstellung der Blauen Moschee eigens ein siebtes Minarett hinzugefügt, um ihren Vorrang zu betonen. Die Kuppel der Moschee hat eine Höhe von 43 Metern und einen Durchmesser von 23,5 Metern. Die Blaue Moschee gilt als Idealtyp einer Moschee und hat viele Nachahmer gefunden.
Ihren Namen »Blaue Moschee« hat sie von den vorwiegend in grünen und blauen Farbtönen bemalten Fayencen, mit denen der Innenraum geschmückt ist. Papst Benedikt XVI. besuchte die Blaue Moschee am 30. November 2006. Gemeinsam mit den muslimischen Geistlichen mahnte er zum Frieden der Völker, zum Respekt und zur Toleranz der Religionen.
Die Moschee ist das Gebetshaus der Muslime. Ihre äußere Erscheinung wirkt auf Sch möglicherweise fremd, aber auch exotisch. Das Foto lässt das Alter der Blauen Moschee erkennen ebenso wie ihren architektonischen Aufbau, der mit Säulen und Kapitellen an die Baukunst der Römer erinnert. Das Bild lädt zum neugierigen Weiterfragen ein, z.B. nach Geschichte, Architektur und den religiösen Vorstellungen. Einzelne Elemente, wie der Innenhof und das zur rituellen Reinigung dienende Brunnenhaus, können in einem weiteren Schritt erarbeitet werden (**AB 9.1**).

Zwar gilt die Blaue Moschee als Idealtyp, an der sich die traditionelle Moscheebauweise orientiert, doch lässt sich kein einheitlicher »Moscheebaustil« feststellen. Die Ausprägung ist in erster Linie abhängig von den zur Verfügung stehenden Materialien; sie reicht von den Lehmbauten Westafrikas bis hin zu moderner Stahlbetonarchitektur.
Grundsätzlich wird zwischen der Freitagsmoschee als dem Versammlungshaus aller Gläubigen in einem Stadtviertel und dem Gebetshaus, das dem privaten Gebet der Gläubigen dient, unterschieden. Gemeinsam ist allerdings allen Moscheetypen, dass sie über einen Vorhof verfügen und eine Waschgelegenheit zur rituellen Reinigung vor dem Gebet haben.
Alle Moscheen haben eine Gebetsnische (*Mihrab*), die der akustischen Verstärkung dient und die Gebetsrichtung (*Kibla*) anzeigt. Die meisten Moscheen sind mit Teppichen ausgelegt, da sie nicht mit Schuhen betreten werden dürfen. Oft haben sie eine Empore oder einen abgetrennten Bereich für die Frauen. Größere Moscheen verfügen zudem über eine Kanzel (*Minbar*). Ein Minarett, von dem aus zum Gebet gerufen wird, gehört nicht zwingend zur Moschee. Minarette wurden erst nach der Eroberung Konstantinopels errichtet, vermutlich in Nachahmung christlicher Glockentürme.

Unterrichtsbausteine

- Sch sammeln Assoziationen zum Islam und seiner Bedeutung.
- Sch besuchen eine nahe gelegene Moschee.
- Sch bauen ein Moscheemodell (Vorlage **AB 9.1**).
- Sch fertigen eine Ausstellung über (berühmte) Moscheen an (→ **Methodenkarte** »Eine Ausstellung gestalten«).

9.1. Eine große Religion   S. 124–125

Hintergrund

Heute gehören ca. 1,5 Milliarden Menschen dem Islam an (zum Vergleich: 1,13 Milliarden Katholiken, 2,2 Milliarden Christen insgesamt). Verbreitung findet der Islam neben seinen Kernländern vor allem in Indonesien und in vielen Teilen Asiens. In Saudi-Arabien, Pakistan und im Iran ist der Islam Staatsreligion, religiöse Vorschriften sind auch staatliche Gesetze, zwischen Religion und Staat wird in juristischer Sicht nicht unterschieden.

Der Begriff »Islam« findet sich bereits im Koran, der heiligen Schrift der Muslime. Es bedeutet Ergebung in den Willen Gottes. Das arabische Wort für Gott ist *Allah* (mit Betonung auf der letzten Silbe). Es handelt sich dabei nicht um einen Eigennamen. Auch Christen in arabischsprachigen Ländern nennen Gott *Allah*.

Die Anhänger des Islams bezeichnen sich selbst als Muslime (weibliche Form: Muslimin). Die Bezeichnung »Mohammedaner« ist irreführend und wird von Muslimen als Beleidigung aufgefasst. Im Mittelpunkt des Islams steht der Koran als das geoffenbarte Wort Gottes, Muhammad ist als der letzte der Propheten lediglich sein Überbringer. Grundlegend für den Islam ist, dass es nur einen Gott gibt. Gott ist nach islamischer Vorstellung der Schöpfer und Erhalter aller Dinge. Der Islam betont die Würde jedes einzelnen Menschen und seine sittliche Verantwortung; beim Jüngsten Gericht entscheidet Gott darüber, ob ein Mensch ins Paradies oder in die Hölle kommt.

Neben dem Koran sind die Prophetentraditionen (*Hadithe*) von Bedeutung. Die Sammlung der Hadithe, die man nach sechs Gruppen ordnen kann, wird als *Sunna* bezeichnet. Ihre Anhänger nennen sich Sunniten. Die Zusammenstellung aller Regeln und Gesetze bezeichnet man als *Scharia*. Speisevorschriften, wie das Verbot von Schweinefleisch und Alkohol, treten hinzu.

Die Doppelseite bietet zum einen Grundinformation über die Ausbreitung des Islams heute sowie eine Karte (**S. 125**), die die Verbreitung des Islams weltweit anzeigt. Ergänzend kann Information darüber gegeben werden, wie die islamische Religion nach Europa und nach Deutschland gekommen ist.

Der **Text** (**S. 124**) führt in die Lebenswelt von Ajda ein. Ajda ist ein zwölfjähriges muslimisches Mädchen, dessen Eltern aus der Türkei stammen. Ihrem Vater gehört ein kleiner Lebensmittelladen (**Foto S. 124**), wie er auch in ähnlicher Weise vielen Sch bekannt sein dürfte.

Im Verlauf des Kapitels wird die Begegnung Ajdas mit ihren Mitschülern geschildert. Ein **Foto von Ajda und ihrem Mitschüler Jan** dient dazu, dass sich die etwa gleichaltrigen Sch besser in die Geschichte einfinden können (**S. 124**).

Im Verlauf des Gesprächs zwischen Ajda und Jan werden viele Bereiche des türkisch-deutschen Zusammenlebens angesprochen. So ist es selbstverständlich, dass Ajda im Familienbetrieb hilft. Unterschiedliche Speisegewohnheiten und -vorschriften kommen ebenso zur Sprache wie die Probleme Ajdas, Anschluss an ihre KlassenkameradInnen zu finden. Der Dialog soll die Sch motivieren, ebenso wie Jan nach Unterschieden und Gemeinsamkeiten zwischen Christentum und Islam zu fragen.

Unterrichtsbausteine

- Sch erarbeiten den Migrationshintergrund der Muslime in Deutschland (Zusammenarbeit mit dem Fach Geschichte möglich).
- Sch befragen muslimische MitschülerInnen/Nachbarn. Sie erarbeiten dazu einen Fragenkatalog (→ **Methodenkarte** »Ein Interview führen«).
- Sch besuchen ein Zentrum für Muslime.

9.2. Muhammad – »Das Siegel der Propheten«   S. 126–127

Hintergrund

Muhammad gilt im Islam als der letzte in der Reihe der Propheten. Gott hatte immer wieder Propheten zu den verschiedenen Völkern gesandt; so gelten auch Adam, Noach, Abraham, Mose, David und Jesus im Islam als Propheten.

Nach islamischer Vorstellung ist aber das an Muhammad geoffenbarte Wort Gottes die wahre Offenbarung. Die Juden und Christen gelten als Schriftbesitzer, was bedeutet, dass sie in besonderer Weise von Gott berichtet haben, die direkte Offenbarung aber an Muhammad erging. Muhammad konnte demnach den Glauben Abrahams, der bereits als Muslim gilt, wiederherstellen.

Es wird überliefert, dass Muhammad um das Jahr 610 von Gott durch den Engel Gabriel zum Propheten, zum Gesandten Gottes, berufen wurde. Der Engel offenbarte ihm die Worte Gottes, die der im Lesen und Schreiben unkundige Muhammad von seinen Freunden aufschreiben ließ. Diese Worte wurden noch zu seinen Lebzeiten im Koran zusammengefasst (eine endgültige Fassung gab es um 656).

Durch seine Mitbürger in Mekka bedroht, wanderten Muhammad, seine Familie und seine Anhänger im Jahr 622 von Mekka nach Medina aus (*Hidschra*). Mit dieser Auswanderung beginnt die islamische Zeitrechnung. Muhammad gelang es ab diesem Zeitpunkt, die arabische Halbinsel zu erobern und die Stämme zu befrieden. Bewusst grenzte er sich von Christen und Juden ab, die sich weigern, ihn als Propheten anzuerkennen. Er machte den Freitag zum besonderen Gebetstag, änderte die Gebetsrichtung (*Kibla*) von Jerusalem nach Mekka und führte den Fastenmonat Ramadan ein. Für die MuslimInnen ist Muhammad ein Vorbild; sein Verhalten, das in einem *Hadith* überliefert ist, ist maßgebend. Muhammad lehnte zu seinen Lebzeiten eine Verehrung ab; ein Begriff wie Gottessohn ist ihm unbekannt. Daher ist er zwar der Stifter des Islams, wird aber als Prophet bezeichnet.

Die Ausbreitung des Islams begann bereits zur Zeit Muhammads. Bei seinem Tod im Jahr 632 hatte er alle Stämme auf der arabischen Halbinsel vereint. In den Folgejahren breitete sich der Islam über die Länder des Nahen Ostens aus, schließlich bis zum Indus und in Nordafrika bis zum Atlantik. Zur Begegnung mit dem Christentum kam es nach der Eroberung Spaniens (ab 711) und 1453 bei der Eroberung Konstantinopels; 1529 und 1683 gelangten osmanische Truppen bis vor Wien und lösten in Europa eine Panik aus.

Die Ausbreitung des Islams kann jedoch nicht mit dem *Dschihad* (Pflicht zum Glaubenseifer) gleichgesetzt werden. Juden und Christen in den eroberten Gebieten wurden als »Schriftbesitzer« gegen Zahlung einer Sondersteuer geduldet.

Der **Text** (S. 126–127) bietet Sachinformation zum Leben Muhammads und der Ausbreitung des Islams bis zu seinem Tod im Jahre 632. Seine religiöse Entwicklung wird ebenso geschildert wie die Bedeutung Muhammads für heutige Muslime. Sch können mithilfe des Textes selbst zentrale Information zum Leben und zur Bedeutung Muhammads erarbeiten.

Die **Kalligrafie** (s.a. Hintergrundinformation zu 9.3.) zeigt die Bedeutung Muhammads neben den ebenfalls als Propheten geltenden Mose, David und Jesus.

Die **Miniatur** (S. 127) (weitere Information in: *Treffpunkt RU, 36 Farbfolien,* Folie 9) stammt aus dem 17. Jh., sie befindet sich heute im Topkapi Museum in Istanbul. Hier wird das Bilderverbot so interpretiert, dass das Gesicht Muhammads nicht zu sehen ist. Auch die übrigen Personen sind typisiert dargestellt. Die Besonderheit Muhammads wird betont durch die koronaartige Umrahmung seines Kopfes sowie seine Stellung im Bild. Die Farbgebung unterstreicht dies. Neben erdigen, rötlichen Farben ist Muhammad in die Farbe des Islams – Grün – gekleidet. Es hat den Anschein, als würden alle Personen zu ihm hinströmen. Möglicherweise handelt es sich um eine Anspielung darauf, dass Muhammad auf dem Höhepunkt seiner Macht andere Herrscher dazu aufgefordert hat, zum Islam überzutreten.

Für die Bearbeitung im RU spielt die Suche nach dem historischen Anlass der Darstellung keine Rolle. Hervorgehoben werden sollte hier die Bedeutung Muhammads sowie die Weltoffenheit des Islams.

Unterrichtsbausteine

- Sch lassen die Personen auf dem Bild S. 127 miteinander ins Gespräch kommen (Sprechblasen), dabei können Sch sowohl eine Rede Muhammads als auch Fragen der Gesandten formulieren (→ **Methodenkarte** »Ein Rollenspiel durchführen«).
- Sch stellen Lebensstationen Muhammads als Plakat dar (→ **Methodenkarte** »Ein Plakat gestalten«).
- Sch führen Interviews mit Muslimen zur Bedeutung Muhammads (→ **Methodenkarte** »Ein Interview führen«).

9.3. Religiöses Leben im Islam S. 128–135

Hintergrund

Nach muslimischer Überzeugung wurde der Koran dem Propheten Muhammad vom Engel Gabriel diktiert (Verbalinspiration). Dabei waren andere Personen anwesend, die den Text ebenfalls aufnahmen. Nach der Flucht Muhammads nach Medina notierte Zaid ibn Thabit das Gehörte. Noch zu Lebzeiten Muhammads wurden erste Zusammenstellungen angefertigt. Nach dem Tod Muhammads fertigte Zaid ibn Thabit die erste Gesamtfassung an. Auf diesem Ur-Koran basieren alle späteren Fassungen. Streitigkeiten um die richtige Lesart machten jedoch bald eine erneute Redaktion erforderlich, die insbesondere orthografische Korrekturen vornahm, die Reihenfolge der Suren festlegte und entschied, welche Texte tatsächlich zum Koran gehören sollten und welche nicht. Diese redaktionelle Arbeit war zwanzig Jahre nach dem Tod Muhammads abgeschlossen (656).

Der Koran besteht aus 116 Suren, die nach ihrer Länge (kürzer werdend) geordnet sind. Sie sind unterteilt in Verse (*Aya*). Der Koran ist für Muslime das Wort Gottes in arabischer Sprache, daher stellt jede Übersetzung eine Verfälschung dar. Jeder Muslim sollte daher die Grundzüge des Arabischen beherrschen. Kinder besuchen dazu die Koranschule. Das Auswendiglernen des Korans oder von Teilen des Korans ist üblich, es gilt als Aufnehmen des Gotteswortes. Ähnlich verhält es sich mit dem Abschreiben, darin liegt vermutlich der Ursprung der Kalligrafie (neben dem Bilderverbot).

Die Wertschätzung, die Muslime dem Koran entgegenbringen, zeigt sich im Umgang mit ihm. Vor dem Rezitieren aus dem Koran ist die rituelle Reinigung vorgeschrieben, ebenso soll der Koran nicht auf dem Boden liegen (Koranständer) oder von anderen Gegenständen bedeckt werden.

Der erzählende Text »**Der Koran – das ehrwürdige Buch der Muslime**« (S. 128) setzt die Geschichte von Ajda fort. Die Sch können mithilfe des Textes wesentliche Information über den Koran und über die Bedeutung des Korans im Leben der Muslime erarbeiten. Da er in arabischer Sprache verfasst ist, muss Ajda zusätzlich zur Schule die Koranschule besuchen.

Die **Auszüge** (S. 129, grün unterlegt) aus der 61. Sure (Freitagsgebet) und aus der 5. Sure (Speisevorschriften, Bilderverbot) des Korans und deren Erläuterung lassen Sch die unmittelbare Bedeutung der Worte des Korans für das Leben der Muslime erkennen.

Die abgebildeten Kalligrafien unterstreichen die Bedeutung des Bilderverbots.

Die **Fotos** der Doppelseite illustrieren den Umgang mit dem Koran. Häufig finden sich kunstvoll gestaltete, kalligrafisch verzierte, kostbare Ausgaben in den Familien. Bei einem Vergleich mit Bibelausgaben sollten gleichwertige Ausgaben hinzugezogen werden, um bei den Sch keinen falschen Eindruck zu wecken. Der sorgfältige Umgang mit dem Koran (vor dem Lesen Hände waschen, stets obenauf und nie auf den Boden legen) kann zum Nachdenken über den Umgang mit Büchern und auch mit der Bibel anregen.

S. 129 zeigt einen **Imam** beim Lesen des Korans.

Die Fünf Säulen des Islams

Die Zugehörigkeit zum Islam zeigt sich im richtigen Handeln des gläubigen Muslims. Dazu zählt in erster Linie das Befolgen der Fünf Säulen: Glaubensbekenntnis (*Schahâda*), Gebet (*Salat*), das Fasten (*Sawm*), die Pflichtabgabe (*Zakat*) und die Wallfahrt nach Mekka (*Hadsch*).

Maßgeblich für alle Muslime ist das Glaubensbekenntnis (»Es gibt keinen Gott außer Gott und Muhammad ist sein Prophet«). Durch das gläubige und freiwillige Aussprechen des Glaubensbekenntnisses wird man zum Muslim. Das Glaubensbekenntnis betont die Einheit und Einzigkeit Gottes und die Prophetenschaft Muhammads. Nach der Geburt spricht der Vater dem Neugeborenen bereits die Formel des Glaubensbekenntnisses ins Ohr. Gläubige Muslime beten die *Schahâda* täglich.

Auch das tägliche Gebet (*Salat*) ist konstitutiv für die Zugehörigkeit zum Islam; es wird fünfmal täglich gebetet, beginnend mit dem Mittagsgebet, Nachmittagsgebet, Abendgebet, Nachtgebet, schließlich dem Gebet vor dem Sonnenaufgang.

In arabischen Ländern ruft ein Muezzin vom Minarett der Moschee oder über einen Lautsprecher zum Gebet. Der Gebetsruf ertönt pünktlich zum Beginn der Gebetszeit: »Gott ist größer. Ich bezeuge, es gibt keinen Gott außer Gott. Ich bezeuge, Muhammad ist der Gesandte Gottes. Auf zum Gebet. Auf zum Wohlergehen!«, wobei die Sätze jeweils wiederholt werden. Auch das Gebet wird durch rituelle Waschung vorbereitet. Hier liegt ein Ursprung der muslimischen Badekultur. In den Moscheen findet sich immer eine Anlage zur Reinigung, in der Nähe häufig ein Badehaus (*Hamam*) (**AB 9.2**).

Das Gemeinschaftsgebet findet am Freitag in der Moschee statt (**Foto S. 130**). Alle muslimischen Männer sind zur Teilnahme verpflichtet. Dabei nehmen die Muslime verschiedene Gebetshaltungen ein (**AB 9.4**) und richten sich nach Mekka aus. In jeder Moschee gibt es einen Vorbeter, den Imam (türk. *Hodja*, *Hodscha* – Vorbeter, Vorsteher der Moscheegemeinde), der vom Minbar (**S. 131**) aus während der Gebetszeit eine Ansprache hält. Doch ist der Freitag nicht mit dem jüdischen Sabbat oder dem christlichen Sonntag zu vergleichen. Er ist nicht im eigentlichen Sinne ein Ruhetag, so ist es durchaus möglich, nach dem Freitagsgebet weiterzuarbeiten.

Das Fasten (*Sawm*) während des Monats Ramadan (9. Monat des islamischen Mondjahres) hat bei Muslimen einen hohen Stellenwert. Es dient der Sündenvergebung, soll Empathie mit allen Notleidenden erzeugen und stärkt das Zusammengehörigkeitsgefühl aller Muslime weltweit, die zur gleichen Zeit fasten. Es wird von Sonnenauf- bis Sonnenuntergang gefastet, zum abendlichen Fastenbrechen (*Iftar*) werden Verwandte, Nachbarn und Freunde eingeladen. Während des Ramadans wird jeden Tag aus dem Koran vorgelesen, sodass am Ende der gesamte Koran rezitiert wurde. Der Ramadan schließt mit dem Fest des Fastenbrechens Id al-Fitr (türk. *Bairam*, Zuckerfest – **AB 9.2**).

Jeder Muslim ist zu einer Art Sozialsteuer (*Zakat*) verpflichtet. Er soll von seinem Überfluss bedürftigen Verwandten oder Nachbarn abgeben. Es handelt sich um eine Pflichtabgabe, auf die die Armen Anspruch haben. Innerhalb der muslimischen Gemeinschaft (*Umma*) soll so Solidarität bewahrt werden.

Die Pilgerfahrt nach Mekka, dem Geburtsort Muhammads, sollte jeder Muslim, der dazu in der Lage ist (gesundheitlich und finanziell) einmal im Leben unternehmen. Zeitraum dafür ist der letzte Monat des Jahres.

PilgerInnen legen zu Beginn der Pilgerfahrt weiße Kleidung an und dürfen sich während der gesamten Pilgerfahrt weder rasieren noch die Haare oder Fingernägel schneiden. Sind sie in Mekka angekommen, folgt der weitere Verlauf der Pilgerfahrt einem genau festgelegten Ritual. Am ersten Tag wird die Kaaba sieben Mal umrundet (**Foto S. 133**). Die Kaaba ist ein würfelförmiges, aber nicht rechtwinkliges Gebäude, das von einem schwarzen Brokatvorhang (*Kiswa*) verhüllt ist. Sie beinhaltet nichts. Nach muslimischer Vorstellung wurde sie von Abraham an der Stelle, an der das Haus Adams gestanden hat, errichtet, nachdem er seinen Sohn Ismael opfern wollte und Gott diesen verschont hatte.

In einer Ecke der Kaaba ist in Brusthöhe ein schwarzer Meteorit eingemauert, den jeder Muslim berühren möchte. Diese Ecke ist auch der Startpunkt der Umrundung der Kaaba. Nach der Umrundung gehen die Pilger zum Brunnen Zamzam, der ebenso wie das anschließende Umhergehen zwischen den Hügeln Safa und Marwa an die Flucht Hagars mit ihrem Sohn Ismael erinnert, nachdem sie von Abraham verstoßen worden war.

Dieses Ritual können die Pilger individuell durchführen. Am folgenden Tag beginnt das kollektive Pilgerritual mit einem gemeinsamen Gottesdienst in der großen Moschee. Danach begeben sich die Pilger nach Mina (**AB 9.3**), um von dort aus am nächsten Morgen nach Sonnenaufgang den Berg Arafat zu erklimmen. Dieses Ereignis gilt als Höhepunkt der Wallfahrt. Es wird von dem Ruf *Labaika* (da bin ich) begleitet, jeder Pilger unterstellt sich damit dem Willen Allahs. Es erfolgt die Rückkehr von Mina nach Mudzalifa und die dortige symbolische »Steinigung des Teufels« mit sieben Steinchen. Der Folgetag schließt die Pilgerfahrt mit der rituellen Schlachtung eines Tieres ab. Bei diesem Opferfest, dem wichtigsten Fest der Muslime, wird weltweit an das Opfer Abrahams erinnert. Manche Pilger besuchen danach noch das Grab Muhammads in Medina. Viele Muslime erfahren die Pilgerfahrt als wichtiges Ereignis in ihrem Leben, das sie in ihrem Glauben bestärkt.

Unterrichtsbausteine

- Sch gestalten einen islamischen Festkalender für die Klasse.
- Sch lesen im Koran (in deutscher Übersetzung, z.B. *Der Koran für Kinder und Erwachsene übersetzt und erläutert v. Lamya Kaddor und Rabeya Müller*, München 2008).
- Sch informieren sich über Wallfahrten und heilige Orte im Christentum und in anderen Religionen.
- Sch stellen die Fünf Säulen des Islams zusammen und suchen Gemeinsamkeiten und Unterschiede zum Christentum.

9.4. Muslime in Deutschland   S. 136–137

Hintergrund

In Deutschland leben Schätzungen zufolge etwa 3,2 Millionen Muslime. Der größte Teil von ihnen stammt aus der Türkei, aber es leben auch Araber, Albaner, Iraner, Bosnier u.v.a.m. muslimischen Glaubens in der Bundesrepublik. Nicht alle von ihnen sind praktizierende Muslime und nur etwa 10–15% sind in muslimischen Organisationen, wie dem Zentralrat der Muslime in Deutschland, der Ditib (Türkisch-islamische Union der Anstalt für Religion), dem Islamrat für die Bundesrepublik Deutschland oder dem Verein der islamischen Kulturzentren (VIKZ), zusammengeschlossen. Diese Vereinigungen sehen es als ihre Aufgabe, Muslimen in Deutschland die Ausübung ihrer Religion zu ermöglichen und zu erleichtern. Dazu gehören die Berechnung der Gebetszeiten und des islamischen Kalenders, das Aufstellen von Regeln für das Schlachten und die Errichtung islamischer Bildungseinrichtungen. Sie arbeiten auch an einer Verbesserung des Koranunterrichts in den Gemeinden und an Richtlinien für die Einrichtung eines islamischen Religionsunterrichts an öffentlichen Schulen in Deutschland.

Die Arbeit dieser Vereinigungen spiegelt die Probleme wider, mit denen Muslime in Deutschland konfrontiert sind und auf die sie unterschiedliche Antworten finden. Die in *Treffpunkt RU 5/6* vorgestellte Familie von Ajda ist repräsentativ für diejenigen Muslime in Deutschland, die versuchen, den Brückenschlag zwischen Integration in eine westliche Gesellschaft und dem Festhalten an religiösen Vorschriften des Korans zu leben. Daneben gibt es eine fundamentalistische Minderheit. Ein großer Teil der in Deutschland lebenden Muslime ist allerdings säkularisiert und gehört keiner Moscheegemeinde an.

Im Laufe der Unterrichtseinheit haben die Sch die Lebensweise einer traditionellen türkisch-islamischen Familie kennengelernt. Wichtige Elemente werden in diesem Abschnitt wiederholt und vertieft. Der **Text** (**S. 136**) gibt einen Einblick in Leben und Vorstellungen einer traditionellen islamischen Familie, er kann von den Sch selbstständig erarbeitet werden. Das im Kapitel Gelernte wird wiederholt und erweitert. So wird auch die Kopftuchproblematik angesprochen. Die **Fotografien** illustrieren nochmals die Bedeutung des Korans (**S. 136** in der Familie, **S. 137** in der Koranschule).

Auf **S. 136** unten ist die **Fotografie** einer Demonstration für Rechte der türkischen Minderheit in Deutschland zu sehen. Im Vordergrund ein Vater mit seinen beiden Kindern, die Tochter trägt ein Kopftuch. Die Aufschrift auf dem Transparent »Ich bin hier geboren« verweist auf die Identitätsprobleme von Migrantenkindern und möglicherweise auch auf »Ausländerfeindlichkeit«. Es kann zum Anlass werden, über die Situation von Sch mit Migrationshintergrund nachzudenken und behutsam nachzufragen: Was bedeutet »Heimat«?, Was bedeutet »Nationalität« und »Staatsangehörigkeit«?, Wie können Sch damit umgehen?

S. 137 mit **Ajdas Lieblingsgerichten** versteht sich als Motivation für die Sch, nach der theoretischen Auseinandersetzung mit dem Islam und dem Leben der Muslime in Deutschland eine praktisch erfahrbare Annäherung zu versuchen. Dies kann im Klassenrahmen, aber auch beispielsweise im Rahmen eines Schulfestes geschehen. Die Rezepte sollen als Anregung dienen, leicht lassen sich weitere finden.

Unterrichtsbausteine

- Sch stellen Lieblingsgerichte aus islamischen Ländern zusammen (Speisevorschriften).
- Sch kochen gemeinsam Gerichte aus den Herkunftsländern muslimischer Mit-Sch (Schulfest).

- Sch fertigen eine Ausstellung über Muslime in Deutschland an (→ **Methodenkarte** »Eine Ausstellung gestalten«).
- Sch führen Interviews mit Muslimen im Bekanntenkreis (→ **Methodenkarte** »Ein Interview führen«).

Dazu legen sie zunächst fest, was sie wissen möchten, und formulieren Fragen.
- Weiterführender Link: www.wdr.de/themen/homepages/islam.jhtml

9.5. Wir glauben an den einen Gott — S. 138

Hintergrund

Abschließend bietet das Kapitel einen Ausblick auf den christlich-islamischen Dialog. Christentum und Islam sind monotheistische Religionen, die ihren Ursprung im Judentum haben. Es gibt auf den ersten Blick Gemeinsamkeiten, wie den Glauben an Gott als Schöpfer der Menschen, die von daher ihre Würde haben.
Die **Kalligrafie** zeigt die 99 schönsten Namen Allahs. Eine kurze Auswahl findet sich auch im danebenstehenden Text.
Der gemeinsame Glaube an Gott darf allerdings nicht darüber hinwegtäuschen, dass Muslime große Schwierigkeiten mit der christlichen Vorstellung vom dreieinen Gott haben; für sie ist dies eine Lästerung des einen Gottes. Es ist unvorstellbar, dass Gott einen Sohn haben könnte. Im Koran (**Sure 4**) wird diese Kritik deutlich zum Ausdruck gebracht. Der Islam betont die sittliche Verpflichtung der Menschen, die sich zwischen Gut und Böse entscheiden können und beim Jüngsten Gericht zu verantworten haben. Der Islam sieht keine Erlösungsbedürftigkeit wie der christliche Glaube und kennt daher auch keinen Erlöser.
Jesus gilt im Koran als Prophet, doch er steht in einer Reihe mit Mose, Abraham und Noach. In dieser Reihe steht auch Muhammad, doch hat er als letzter der Propheten eine Sonderstellung.

Der christlich-islamische Dialog darf die Unterschiede zwischen den Religionen nicht einebnen, wenn er sie weiter ernst nehmen möchte. Allerdings kann er beim gemeinsamen Glauben an den einen Gott, der Schöpfer und Richter ist, beginnen. Die Würde, die den Menschen im Christentum und im Islam zugedacht ist, bedeutet auch Auftrag zur Gestaltung einer menschlicheren Welt.

Unterrichtsbausteine

- Sch betrachten die Kalligrafie auf S. 138 und die Auflistung der Namen im Text.
- Sie überlegen, welche Namen auf die christliche Gottesvorstellung zutreffen, und arbeiten Gemeinsamkeiten heraus.
- Sch lesen Sure 4,172 und diskutieren, welche entscheidenden Unterschiede zwischen Christentum und Islam bestehen.
- Sch veranstalten eine Expertenrunde zum Thema in der Klasse (→ **Methodenkarte** »Eine Klassenkonferenz abhalten«).
- Sch informieren sich über Gruppen und Aktionen zum Dialog der Religionen am Wohnort.

Der Idealplan einer Moschee

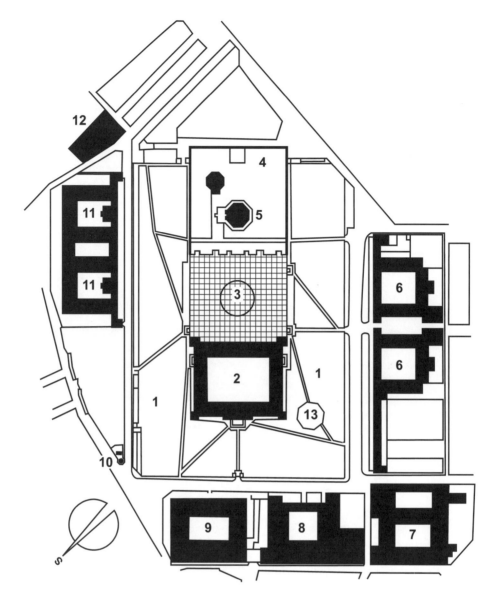

die Süleymaniye-Moschee in Istanbul (1550-1557)

1. der Moscheehain
2. der Vorhof
3. die Moschee
4. der Friedhof
5. das Grabmal (Türbe) Sultan Süleymans
6. die westlichen Akademien
7. die Karawanserei
8. die Arzneischule
9. die Armenküche
10. das Grab des Baumeisters Sinan
11. die östliche Akademie
12. die Badeanstalt (Hamam)
13. der Brunnen

- Beschreibe die abgebildete Moschee.
- Suche die einzelnen Gebäude auf dem Plan. Notiere, wozu sie gedient haben.
- Erkläre, warum die Moschee von so vielen Gebäuden umringt ist.

Muslimische Festtage kennenlernen

Mit der Hidjra (Auswanderung) des Propheten im Jahre 622 n.Chr. beginnt im Islam die Zeitrechnung. Ein Kalenderjahr im Islam ist nicht mit dem uns bekannten gregorianischen Kalenderjahr gleichzusetzen. Der muslimische Kalender richtet sich nach dem Umlauf des Mondes; die Monate haben 29 oder 30 Tage. Folglich ist ein muslimisches Jahr auch ungefähr elf Tage kürzer als das Jahr nach dem gregorianischen Kalender.

Ramadan (28 Tage, Fastenmonat)
Das wichtigste Fest, die wichtigste Festzeit, ist der Ramadan, der 9. Monat des islamischen Kalenders. Er ist der sogenannte »Fastenmonat«. Von Sonnenaufgang bis Sonnenuntergang wird nichts gegessen und getrunken. Lediglich Kranke, Alte, Schwangere und Kinder sind von dem Fastengebot befreit. Am Ende eines Tages trifft man sich zu gemeinsamem Gebet und fröhlichen Mahlzeiten.
Während des Ramadans erinnern sich die Gläubigen in besonderer Weise daran, dass Muhammad der Koran offenbart wurde.

Lailat al-Qadr (26. Tag im Ramadan, Nacht der Bestimmung)
Die Nacht erinnert an die Offenbarung der ersten fünf Verse der Koransure 97: In feierlichen Worten preist diese Sure die Herabkunft des göttlichen Wortes. Dieses Fest ist dem christlichen Weihnachtsfest vergleichbar.

Id al-Fitr (Fest des Fastenbrechens)
Mit diesem Fest, das über drei Tage gefeiert wird, schließt freudvoll der Fastenmonat Ramadan. Dank wird an Gott gerichtet, der die Einhaltung der Fastentage wieder ermöglicht und die Sünden der Gläubigen vergeben hat.
Die Freude wird durch Glückwünsche, Geschenke und Besuche ausgedrückt; da bei solchen Anlässen oft Süßigkeiten verschenkt werden, erhielt das Fest den zusätzlichen Namen »Zucker-Fest«.
Zu diesem Fest gehört auch ein besonderes Feiertagsgebet. Bedürftigen soll durch eine Gabe Gelegenheit zur Teilnahme an der Festfreude ermöglicht werden.

Id al-Adha (Opferfest)
Dieses höchste muslimische Fest dauert gewöhnlich vier Tage. Es soll die Menschen daran erinnern, dass sie auf die Barmherzigkeit Gottes angewiesen sind, dass sie sich vertrauensvoll Gott hingeben dürfen. Für die meisten Muslime wird das Fest in Erinnerung an die von Abraham erwartete Opferung seines Sohnes Ismael (!) begangen. Traditionell schlachten die Familien ein Opfertier, wobei ein Drittel des Fleisches Bedürftige erhalten, ein weiteres Drittel die Verwandtschaft; das gemeinsame Festmahl ist der eigentliche Höhepunkt. Heute werden oft an Stelle der Schlachtung andere Geschenke verteilt. Der Termin des Opferfestes ist ein bevorzugter Zeitraum für eine Pilgerreise nach Mekka.

Muharram (Neujahrsfest)
Mit dem ersten Tag des ersten Monats des islamischen Kalenders, also dem ersten Muharram, beginnt das neue Jahr. Der Tag erinnert an die »Auswanderung« Muhammads im Jahre 622 von Mekka nach Medina. Dies ist ein Tag der Geschenke, ein Tag des Almosengebens.

Aschura-Tag
Die türkischen Sunniten feiern den Tag als Erinnerung an die Rettung der Arche Noach; aus diesem Anlass wird eine besondere Süßspeise aus 40 Zutaten bereitet, die dann an Freunde verschenkt wird.

Maulid an Nabi (Geburtstag des Propheten)
Die Muslime feiern in dieser Nacht die Geburt Muhammads im Jahre 570 unserer Zeitrechnung (vielleicht am 30.8.). Während dieser Nacht finden in den Moscheen Lesungen zur Ehre des Propheten statt. Manche gläubige Menschen lehnen es aber ab, diesen Tag besonders hervorzuheben, da alle Propheten (auch z.B. Abraham und Jesus) gleich zu achten seien.

Der Hadsch – die Wallfahrt nach Mekka

Das erste Haus, das für die Menschen errichtet wurde, ist gewiss dasjenige in Mekka;
voller Segen ist es und Rechtleitung für die Weltenbewohner. In ihm sind deutliche Zeichen.
Es ist die Stätte Abrahams, und wer es betritt, ist in Sicherheit.
Und Gott hat den Menschen die Pflicht zur Wallfahrt nach dem Haus auferlegt, allen, die dazu die Möglichkeit finden.
Und wenn einer ungläubig ist, so ist Gott auf die Weltenbewohner nicht angewiesen.
Sure 3,96–97

Aus den Bedingungen eines Reiseanbieters im Internet:
- Man muss Muslim sein und muss auch die Pubertät erreicht haben, damit der Hadsch gültig wird.
- Man muss eine aufrichtige Absicht (*Niyya*) haben, damit der Hadsch vor Allah gültig wird.
- Man muss zurechnungsfähig sein, denn geistig Behinderte müssen den Hadsch nicht vollziehen.
- Die Hadschkosten müssen durch ehrlich verdientes Geld (selbst) finanziert werden.
- Es muss für den Unterhalt der Familie während des Hadsch gesorgt sein.
- Eine Frau muss in Begleitung eines Begleiters (*Mahrams*) oder einer Gruppe mit vertrauenswürdigen Frauen reisen.

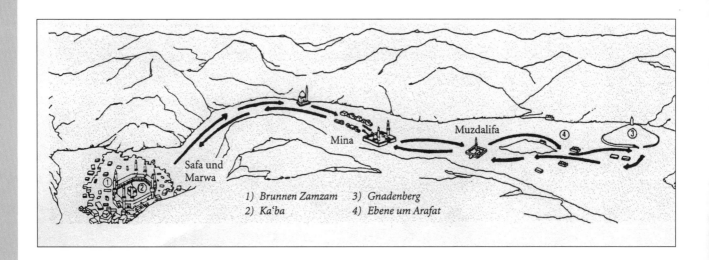

Safa und Marwa · Mina · Muzdalifa
1) Brunnen Zamzam 3) Gnadenberg
2) Ka'ba 4) Ebene um Arafat

- Gib mit eigenen Worten wieder, wie im Koran die Pflicht zur Wallfahrt begründet wird.
- Nenne die Bedingungen für die Teilnahme an der Wallfahrt und erkläre sie.
- Beschreibe die einzelnen Stationen der Wallfahrt anhand der Skizze.

Das Gebet (Salat)

Die Zeit des Gebets in der Morgendämmerung dauert so lange, bis das erste Horn der Sonne aufgegangen ist. Die Zeit des Mittagsgebets ist, wenn die Sonne die Mitte des Himmels verlässt und dauert so lange, bis die Sonne gelb geworden ist und ihr erstes Horn verschwunden ist. Die Zeit des Abendgebets ist, wenn die Sonne untergegangen ist, und dauert so lange, bis das Abendlicht verschwunden ist. Die Zeit des Nachtgebets dauert bis Mitternacht.
Nach dem Rechtsgelehrten Muslim (821–875)

Gebetshaltungen

- Zeichne die Gebetszeiten in die Uhr ein (ungefähre Zeiten).
- Beschreibe die Gebetshaltungen. Was bringen sie zum Ausdruck?
- Nenne Schwierigkeiten, auf die Gläubige bei der Ausübung des Pflichtgebets stoßen können.

Christlich-islamischer Dialog

Papst Benedikt XVI. beim Weltjugendtag am 20.08.2005 in Köln

»Gemeinsam müssen wir – Christen und Muslime – uns den zahlreichen Herausforderungen stellen, die unsere Zeit uns aufgibt. Für Apathie und Untätigkeit ist kein Platz, und noch weniger für Parteilichkeit und Sektentum.
Wir dürfen der Angst und dem Pessimismus keinen Raum geben. Wir müssen vielmehr Optimismus und Hoffnung pflegen. Der interreligiöse und interkulturelle Dialog zwischen Christen und Muslimen darf nicht auf eine Saisonentscheidung reduziert werden.
Tatsächlich ist er eine vitale Notwendigkeit, von der zum großen Teil unsere Zukunft abhängt.«
Papst Benedikt XVI.

- Erkläre, warum für den Papst der Dialog zwischen Christen und Muslimen so bedeutend ist.

Christlich-islamischer Dialog

Muslime und Christen im Gespräch – Ein SWR-Interview mit Jugendlichen

SWR: Ihr seid zwei Christen und zwei Muslime. Wie nehmt ihr eure jeweils andersgläubigen Mitmenschen wahr?

Nadima: Nicht unbedingt als sehr gläubig. Vor allem die Jugend scheint heute in allen Religionen weniger gläubig zu sein.

Linus: Aber es gibt auch Jugendliche, die ihren Glauben praktizieren. Ich gehe auf eine katholische Schule – mit Leuten, die sich aktiv in ihren Gemeinden engagieren, die sonntags in die Kirche gehen und das auch für wichtig halten.

Nadima: Sonntags in die Kirche gehen – ist das schon gläubig?

Linus: Religion hat etwas mit Werten zu tun. Wenn jemand nach diesen Werten lebt und sich auch an der Bibel orientiert, dann ist er gläubig.

SWR: Was wisst ihr denn über die jeweils anderen Werte?

Nora: Im Grunde gar nichts. Ich weiß auch nicht, wie Muslime eigentlich leben. Wir leben nach bestimmten Werten, aber nicht so streng.

Ahmet: Gläubig sein bedeutet für jeden etwas anderes. Es gibt viele, die von sich meinen, sie seien gläubig. In den Augen anderer sind sie es aber gar nicht. Jeder Muslim sollte nach den Fünf Säulen des Islams leben. Aber: Ist ein Muslim gleich ungläubig, wenn er mal eine Säule nicht einhält?

Nadima: Gerade das macht doch einen Muslim aus, dass er sich daran hält. Es ist sein Fundament. Ein Haus hat vier Wände – beim Muslim sogar fünf – und die müssen stehen, damit du in der Mitte sicher bist.

SWR: Nadima trägt seit der ersten Klasse aus freien Stücken ein Kopftuch. Findet ihr muslimische Kopftücher befremdlich?

Linus: Ich meine, dass die Medien die Sache mit den Kopftüchern hochstilisieren. Wir leben in einem freien Land, wo jeder seine Religion leben soll. Wenn jemand ein Kopftuch tragen will, weil es für seine Religion wichtig ist, dann finde ich das in Ordnung.

- Benenne die Unterschiede zwischen Christen und Muslimen, die in der Diskussion zwischen Nora, Nadima, Linus und Ahmet deutlich werden. Was verbindet sie?
- Führt die Diskussion in der Klasse weiter.

10 Im Einklang mit Gottes Schöpfung leben.
Unsere Welt wahrnehmen und bewahren

Kompetenzen erwerben

Die Schülerinnen und Schüler ...
... kennen Auszüge aus den beiden Schöpfungserzählungen;
... deuten die Schöpfungserzählungen als Glaubenszeugnisse und setzen sie in Bezug zu naturwissenschaftlichen Theorien der Weltentstehung;
... legen die Verwiesenheit der Menschen auf den Einklang mit den Naturelementen dar;
... kennen die besondere Bedeutung der Tiere im Kontext der Schöpfungsverantwortung der Menschen;
... kennen Ursachen und Beispiele für die Missachtung des Kinderarbeitsverbots und erkennen darin die Bedrohung eines Gerechtigkeitsprinzips.

Didaktischer Leitfaden
Das Kapitel beginnt mit einer Gegenüberstellung der naturwissenschaftlichen Erklärung dafür, wie Leben auf der Erde möglich ist, und dem vor ca. 2500 Jahren entstandenen Schöpfungslobgesang (**10.1., S. 140–141**). Bei der anschließenden Darstellung der Elemente Feuer, Wasser, Luft und Erde, die zunächst als notwendige Lebens-Mittel erläutert werden (**10.2., S. 142**), wird die Bedeutung der einzelnen Elemente für die Menschen anhand von Erzählungen und Mythen aus unterschiedlichen Kulturkreisen veranschaulicht (**S. 143–147**). Die besondere Rolle der Tiere als Gefährten des Menschen wird anschließend unter verschiedenen Aspekten aufgegriffen (**10.3., S. 148–149**). Zwei Beispiele für Kin-

derarbeit in Asien und Südamerika führen zur Frage der Schöpfungsverantwortung für weltweite Gerechtigkeit (**10.4., S. 150–151**). Das Kapitel wird mit Anregungen für ein Freudenfest über die Schöpfung fortgesetzt (**10.5., S. 152–153**) und endet mit einem Lied und einem Cartoon zur Schöpfung (**S. 154**).

Das Thema »Schöpfung« wird im Sinne eines Spiralcurriculums in unterschiedlichen Jahrgangsstufen der Sekundarstufe I aufgegriffen. Der hier erfolgende erste Zugang in der Orientierungsstufe zeichnet sich durch eine sinnenhafte Begegnung mit den Elementen Feuer, Wasser, Luft und Erde aus. Darüber hinaus werden naturwissenschaftliche Aspekte zu unserem Planeten im Sonnensystem und zu Naturphänomenen auf unserer Erde in Wort und Bild präsentiert und Erzählungen, Mythen und Schöpfungshymnen gegenübergestellt. Dabei geht es noch nicht um eine vertiefende Analyse der naturwissenschaftlichen Entstehungstheorien der Welt einerseits und der Schöpfungstexte und mythologischen Erzählungen andererseits. Das wird den höheren Jahrgangsstufen vorbehalten. Jedoch werden im vorliegenden Kapitel grundlegende Voraussetzungen für eine später zu vertiefende Auseinandersetzung mit den unterschiedlichen Sprechweisen und ihrem Verständnis gegeben.

In gleichem Sinne sind die punktuellen Textstellen aus dem Buch Genesis zu verstehen. Gemeinsam mit den Zitaten aus dem Neuen Testament dienen sie hier zunächst der Illustration und dem Facettenreichtum bei der Darstellung der vier Elemente. Hingegen bietet der Sonnengesang des heiligen Franziskus einen »roten Faden« des Lobpreises der Schöpfung im Kapitel. Dem Interesse der Sch entspricht der Fokus auf die besondere Rolle, die Tiere für den Menschen spielen. Hier wird sowohl in der Rede des nordamerikanischen Indianers an den von ihm erlegten Hirsch als auch im Gedicht »Humorlos« von Erich Fried deutlich, dass es bei der Beschäftigung mit dem Thema Schöpfung auch um die Verantwortung für die Bewahrung der Schöpfung geht. Eine weitere Verantwortung besteht für eine weltweite Güterverteilung zum Wohl aller Menschen. Auch hier erfolgt die Auseinandersetzung anhand des Missstandes der Kinderarbeit auf einer für Sch nachvollziehbaren Ebene sowie genderorientiert und bietet Anknüpfungsmöglichkeiten in den höheren Jahrgängen.

Mögliche Verbindungen

– zu Kapitel 2 »Das Leben feiern. Feste – Feiern – Bräuche«
– zu Kapitel 8 »Ein Traum von Gemeinschaft. Christen leben in Gemeinden«
– zu Kapitel 11 »Liebt einander, wie ich euch geliebt habe. Die befreiende Botschaft des Evangeliums«

10.0. Eröffnungsseite   S. 139

Hintergrund

Friedensreich Hundertwasser (1928–2000)
Hundertwasser, der als Friedrich Stowasser am 15.12.1928 in Wien geboren wurde, war Maler, Architekt und Designer. Ab 1949 veröffentlichte er seine Werke unter seinem Künstlernamen.

Friedensreich Hundertwasser: »Singender Vogel auf einem Baum in der Stadt«, 1951
Bildbeschreibung: Das Bild ist in Grün, Gelb und Rot gehalten. Die Tropfen, die auf dem vorliegenden Bild das Blattwerk des Baumes darstellen, gehören neben Augen, Fenstern und Spiralen zu den häufig verwendeten Symbolen von Hundertwasser. Der hier sehr stilistisch dargestellte Baum steht, wie es der Titel auch aufzeigt, in einer Stadt. Um den Baum herum und dahinter sind rote Hochhäuser angedeutet. Unter dem Baum findet sich ein Mensch, der fast im grünen Hintergrund verschwindet. Gesicht und Arme sind nicht vom Hintergrund zu unterscheiden. Die Augen, Haare und Hände treten deutlicher hervor. In der Mitte des Bildes ist der singende Vogel zu sehen.
Bilddeutung: Das Thema des Bildes spiegelt das Interesse für und die Verbundenheit mit der Natur wider, das sich auch in vielen anderen Werken Hundertwassers findet. Die hier begegnende Farbenpracht, ein weiteres Charakteristikum in den Arbeiten des Künstlers, kann mit Blick auf das Kapitel in Bezug zur faszinierenden Vielfalt der Schöpfung gesetzt werden (weitere Information zu Friedensreich Hundertwasser unter *www.hundertwasser.de*).

Unterrichtsbausteine

- Sch gestalten ihre »Lieblingsform« (einen Kreis, ein Quadrat, eine Schlangenlinie) in ihren »Lieblingsfarben«.
- Sch malen ihr »Lieblingstier« in Fantasiefarben aus.
- Sch suchen ein Motiv aus dem Bild von Friedensreich Hundertwasser (ein Blatt, ein Fenster, ein Hausdach, den Vogel) und gestalten es nach ihrer Vorstellung.
- L und Sch lassen sich anregen von Hundertwassers Projekten: *www.hundertwasser.de*
- Entwirf ein eigenes Bild zu den Elementen Feuer, Wasser, Luft oder Erde.

10.1. Raumschiff TERRA   S. 140–141

Hintergrund

Die zweite Kapitelseite zeigt ein **Foto der Erde aus dem Weltall** und **vier weitere Fotos**, die im weiteren Verlauf des Kapitels als **Symbole für die vier Elemente** Feuer (Sonne in einem gelb-orangefarbenen Himmel), Wasser (sich am Strand brechende Wellen), Luft (von der Sonne durchbrochene Wolken über einer Wasserfläche) und Erde (ein Gebirgsweg mit Gräsern, blühenden Pflanzen und Bäumen) die jeweiligen Seiten markieren. Der erste und letzte Satz der ersten Schöpfungserzählung aus dem Buch Genesis ist auf dieser Seite abgedruckt. Durch die fotografische Abbildung der Erde sowie der Symbole für die vier Grundelemente und den Textauszug aus dem Buch Genesis auf derselben Seite werden bereits hier die unterschiedlichen Sprechweisen der naturwissenschaftlichen Weltdeutung und der biblischen Schöpfungserzählung in einen Bezug zueinander gestellt.

Dieses komplementäre Vorgehen wird auf der folgenden Seite (**S. 141**) fortgesetzt. Der naturwissenschaftlichen Erläuterung zum Verständnis des Planeten Erde in unserem Sonnensystem und den physikalischen Rahmenbedingungen, die ein Leben auf der Erde ermöglichen, wird die ca. 2500 Jahre alte Vorstellung über die Entstehung der Welt als Wissenskontext zum Schöpfungslobgesang gegenübergestellt. Die Komplementarität beider Sichtweisen wird durch die grafische Verschränkung der Texte und Bilder unterstützt und in den ersten beiden AA zur Seite aufgegriffen. Die dritte AA lenkt zusammen mit dem Bibelvers Gen 1,6–8a den Blick noch einmal auf die biblische Schöpfungserzählung.

Unterrichtsbaustein

- Sch erarbeiten sich mithilfe von **AB 10.1** das altorientalische Schöpfungsverständnis.

10.2. Lebens-Mittel   S. 142–147

Hintergrund

Die nächste Seite knüpft zunächst an den naturwissenschaftlichen Zugang an und benennt mit den vier Grundelementen die »**Innenausstattung**« des Raumschiffs **TERRA**. Auf diese für den Menschen notwendigen Lebens-Mittel beziehen sich die ersten zwei AA zur Seite. Die dritte weist über das zum Leben aus naturwissenschaftlicher Sicht unbedingt Notwendige hinaus und kennzeichnet Menschlichkeit als das Leben konstituierend. Das sich möglicherweise aus diesem Impuls entwickelnde Unterrichtsgespräch kann vorbereitend für 10.4. »Wir sitzen alle in einem (Raum-)Schiff« eingesetzt werden.
Die **fotografische Abbildung des Regenbogens (S. 142)** illustriert den **Text aus dem Buch Genesis** (Gen 9,12–13), das Zeichen des neuen Bundes zwischen Gott und den Menschen. Darüber hinaus eröffnet sie nicht nur den Blick auf die Beziehung zwischen Mensch und Gott (die in den höheren Jahrgängen thematisiert wird), sondern auch als weiteren Aspekt des Mehr-als-zum-Leben-Notwendigen auf die Schönheit der Natur. So wie der Regenbogen sich in seinem Nutzen auf die »Gefälligkeit in der Betrachtung« beschränkt, finden sich zahlreiche weitere Beispiele für die »verschwenderische Pracht und Vielfalt« der Schöpfung. Im Verständnis des sinnenhaften Zugangs im vorliegenden Kapitel und als Ergänzung zu den Anregungen, die vier Elemente spürbar zu erfahren, können beispielsweise Exkursionen um den Fokus der visuellen Wahrnehmung erweitert werden (z.B. Rapsfeld in der Blüte, Getreidefeld unmittelbar vor der Ernte, ein Sonnenaufgang im Frühjahr oder Herbst u.a.m.).

Feuer
Das **Element »Feuer«** (**S. 143**) wird bildlich neben dem o.a. Symbol durch einen im Foto festgehaltenen **Vulkanausbruch** auf Island dargestellt. Des Weiteren findet sich die Darstellung eines leicht nachzubauenden Feuerbohrers (fächerverbindend mit Geschichte, Thema »Steinzeit« in Kl. 6).
In der Begegnung **Mose am brennenden Dornbusch** weist die Besonderheit des Feuers, das auf heiligem Boden brennt, ohne den Dornbusch zu verbrennen, auf die Unfassbarkeit Gottes, der in seinen Begegnungen mit dem Volk Israel in unterschiedlicher Weise machtvolle Gestalt annimmt, hin.
Die Bedeutung des Feuers für die Menschen spiegelt sich in zahlreichen **mythischen Erzählungen**, von denen hier aus der griechischen Götter- und Menschheitsgeschichte die Übergabe des Feuers an die Menschen durch Prometheus geschildert wird. Flamme, Licht und Wärme als Charakteristika des Feuers und des hier verwendeten Symbols für das Feuer, der Sonne, werden in einem kurzen Text genannt, der darüber hinaus Anregungen für Erfahrungen mit den genannten Eigenschaften des Feuers gibt.

148 IM EINKLANG MIT GOTTES SCHÖPFUNG LEBEN

Unterrichtsbaustein

- Für den Vorschlag, eine Geschichte bei Dunkelheit und Kerzenschein vorzulesen, eignet sich Geschichte »Kleiner-Weg begegnet dem roten Feuertier« **AB 10.3**. Zwar wird in der Geschichte auch die Gefahr beschrieben, die vom Feuer ausgehen kann; es überwiegt aber die Faszination, von der Kleiner-Weg ergriffen wird. Durch die Personifizierung des Feuers als rotes Feuertier in der Geschichte wird eine weitere Möglichkeit zum Verständnis mythischer Erzählweisen eröffnet.

Die Geschichte von Kleiner-Weg stammt aus dem gleichnamigen Abenteuerroman aus der Frühzeit von Arnulf Zitelmann. Der 1929 in Oberhausen geborene Autor studierte in Heidelberg und Marburg evangelische Theologie und Philosophie und war nach seinem Studium zunächst Pfarrer der evangelischen Landeskirche in verschiedenen Gemeinden in Hessen. Von 1977–1992 unterrichtete er als Religionslehrer an einem Gymnasium in Darmstadt. Heute lebt der Autor, der u.a. mit dem Großen Preis der Deutschen Akademie für Kinder- und Jugendliteratur ausgezeichnet wurde, als freier Schriftsteller in Ober-Ramstadt. Er ist verheiratet und hat vier Kinder.

Der **Sonnengesang des heiligen Franziskus (AB 10.2)** findet sich mit den jeweils entsprechenden Strophen bei allen Grundelementen. Die Verwiesenheit der Menschen auf Feuer, Wasser, Luft und Erde wird in diesem Lobpreis auf besondere Weise durch die Personifizierung und »familiäre« Zuordnung der Elemente deutlich.

Wasser

Das Wasser als Lehrer des Lebens für die Menschen begegnet in einer **Erzählung aus China (S. 144)**. Ein Weiser, der in die Betrachtung eines Flusses versunken ist, wird von seinen Schülern gefragt, was er im Wasser sehe. Daraufhin spricht der Weise dem Wasser die für den Menschen lebensleitenden Eigenschaften gütig und freigebig, gerecht, mutig, weise, verträglich, ausdauernd, zielbewusst und erneuerungsfähig zu und erläutert diese an Beispielen.

Die kurze **Strophe** zum Lobpreis des Wassers im **Sonnengesang** bezeichnet »Schwester Wasser« als demütig, köstlich und rein. Durch das Foto eines über die Ufer getretenen Gewässers und im 6. Kapitel des Buches Genesis wird die Bedrohung durch Wasser deutlich: Gott weist Noach an, sich vor der kommenden Flut in Sicherheit zu bringen.

Die verschiedenen Zusammenhänge, in denen Wasser jeweils unterschiedliche Bedeutung bei uns und in anderen Ländern der Welt hat, werden in den AA der Seite aufgegriffen. Darüber hinaus gibt es Anregungen zur ganzheitlichen Begegnung mit dem Element Wasser und einen Vorschlag zur fächerverbindenden Verknüpfung mit dem Fach Musik.

Luft

Das Element Luft begegnet zunächst als tropischer Sturmwind auf einem **Foto (S. 145)**. In der **Strophe des Sonnengesangs** wird dem Wind durch die Beeinflussung des Wetters die Verantwortung für den Lebensunterhalt aller Geschöpfe zugesprochen. Die griechische Sage von Dädalus und Ikarus vom Menschheitstraum des Fliegens beschreibt Luft als Herausforderung für die menschliche Erfindungsgabe.

Eine ganz andere Bedeutung wird durch die beiden weiteren Texte assoziiert: Das Pfingstereignis in der Apostelgeschichte und der Gebetsruf des Heiligen Augustinus stellen die Verbindung zum Heiligen Geist her, der mit mächtigem Rauschen, »wie wenn ein Sturm vom Himmel herabweht«, die Apostel erfüllte. Die sechs AA betreffen in erster Linie sinnliche Erfahrungen mit Luft und Wind.

Unterrichtsbaustein

- L leitet eine Fantasiereise durch die Luft an: **AB 10.4**.

Insbesondere mit Blick auf die Sturmgewalt des Windes bietet sich das Musikstück »Eine Alpensinfonie« (op. 64) von Richard Strauss (1864–1949) an. Die in der Zeit von 1911–1915 entstandene und 1915 uraufgeführte symphonische Dichtung beschreibt in 20 Abschnitten einen am frühen Tag beginnenden und in der Nacht endenden Auf- und Abstieg einer Bergwanderung. Für das Element Luft eignen sich die Abschnitte 16 und 17: Stille vor dem Sturm, Gewitter und Sturm – Abstieg. Das insgesamt ca. 50-minütige Werk bietet weitere Abschnitte, die Sch als Hörbeispiele für die vier Elemente anhören können: z.B. Sonnenaufgang, Eintritt in den Wald – Wanderung neben dem Bache, Am Wasserfall, Sonnenuntergang.

Unterrichtsbaustein

- Sch hören die Abschnitte, in denen Sturm und Gewitter dargestellt werden. Sie achten besonders auf die Geräusche, die der Wind verursacht. An welchen Stellen können sie ihn am deutlichsten hören?

Erde

Dem Vierten der Grundelemente ist eine Doppelseite **(S. 146–147)** gewidmet. Sie wird mit einem Vers von Hugo von Hofmannsthal über das »kluge Kind« eingeleitet. Eines der vier Fotos zeigt die Segnung mit dem Aschenkreuz. Dem Bild ist der dazu gesprochene Text »Gedenke, dass du Staub bist und zum Staub zurückkehrst ...« zugeordnet. **Zwei weitere Fotos (S. 146)** zeigen Weizenähren und dunkle reife Weintrauben und lenken den Blick – wie auch der Text der englischen Jugendbuchautorin Mary Hoffmann, der Vers aus dem Sonnengesang und die Verse aus dem Gabengebet und

LEBENS-MITTEL

dem Vaterunser – auf die Fruchtbarkeit der Erde, die Voraussetzung für das Wachstum zahlreicher Lebensmittel für Mensch und Tier ist. Korrespondierend dazu ist das Gleichnis vom Sämann aus dem Markusevangelium zu sehen. Das weitere **Gleichnis »Von der falschen und der rechten Sorge«** aus der Bergpredigt im Matthäusevangelium zeigt am Beispiel der Lilie (**S. 147**), dass zur Schöpfung auch Gewächse gehören, die keinen unmittelbar lebensnotwendigen Nutzen haben, mit ihrer zweckfreien Schönheit dennoch die Schöpfung erst zu dem machen, was sie in ihrer Gesamtheit darstellt.

Die AA für den Unterricht beziehen sich sowohl auf den gestalterischen Umgang mit Naturmaterialien als auch auf das Beobachten von Wachstumsprozessen und laden zu einer Fantasieübung sowie zu einer sinnenhaften Erfahrung unterschiedlicher Laufwege ein.

10.3. Tiere – unsere Gefährten S. 148–149

Hintergrund

Tiere sind in vielerlei Hinsicht besondere Gefährten der Menschen und spielen insbesondere für Kinder häufig eine herausragende Rolle, die sich im Wunsch nach einem Haustier äußert und bis hin zu pädagogischen und therapeutischen Konzepten reicht, die mithilfe von Tieren umgesetzt werden. Die **beiden Fotos** auf **S. 148** greifen die emotionale Faszination auf, die von Tieren ausgehen kann. Der Wolf, der sich vereinzelt in heimischen Gefilden wieder niedergelassen hat, stand in Zeiten seiner weiten Verbreitung in Europa im Ruf eines den Menschen bedrohenden Raubtiers, für das er z.T. auch heute noch gehalten wird; die Spinne, die als Baumeister eines filigran erscheinenden, aber äußerst widerstandsfähigen Netzes bewundert wird, erzeugt allein durch ihre Gestalt vielfach Abneigung oder auch Furcht.

Mit der **Legende des Wolfes von Gubbio (S. 148)** und seiner wundersamen Zähmung durch den hl. Franziskus wird die Utopie vom friedlichen Miteinander von Mensch und Tier beschrieben. In der Ursache des Bösen beim Bruder Wolf, um die Franziskus weiß, liegt gleichzeitig der Schlüssel für die Lösung: Der Wolf und die Bewohner von Gubbio machen sich gegenseitig die Nahrung streitig. Die Selbstverpflichtung der Bürger, den Wolf zu ernähren, führt schließlich zum gelingenden Miteinander.

Der Prophet Jesaja wird in seiner **Vision** vom Tierfrieden und vom friedlichen Zusammenleben von Mensch und Tier (**S. 149**) – unbesehen einer etwaigen messianischen Deutung – noch deutlicher. Die von ihm den Raubtieren Wolf, Panter, Löwe und Bär zugeordneten Beutetiere Lamm, Böcklein, Kalb und Kuh stellen gleichzeitig die notwendige Lebensgrundlage des Nomadenvolkes dar (Jes 11,6–9), und die Lösung des Nahrungskonflikts liegt in der Unterordnung der Tiere unter die Menschen: Selbst ein Knabe kann nun den Stroh fressenden Löwen hüten und (s.o.) der Säugling kann ungehindert in den Lebensbereich der Schlange eindringen.

Auch die Geburtsszene Jesu auf dem **Gemälde** von Martin Schongauer aus dem 15. Jh. spiegelt die idyllische Vorstellung des harmonischen Zusammenlebens von Mensch und Tier.

Die Achtung des Tieres, aber auch die Überlegenheit des Menschen wird in der **Ansprache des nordamerikanischen Indianers** an den von ihm erlegten Hirsch deutlich und kann als Ausgangspunkt für die Pro-und-kontra-Diskussion (AA 4, **S. 148**) dienen. Im deutlichen Gegensatz zum Töten um des eigenen Überlebens willen steht das sinnlose Töten von Fröschen aus Spaß im **Gedicht** von Erich Fried.

Auf der Doppelseite wird die mit dem Untertitel des Kapitels angemahnte Verantwortung der Menschen für die Schöpfung aufgegriffen. Mit der Fokussierung auf die Tiere wird an einen Bereich angeknüpft, zu dem viele Sch eine besondere Sympathie entwickeln und der vielfach ihre Lebenswirklichkeit prägt.

Die AA für den Unterricht bieten Sch zunächst die Möglichkeit, von ihren Erfahrungen im Umgang mit Tieren zu berichten. Dabei wird der Blick auch auf die damit verbundene Verantwortung gelenkt und gibt in zwei AA die Möglichkeit, besondere Sympathien, aber auch Ängste zu benennen.

10.4. Wir sitzen alle in einem (Raum-)Schiff S. 150–151

Hintergrund

Auch wenn sich der Missstand der Kinderarbeit nicht auf die armen Länder der Welt beschränkt, wie die von **UNICEF** zusammengestellten Daten auf **S. 151** belegen, ist der Anteil der arbeitenden Kinder auf der südlichen Welthalbkugel ungleich höher als auf der nördlichen. Inzwischen gibt es zahlreiche verantwortungsvolle Unternehmer und Eine-Welt-Initiativen, die in ihrer Angebotspalette auf Produkte, die von Kindern angefertigt worden sind, verzichten bzw. fair gehandelte Waren einführen und in Deutschland vertreiben (weiterführend vgl. z.B. *www.wortundtat.de*; *www.misereor.de/fileadmin/user_upload/pflege_service/Kinderarbeit*.

pdf). Der in der vorangegangenen Einheit bereits thematisierte Aspekt der Verantwortungsübernahme für die Schöpfung wird hier mit zwei den Sch nahen **Beispielen** fortgeführt. Der elfjährige Said muss mit seinem und dem Verdienst seiner beiden älteren Brüder zum Lebensunterhalt der Familie mit beitragen. Das geschieht durch die Anfertigung von Fußbällen, die exportiert und preiswert verkauft werden können. Die günstigen Preise für die Fußbälle resultieren aus den im Produktionsprozess anfallenden niedrigen Lohnkosten, zu denen die Beschäftigung von Kindern maßgeblich beiträgt. Der gleiche Effekt wird durch den Einsatz von Schulkindern bei der Erntearbeit in Brasilien erzielt. Die davon betroffene Joana berichtet darüber hinaus nicht nur von die Gesundheit beeinträchtigenden Pestiziden, denen die Kinder ausgesetzt sind. Ihre große Sorge gilt dem Erfolg in der Schule, um ihren Berufswunsch, Lehrerin zu werden, umsetzen zu können.

Gerd aus München und Lydia aus Duisburg zeigen Möglichkeiten auf, wie bei uns ein (bescheidener) Beitrag geleistet werden kann, indem sie auf Produkte verzichten, die unter den genannten Umständen hergestellt werden. Der beim Fußballspiel notwendige Teamgeist und das vorauszusetzende faire Spiel beschränkt sich so in Gerds Verein nicht auf das Spiel auf dem Platz, sondern sie nehmen das Geschehen in Pakistan mit in den Blick.

An der Beschreibung ihrer Lebensumstände lässt sich ablesen, dass es Lydia, ihrer Schwester und ihrer Mutter nicht leichtfällt, auf preisgünstige Angebote im Supermarkt zu verzichten. Dennoch fasst Lydia den Entschluss, nur noch Orangensaft zu kaufen, dessen Herstellung nicht durch Kinderarbeit begünstigt worden ist. Die genannten Beispiele verfolgen weder das Ziel einer möglichen individuellen Nachahmung des an den Beispielen von Lydia und Gerd aufgezeigten Verhaltens, noch wollen sie den Eindruck erwecken, dass das Problem der Kinderarbeit leicht zu lösen sei. Das verlangt vielmehr weiterreichende Maßnahmen auf anderen Ebenen. Auch die unterrichtliche Aufarbeitung der Frage nach einer weltweiten ökonomischen und ökologischen Gerechtigkeit wird in höheren Jahrgangsstufen und in weiteren Zusammenhängen fortzuführen sein. Für Sch der Orientierungsstufe geht es aber schon um die Erkenntnis, dass Zusammenhänge zwischen Wohlstand auf der einen und Armut auf der anderen Seite bestehen. Das wird in der **Überschrift »Wir sitzen alle in einem (Raum-)Schiff«** deutlich und insbesondere durch das **Foto (S. 151)** visualisiert. Die AA regen zur Vertiefung der Information über fair gehandelte Produkte an, geben aber auch weiterführende Denkanstöße für die Auseinandersetzung mit dem Thema Kinderarbeit und der Frage einer weltweiten Gerechtigkeit.

10.5. Freude über die Schöpfung: ein Fest feiern   S.152–154

Hintergrund

Der **Text** aus dem zweiten Kapitel des Buches Genesis zur Vollendung des Werkes Gottes und Heiligung des siebten Tages leitet die letzten Seiten des Kapitels ein, die zu einem Freudenfest einladen. Zu den **Aspekten Zeit, Raum, Essen, Trinken, Musik, Gemeinschaft und Spiel** werden Anregungen für das Fest gegeben, die den Bogen zurück zu einzelnen Abschnitten des Kapitels spannen, aber auch Neues bieten. Nicht alle Aspekte müssen gleichermaßen berücksichtigt werden. Vielmehr gewinnt das Fest den Bezug zu den Feiernden, indem es sich auf einige, für die Lerngruppe und die Lehrkraft bedeutungsvolle Inhalte beschränkt oder – daran orientiert – andere Inhalte festlegt.

Für die Raumgestaltung des Freudenfestes über die Schöpfung (**S. 152**) malen Sch farbenfrohe und farbenkräftige »Bildausschnitte« (DIN-A5-Kartonkarten) und fügen sie wie ein Mosaik zusammen.

Im Zentrum der Doppelseite findet sich der Lobpreis Gottes und seiner Schöpfung mit den Worten des **Psalms 104**. Der Text wird von einem gezeichneten Kranz eingefasst, in den die vier Jahreszeiten durch Früchte, Pflanzen, Blumen und Symbole hineingeflochten sind.

Das Kapitel wird mit dem **Lied »Eine Handvoll Erde« (S. 154)** von Reinhard Becker und Detlev Jöcker und einem **Cartoon** von Walter Kostner, der die Empathie zu Himmel und Erde in außergewöhnlicher Form darstellt, beschlossen.

Wie sich die Menschen vor 2500 Jahren die Welt vorstellten

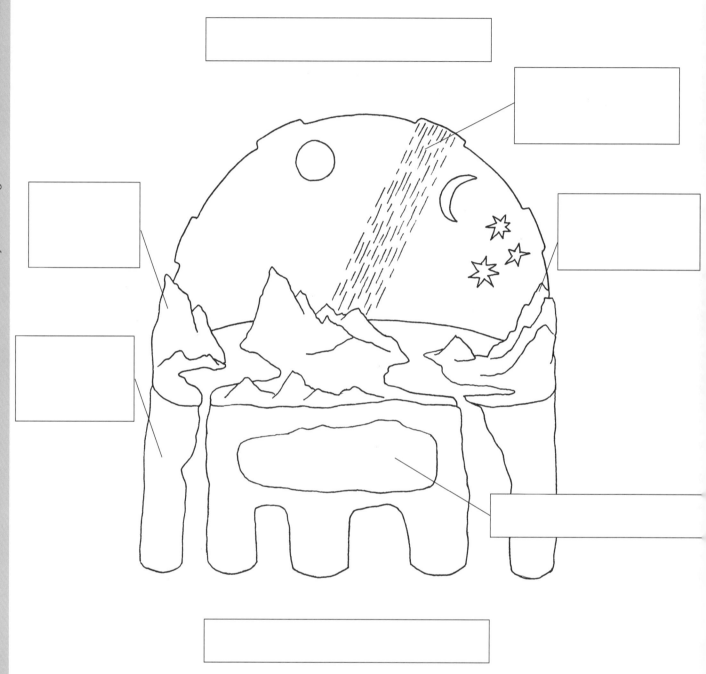

- Du kannst die Zeichnung des altorientalischen Weltbildes ausmalen und beschriften. In die Kästchen gehören folgende Bezeichnungen:

    Himmelsozean
    Wasser der Tiefe
    Firmament
    Schleusen des Himmels
    Säulen des Himmels
    Säulen der Erde
    Erde
    Unterwelt

Der Sonnengesang des heiligen Franziskus

Sei gepriesen, mein Herr,
mit allen deinen Geschöpfen,
vornehmlich unserer Schwester, der Sonne,
sie bringt uns den Tag und das Licht.
Schön und strahlend in mächtigem Glanz
ist sie ein Gleichnis deiner Herrlichkeit.

Sei gepriesen, mein Herr,
durch unseren Bruder,
den Mond und die Sterne.
Du hast sie am Himmel gebildet,
sie leuchten kostbar und schön.

Sei gepriesen, mein Herr,
durch unseren Bruder, den Wind,
durch Lüfte Wolken und heiteren Himmel
und jegliches Wetter,
durch welches du deinen Geschöpfen den Unterhalt gibst.

Sei gepriesen, mein Herr,
durch unsere Schwester, das Wasser:
demütig ist es,
köstlich und rein.

Sei gepriesen, mein Herr,
durch unseren Bruder, das Feuer,
durch welchen du die Nächte erleuchtest.
Schön ist es und lebendig,
kraftvoll und stark.

Sei gepriesen, mein Herr,
durch unsere Schwester, die Mutter Erde,
die uns ernährt und lenkt,
und vielfältige Früchte trägt
und Blumen und Kräuter in allen Farben.

- Welche Elemente werden von Franziskus gepriesen?
- Schreibt weitere Strophen dazu.

Kleiner-Weg begegnet dem roten Feuertier

Kleiner-Weg fühlte sich zuversichtlich wie lange nicht mehr. Auf seinem Abstieg zum Höhlenbach las er unterwegs im Geröll einen knolligen, schwarzgelb glänzenden Pyrit auf. Der Stein lag schwer in der Hand. Er federte sicher gut, wenn man mit ihm Flint bearbeitete.

Kleiner-Weg ließ sich auf Hutses, des Werkzeugmachers Sitzstein, am Sims vor dem Höhlennest nieder und hieb mit dem Pyritstein von einem Flintbrocken scharfe Abschläge. Es ging mit der rechten Hand nicht so gut wie mit der linken. Nach einigen ungeschickten Schlägen sprang der Flint im Kern auseinander und der Junge warf die Bruchstücke ärgerlich in die Tiefe hinab.

Eine Spanne entfernt von seinen Zehen sah er einen blassen Rauchfaden aus dem Moder aufsteigen und streckte unwillkürlich die Hand aus, um das glimmende Laub auszudrücken. So lernten es bereits die Kinder. Es kam nicht häufig vor, aber beim Bearbeiten des Flints geschah es manchmal, dass plötzlich ein heißer Funkenflug aus den Steinen sprang und im trockenen Gras oder Moos zündete. Etwas von der Seele des roten Tieres steckte in den Flintsteinen, das wusste der Junge. Der schwarzgelbe Knollenstein hatte es aufgeweckt und hervorgelockt.

Du musst gleich seinen ersten Atem ersticken, bevor es größere Kraft hat und das Feuertier die Menschen in der Felsenhöhle frisst, hatte Graubart gelehrt, wenn die Kinder versuchten, ihren ersten Fauststein zurechtzuschlagen. Doch jetzt zog Kleiner-Weg seine Hand zögernd von dem winzigen, schwach schwelenden Brandnest zurück.

* * *

Ganz unvertraut war den Geierleuten der Umgang mit dem Feuer nicht. Kleiner-Weg konnte sich noch gut erinnern, wie einmal fernab das Grasland brannte. Da hatten die Geierleute mit flammenden Astfackeln eine Herde von Warzenschweinen vor sich her über den Steilrand einer Klippe getrieben, wo sich die Tiere in panischer Furcht vor den feuerschwingenden Menschen zu Tode stürzten. Später, als sie mit ihrer Beute zurück am Bach im Felsennest waren und sich die Bäuche voll mit frischem Fleisch schlugen, hatten sie miteinander die wilde Kraft des roten Tieres besprochen: Üppige Beute hatte es ihnen beschert! Die ältesten unter den Geierleuten hatten früher schon bei Feuertreibjagden mitgemacht, wenn sie im Grasland den heißen Brandspuren gefolgt waren. Die Beute, erzählten sie, war jedes Mal gewaltig gewesen, viel größer, als wenn sie den Tieren mit ihren Speeren das Fleisch abjagten. Doch der Atem des roten Tieres war bedrohlich und unheimlich, zu tückisch und unberechenbar, als dass sie es in seiner Nähe ausgehalten hätten.

Die Ahnen, die vor uns gewesen sind, hatte Graubart mit erhobenen Brauen gesagt, hätten nicht nur mit dem Feuer zusammen gejagt. Das rote Tier hätte ihren Vorältern sogar erlaubt, mit ihm zusammen zu wohnen, ohne den Menschen etwas zuleide zu tun. Unvergleichlich müsse damals die Kraft der Menschen gewesen sein.

* * *

Kleiner-Weg erinnerte sich an die Warnungen Graubarts. Aber er konnte seine Augen nicht von dem glimmenden Brand abwenden, den er aus den Steinen angefacht hatte. Neugierig, mit schnuppernder Nase sah er zu, wie der Rauchfaden größer und kräftiger wurde. Kleine Flämmchen schlugen aus dem Laub und der Junge fasste rasch nach einem Stein, um sie zu ersticken.

Dann aber legte er den Stein neben das Brandnest und verlegte dem Feuertier den Weg in die Höhle. Er holte noch mehr Steinbrocken und sperrte es ganz rundherum ein, bis das Feuer in sich zusammensank und nur noch ein paar Funken in der Asche glühten.

Eine steigende Spannung hatte sich des Jungen bemächtigt. Er bückte sich über den verlöschenden Brand, sog mit der Nase den Geruch des Feuertiers ein, das er mit seinen Händen gefangen hatte. Warte, ich will dir noch was zu fressen geben, sagte er und streute eine Handvoll trockenes Laub in den Steinkreis. Aber das rote Tier hatte sich zurückgezogen und atmete nicht mehr. Kleiner-Weg beugte sich wieder über die Asche und schnupperte. Versteckte es sich oder war es schon tot? Er musste niesen, dass ihm die Asche ins Gesicht fuhr. In diesem Augenblick begann das Feuertier wieder zu atmen.

Du willst also etwas von meiner Seele haben?, lachte Kleiner-Weg. Pass auf, ich gebe dir von meinem Atem. Er blies mit spitzen Lippen in den kräuselnden Rauch, bis die Flammen hervorschlugen und die Blätter fraßen. Ja, sagte der Junge, ich habe dich eingesperrt. Du kannst dir selbst keine Nahrung suchen, ich will dich füttern.

Jedes Mal, wenn das züngelnde Feuer zu verlöschen drohte, warf er von Neuem Laub, kleine Holzstückchen und gelbes Moos auf die Asche, bis Waa hustete und fiepte und hinter ihm aus der Höhle hervorschoss und den Steinpfad zum Grasland hinunterjagte.

* * *

Halt, rief Kleiner-Weg, halt, wohin willst du? Waa, komm zurück! Mit großen Sätzen rannte Kleiner-Weg den Pfad in der Felswand hinab und schrie, so laut er konnte: Waa, Waa, hör doch! Warte auf mich! Aber der Hund jagte ohne einzuhalten ins Grasland hinaus und Kleiner-Weg musste lange laufen, bis er ihn fand. Waa legte sich unter seiner Hand auf den Rücken, zog seine Läufe an und streckte die Schnauze nach hinten. Kleiner-Weg streichelte ihm sacht das Fell, drückte sein Gesicht in den weichen Bauch: Es war dumm von mir, Waa. Ich hatte dich ganz vergessen. Natürlich musstest du Angst bekommen vor dem Feuertier. Aber du musst doch nicht gleich weglaufen. Das rote Tier soll dir nichts tun. Ich passe auf, das verspreche ich dir.
Dann nahm Kleiner-Weg den Hund, legte ihn mit der Schnauze über die Schulter und lief zum Felsen zurück. Unten hob er mit der freien Hand Zweige auf und kam keuchend wieder bei der Höhle an. Er hielt Waa fest im Arm, der wieder beunruhigt vom Brandgeruch zappelte und versuchte, sich freizumachen. Nein, nein, sagte Kleiner-Weg und streichelte ihn besänftigend. Weißt du noch, wie du so ein ganz kleines Wawa-Hündchen warst? Schwarzweiß warst du und fast auf einer Hand von mir konntest du sitzen. Ich habe dich mit Essen aus meinem Mund gefüttert. Bist du denn noch immer so klein, dass du dich fürchten musst? Komm, leg dich hier draußen zu mir und guck mir zu. Vielleicht kann ich das rote Tier an mich gewöhnen. Dann haben wir beide noch einen Freund.
Kleiner-Weg pustete sacht in die weiße Asche, streute vom trockenen Moder darauf und wartete, ob das Feuertier zurückkommen werde, um zu fressen. Er dachte schon enttäuscht, dass es ganz weggegangen sei, da kam dünner Rauch, er blies nochmal dem Feuer seinen Atem zu und dann flackerte es wieder auf.
Ruhig, Waa, ganz ruhig, sagte er dem Hund ins Ohr. Schau, es geschieht nichts Schlimmes. Nur einfach Hunger hat es, genau wie alle anderen Tiere, genau wie die Menschen. Und wenn es nichts mehr zu fressen hat, dann verliert es die Kraft, genau wie es dir und mir geht. Aber ich darf ihm nicht zu viel zu fressen geben, sonst läuft es uns weg und dann wird es stärker als wir beide zusammen.

* * *

Durch das Zureden des Jungen legte sich die Furcht des Hundes. Als die Kühle des Abends kam, lag Waa in der Nähe des wärmenden Feuers und schlief. Kleiner-Weg mochte nicht schlafen. Er sah hinüber zu den Nachtbergen, wo die Sonne in ihre Höhle ging. Als die Finsternis über das Land fiel, blieb vor der Höhle im Fels das Licht. Ehe die Abendschatten dunkel geworden waren, hatte der Junge noch einen Arm voll Holz aus dem Dickicht geholt. Er merkte schnell, dass es umso besser brannte, je trockener es war. Es ist gut, hier im Dunkeln mit dem roten Tier bei sich zu sitzen, sagte Kleiner-Weg. Es ist warm in seiner Nähe. Ich brauche mich vor keinem reißenden Tier zu fürchten. Nun habe ich einen mächtigen Schutz.
In der Nacht kam Mond, Älteste Schwester, über die Felswand gewandert. Kleiner-Weg grüßte sie mit seiner Seele und sang vor sich hin, während er das Feuer weiter nährte.
Mitten in der Nacht, als der Mond hoch zu seiner Rechten stand, fiel dem Jungen wieder die Geschichte von Bor ein, die Überlieferung der Alten: Das Schicksal von Ältester Schwester, die in der Nacht von ihren Leuten erschlagen worden war, weil sie nichts ahnend Schlangenhals, dem Himmelsgeier, ein Stück von der Sonne gelassen hatte, die den Menschen früher auch in der Nacht geleuchtet hatte.
Wie groß muss ihr Zorn gewesen sein, denn ohne Licht müssen sie sich in der Finsternis geängstigt haben. Jetzt, wo mir das Feuertier hier auf den Steinen leuchtet, begreife ich, warum sie dich, Älteste Schwester, verstießen. Aber ich verstehe auch, dass du ihnen verzeihen wolltest und dein Gesicht zu ihrem Schutz an den Nachthimmel setztest. Denn hilflos sind die Menschen, wenn nachts der Höhlenlöwe ihren Schlafplatz beschleicht.
Ich habe das verlorene Licht der Nacht wiedergefunden, sagte Kleiner-Weg glücklich und schaute Mond an, die gerade hinter einer schweren Wolke verschwand. Ich habe es wiedergefunden und es soll mich nie mehr verlassen.
So saß Kleiner-Weg die ganze Nacht. Seine Augen wurden nicht müde und sein Herz lebte in ihm auf, sooft er sah, wie das Feuer sich erhob, um die Speise zu fressen, die seine Hand ihm gab.
Arnulf Zitelmann

Fantasiereise: Über den Dingen

Ich lade euch zu einer Reise ein, die in eurer Fantasie stattfindet. Sie soll euch in ein Element führen, das uns Menschen normalerweise verschlossen ist, in die Luft. Nach ungefähr zehn Minuten werden wir unsere Reise beenden, und ich schlage euch vor, anschließend einen besonders schönen Moment der Fantasiereise in einem Bild zu malen oder aufzuschreiben.

Einstimmung

Stelle dir nun vor: Du bist auf einem freien Feld. Der Himmel ist blau, rundum ist viel Platz; der Lärm der Menschen ist weit weg. Es duftet angenehm. Du spürst die frische Luft in deinen Haaren, auf deiner Haut. Du fühlst dich leicht und frei. Wie ein Luftballon kannst du langsam, ganz langsam in die Höhe steigen.
Die Luft hüllt dich ein und trägt dich ganz sicher. So, wie du jetzt, wird sich ein Ballonfahrer fühlen.
Du kannst schon auf Bäume hinabschauen, auf Häuser ... Straßen tauchen auf wie graue Bänder, auf denen bunte Spielzeugautos dahinkriechen.
Du kannst aus der Luft dunkle Nadelwälder und hellere Laubwälder unterscheiden. Da schlängelt sich ein Fluss durch die Landschaft, dort liegt ein kleiner See, das Wasser blinkt und funkelt. Du erkennst winzig kleine Tiere: Kühe auf einer Weide, dort eine Schafherde, am Waldrand ein paar Rehe.
Da ist ein Dorf mit kleinen Spielzeughäuschen. Ein Zug fährt auf einem haardünnen Schienenstrang vorbei.
Vielleicht winkt dir jemand.
Zu hören ist kaum noch etwas. Du atmest tief und ruhig und genießt die Freiheit hier oben. Die Luft ist ganz frisch, du kannst spüren, wie sie durch die Nasenlöcher in dich einströmt ...
Dein Haar flattert, deine Kleidung bauscht sich; es ist angenehm kühl.
Du hast einen weiten Blick in die Ferne: am Horizont schneebedeckte Berge, die Sonne, ein paar Wolken, die dahinziehen.
Einige Kraniche gleiten vorbei. Für sie ist es in Ordnung, dass du hier oben bist, du gehörst hierher.
Die Welt unter dir ist klein; die Sorgen der Menschen dort unten spielen hier oben keine Rolle.
Du bist frei, hier oben umherzufliegen.
Was kannst du noch sehen
– oder hören
– oder spüren?
...
Wen kannst du hier oben noch treffen?
...

Rückkehr

Langsam wird es Zeit, auf die Erde zurückzukehren. Suche dir einen passenden Platz zum Landen. Sachte gleitest du zur Erde zurück ..., bis du sie unter deinen Füßen spürst. Du bist sanft gelandet; du fühlst dich wohl.
Die Fantasiereise geht zu Ende.
Bewege dich vorsichtig,
atme einige Male tief ein und aus.
Strecke deine Arme aus
und spanne alle deine Muskeln kräftig an.
Dann öffne langsam die Augen.
Orientiere dich in diesem Raum, bis du mit allen Sinnen von der Luftreise zurückgekehrt bist
hierher in diesen Klassenraum,
zu deinen Mitschülerinnen und Mitschülern.

11 »Liebt einander, wie ich euch geliebt habe.«
Die befreiende Botschaft des Evangeliums

Kompetenzen erwerben

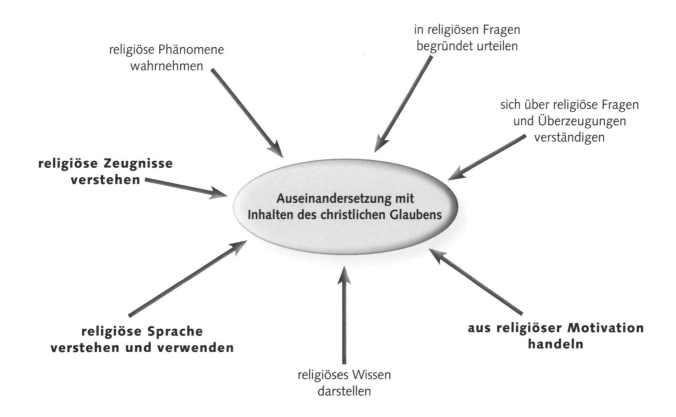

Die Schülerinnen und Schüler ...
- ... ordnen Jesus von Nazaret in seine Zeit und Umwelt ein;
- ... stellen Jesu Botschaft vom Reich Gottes in ausgewählten Grundzügen (besonders Rettung der »Verlorenen«, Sorge um die Armen und Schwachen) dar;
- ... erläutern, was Nachfolge Christi heute bedeutet.

Didaktischer Leitfaden

In der Überschrift kommen die wesentlichen Aspekte dieses Kapitels bereits zum Ausdruck: Jesus liebt alle Menschen, seine Botschaft wirkt befreiend. Diese Gabe ist zugleich Auf-Gabe für die Menschen: »Liebt einander.« Die einzelnen Einheiten entfalten, inwiefern die Botschaft für die Menschen zur Zeit Jesu befreiend und herausfordernd war, und schlagen den Bogen zum Leben der Sch. Der erste Zugang setzt bei den Taten Jesu ein. Jesu wendet sich den aus der Gesellschaft Ausgegrenzten zu (**11.1., S. 156–157**). In der zweiten Einheit erhalten die Sch Information, wer zu den Marginalisierten in der Umwelt Jesu gehört. Sie werden dafür sensibilisiert, wer vergleichbar dazu heute am Rande der Gesellschaft steht (**11.2., S. 158–163**). Die Verschränkung der damaligen Lebenswelt mit der Perspektive der Sch wird im weiteren Verlauf verstärkt, indem Jesu Umgang mit den Kindern in den Mittelpunkt gestellt wird. Hier fließen zwei Aspekte zusammen: 1. Kinder zählten in der damaligen Zeit ebenfalls zu den »Schwachen«, denen sich Jesus besonders zuwendet. 2. Aus der Perspektive eines Kindes wird fehlerhaftes und schuldiges Verhalten von Menschen thematisiert, die ebenfalls Jesu Aufmerksamkeit erhalten (**11.3., S. 164–165**). Die von Jesus erfahrene Zuwendung und Liebe fordert zu eigener Nächstenliebe heraus und lässt Visionen von einer »neuen« Welt entstehen, an deren Verwirklichung Mensch und Gott beteiligt sind (**11.4., S. 166–170**).

Mögliche Verbindungen
– zu Kapitel 8 »Ein Traum von Gemeinschaft. Christen leben in Gemeinden«
– zu Kapitel 10 »Im Einklang mit Gottes Schöpfung leben. Unsere Welt wahrnehmen und bewahren«
– zu Kapitel 12 »Jesus erzählt vom Reich Gottes. Bildreden und Gleichnisse«

11.0. Eröffnungsseite — S. 155

Hintergrund

Sieger Köder
s. *Lehrerkommentar*, S. 68

Sieger Köder: »Das Mahl mit den Sündern«, 1973
Bildbeschreibung: Das Bild ist ein Ausschnitt eines Wandgemäldes im Speisesaal der Villa San Pastore südlich von Rom, das zum Germanicum, dem Studienkolleg deutschsprachiger Theologiestudenten in Rom, gehört. Sieger Köder hat um einen Tisch eine illustre Gesellschaft gemalt (v.l.): ein gesetzestreuer Jude mit Gebetsschal, eine Dirne im roten Kleid, eine gekrümmte alte Frau, ein traurig blickender Clown, ein Intellektueller mit Brille, eine vornehme Dame mit Schleier und ein ärmlich gekleideter Schwarzer mit verletztem Arm. Von der achten Person sind nur die Hände zu sehen, die am unteren Bildrand in das Bild hineinragen. Die Person hält ein Stück Brot (segnend?) in der Hand. Gestik und Brot lassen an Jesus denken, der diese Mahlgemeinschaft um sich versammelt. Zugleich können auch die BetrachterInnen diese Leerstelle im Bild einnehmen. Das Bild baut dann eine direkte Beziehung zur Lebenswelt der RezipientInnen auf. An der Wand des Raums ist eine Szene aus dem Gleichnis des »Barmherzigen Vaters« angedeutet (hier Ausschnitt), an der anderen Raumseite ist die Wand durch eine Türöffnung auf eine Landschaft und ein Bergdorf geöffnet.
Bilddeutung: Köder interpretiert Sünder als Menschen, die aus allen Gesellschaftsschichten und religiösen Gruppen stammen können. Jeder kann mit Jesus am Tisch sitzen und am Mahl teilnehmen. Das Mahl, als zentrales Sakrament der Kirche, als Symbol der Gemeinschaft aller Christen, wird hier auch nach außen geöffnet. Nicht nur die verschiedenen Menschen, auch die geöffnete Tür verdeutlicht dieses Sich-Öffnen. Das Bild nimmt inhaltlich deutlich Bezug auf Mk 2,13–17 und bietet damit einen direkten Übergang zur ersten Einheit »Jesus an einem Tisch mit ...« (**11.1.**).

11.1. Jesus an einem Tisch mit ... — S. 156–157

Hintergrund

Die **Fotos (S. 156)** zeigen Menschen, denen viele Sch im Alltag seltener begegnen und die häufig gesellschaftlich marginalisiert sind (Obdachlose, Alte, Kranke usw.). Während den Sch ggf. der Umgang mit diesen Menschen schwerfallen mag, verdeutlicht **S. 157** in **Text und Bild**, dass Jesus mit gesellschaftlich Ausgegrenzten (hier Zöllner, Sünder) zusammen isst und sich damit der Kritik der gesellschaftlichen Elite (hier Schriftgelehrte, Pharisäer) aussetzt.

Die Perikope **Mk 2,13–17** verdeutlicht, dass Jesu Hinwendung zu den Zöllnern als Provokation empfunden wurde. Zöllner werden in verschiedenen Bibelstellen (vgl. Lk 7,34 par.; 15,1) zusammen mit Sündern genannt und damit auch als sündig lebende Menschen klassifiziert (vgl. zur sozialen Stellung und Tätigkeit der Zöllner S. 158 in *Treffpunkt RU 5/6*). Die Provokation wird noch gesteigert, indem Jesus mit Zöllnern und Sündern häusliche Mahlgemeinschaft hält, was als eine symbolische Handlung mit religiöser Bedeutung betrachtet werden kann. Er wendet sich damit explizit gegen die Auffassung, Sünder seien von der gottesdienstlichen Gemeinschaft ausgeschlossen. Vielmehr zeichnet er ein Bild von Gott (Arzt), der gerade für die Sünder, die Schwachen und Ausgestoßenen (Kranke) da ist. Mit seiner Aussage: »Ich bin gekommen« (Mk 2,17), macht er auf seinen göttlichen Sendungsauftrag aufmerksam.

Die **Miniatur »Jesus speist mit Zöllnern und Sündern« (S. 157)** aus dem Perikopenbuch Heinrich II. (Reichenau, um 1012) greift diese biblische Perikope auf. Jesus ist durch seine zentrale Platzierung, seine Größe (Bedeutungsgröße), das purpurne Pallium und seinen Kreuznimbus deutlich hervorgehoben. Rechts von Jesus befinden sich zwei Jünger, die deutlich kleiner, aber immer noch größer als die zwei Personen am rechten und linken Bildrand dargestellt sind. Mit Becher und Messer in der Hand sind sie bereits am Mahlgeschehen beteiligt. Eine Frau hat an der rechten Tischseite Platz genommen, ein – deutlich kleiner dargestellter – Mann steht vor dem Raum (abgegrenzt durch Säule, Vorhang und andersfarbigen Untergrund), wird aber von Jesus und den Jüngern durch Gestik und Mimik aufgefordert einzutreten. Jesu Hand ist hierbei dem Mann nicht nur einladend, sondern auch segnend entgegengestreckt. Auf dem Tisch befinden sich mit Brot, Wein und Fisch eucharistische Gaben, die der Mahlgemeinschaft deutlich religiöse Bezüge verleihen. Der Goldgrund verdeckt die alltägliche, historische Szene, er verkörpert den Glanz Gottes und taucht die Szene in göttliches Licht.

Unterrichtsbaustein

- Sch aktualisieren die Geschichte vom Mahl Jesu mit den Zöllnern (Mk 2,13–17), indem sie sich vorstellen, Jesus würde heute leben. Sch schreiben dazu eine Geschichte. Alternativ gestalten sie dazu ein Bild (**AB 11.1**).

11.2. Menschen um Jesus — S. 158–163

Hintergrund

Mit **Zöllnern, »kleinen Leuten«, Pharisäern und Schriftgelehrten, Sadduzäern und Zeloten** stellt die Doppelseite (**S. 158–159**) den Sch zentrale Gruppierungen aus der Zeit Jesu vor. Wesentliche Sachinformation findet sich in den jeweilgen Textabschnitten.
In der **Geschichte »Onkel Jupps Weihnachtseinfall«** (**S. 160–163**) von Gudrun Pausewang kommen ebenfalls gesellschaftliche Randgruppen vor. Onkel Jupp, ein verwitweter älterer Herr, der von seiner Familie als absonderlich betrachtet wird, lädt Alte, Einsame, psychisch und physisch Versehrte und Gastarbeiter zu Weihnachten ein und wendet sich damit – wie Jesus – den Menschen zu, die gesellschaftlich marginalisiert sind. Sie feiern zusammen Weihnachten und essen dabei ausgiebig. Hierdurch kann ein Bogen zum Mahl Jesu mit den Zöllnern (Mk 2,13–17) geschlagen werden.
Gudrun Pausewang (*1928) war bis zu ihrer Pensionierung Grundschullehrerin. Sie hat zahlreiche Kinder-, Jugend- und Erwachsenenbücher verfasst und dabei immer wieder gesellschaftskritische, ökologische Themen verarbeitet. Für »Die Wolke« bekam sie den Deutschen Jugendliteraturpreis verliehen.

Unterrichtsbausteine

- Sch erarbeiten die Gesellschaftsstruktur und die Gruppierungen zur Zeit Jesu anhand **AB 11.2**.
  Lösung: Sadduzäer – Pharisäer – Schriftgelehrte – Zöllner – Zeloten – Bauern – Fischer – Handwerker; Hirten – Steuerbeamte – Tagelöhner – Geisteskranke – Aussätzige – Kranke – Frauen – Kinder
- Sch
  - stellen eine Gästeliste zusammen, wen sie gerne zu Weihnachten (alternativ: zum Geburtstag) einladen möchten.
  - stellen die Gästeliste von Onkel Jupps Weihnachtsfeier zusammen.
  - vergleichen die Gästelisten und finden Begründungen, warum welche Gäste eingeladen werden.

11.3. Jesus nimmt sich der Schwachen an — S. 164–165

Hintergrund

Der Begriff »Schwache« wird in dieser Einheit in verschiedene Richtungen beleuchtet. In den **drei Elementen (S. 164-165)**, stehen Kinder im Mittelpunkt, die in der Zeit Jesu auch zu den »Schwachen« zählten.
In der **Legende** begegnet ein Kind dem Jesuskind in der Krippe, in **Mk 10,13–16** stellt Jesus – für damalige Verhältnisse höchst ungewöhnlich – Kinder in den Mittelpunkt seiner Reich-Gottes-Verkündigung und auch bei dem **Gemälde** von Emil Nolde stehen die Kinder im Zentrum des Geschehens. Sch können sich bereits hierdurch grundlegend als Kinder Gottes angenommen wissen. Darüber hinaus setzen die einzelnen Materialien eigene Akzente.

In der **Weihnachtslegende von Walter Baudec (S. 164)** wird deutlich, dass auch Kinder ein »ungenügendes« Leben führen, dass ihnen Dinge misslingen, dass bei ihnen etwas in die Brüche geht, dass sie falsch und böse handeln ... Damit spricht der Text Lebensdimensionen an, die Kindern – so oder so ähnlich – gut vertraut sind. Diese Lebensdimensionen werden in dem Text weder tabuisiert noch verurteilt. Im Gegenteil: Indem das Kind in der Krippe – selbst schwach und klein, ein Zeichen der Selbsterniedrigung Jesu – diese als Geschenk erhalten möchte, werden sie als etwas Wesentliches charakterisiert. Jesus wird so als eine Person dargestellt, welche die Menschen zum offensiven Umgang mit ihren Schwächen ermutigt, sie gerade mit ihren Schwächen annimmt und ihnen verzeiht.

Zum Verständnis von **Mk 10,13–16 (S. 164)** ist wichtig zu wissen, dass Kinder in der damaligen Zeit in sozialer und religiöser Hinsicht nur einen geringen Stellenwert besaßen. Durch soziale Not und hohe Kindersterblichkeit fanden Kinder häufig nur wenig Beachtung. Da sie religiös noch nicht mündig waren, wurde ihnen auch hier wenig Wertschätzung entgegengebracht. Deshalb ist Jesu Verhalten in zweifacher Hinsicht bemerkenswert: 1. Er gibt den Kindern gegenüber den Erwachsenen den Vorzug und er segnet sie. Damit lässt er ihnen soziale und religiöse Anerkennung zukommen. 2. Diese Wertschätzung wird noch gesteigert, indem Jesus das Annehmen wie ein Kind zur Voraussetzung für den Zugang zum Reich Gottes macht. Im Griechischen kann *hos paidion* (wie ein Kind) Nominativ oder Akkusativ sein. Im ersten Fall wäre es die Aufforderung, wie ein Kind zu werden und auf Ansehen, Macht, Reichtum und Herrschaftsansprüche zu verzichten. »Im zweiten Fall sollte die Basileia (= Reich Gottes) angenommen werden, wie man ein Kind aufnimmt, mit offenen Armen, aber auch mit fürsorglichem Tun. [...] Eine Entscheidung zugunsten einer dieser beiden Möglichkeiten fällt schwer, vielleicht will Markus mit seiner mehrdeutigen Formulierung gerade beide Verstehensweisen offen halten.« (*Peter Dschulnigg, Das Markusevangelium, Theologischer Kommentar zum Neuen Testament, Bd. 2, Stuttgart 2007, S. 272.*)

Emil Nolde (1867–1956)
Emil Nolde zählt zu den bedeutendsten Malern des Expressionismus. Bekannt ist er insbesondere durch seine expressive Farbigkeit geworden, die vor allem in Öl- und Aquarellmalerei ihren Ausdruck findet. Nolde hat vielfach religiöse, biblische Motive gemalt, dabei aber zugleich Distanz zur geltenden Kirchenlehre gehalten.

Emil Nolde: »Christus und die Kinder«, 1910
Im Bild steht die Beziehung von Jesus zu den Kindern im Vordergrund.
Bildbeschreibung: Die Jünger sind an den linken Bildrand gedrängt und treten durch dunkle Farbgebung in den Hintergrund zurück. Jesus dreht ihnen den Rücken zu, seine gebeugte Körperhaltung verstärkt die Hinwendung zu den Kindern bei gleichzeitiger Abwendung von den Jüngern. Die Gesichter der Kinder strahlen durch ihre Farbigkeit und Mimik Jesus an. Die pyramidale Komposition gipfelt in der innigen Umarmung eines Kindes.
Bilddeutung: Jesus scheint mit den Kindern emotional und körperlich sehr eng verbunden. Die Intensität der Begegnung wird durch den Komplementärkontrast Blau-Orange gesteigert, der sich zwischen dem blauen Rücken von Jesus und den hell- und dunkelorangen Tönen der Kinder ergibt. Diese Innigkeit wird unterstützt, indem der breite Rücken den BetrachterInnen den Weg in das Bild »versperrt«. Blau drängt zudem als kalte Farbe in den Hintergrund, während sich die warmen Farben der Kinder nach vorne – zu Jesus – schieben.

Unterrichtsbausteine

- L liest die Weihnachtslegende von Walter Baudec (S. 164) vor (oder teilt sie schriftlich aus), lässt jedoch den *letzten* Satz aus. Sch setzen die Geschichte fort. (Alternativ: Die Geschichte wird schon im dritten Absatz beendet mit »›Drei Sachen möchte ich von dir haben‹, sagte das Kind ...«.)
- Die Geschichten werden miteinander verglichen.
- Sch bearbeiten **AB 11.3** und erschließen *dann* das Bild von Emil Nolde.
- Sch beschreiben Farbgebung und Farbwirkung des Bildes. Da vielfach im Kunstunterricht des 5./6. Jahrgangs die Farbwirkung thematisiert wird, können Sch evtl. auch Farbkontraste (Warm-Kalt- und Komplementärkontrast Blau-Orange; Hell-Dunkel-Kontrast) benennen und ihre Bildfunktion erläutern.
- Sch schlagen weitere Bibelstellen nach, in denen das Verhältnis von Gott/Jesus zu Kindern deutlich wird (z.B. Ex 22,21ff.; Ps 68,6; 1 Sam 1–3; Jes 7,14ff.; Lk 1–2).
- Sch führen ein Schreibgespräch (→ **Methodenkarte** »Ein Schreibgespräch führen«) oder verfassen ein Rondellgedicht (→ **Methodenkarte** »Ein Rondellgedicht schreiben«) zu dem Ausdruck »jemanden wie ein Kind annehmen«. Sie überlegen anschließend, was der Bibelvers »Wer das Reich Gottes nicht wie ein Kind annimmt, wird keinesfalls in es hineinkommen.« (Mt 10,15) bedeutet.
- Sch verfassen ein Elfchen zum Thema »Kindsein« (→ **Methodenkarte** »Ein Elfchen dichten«) oder erstellen ein Cluster zu dem Thema (→ **Methodenkarte** »Clustern«).
- Sch recherchieren die Bedeutung von Kindern zur Zeit Jesu.

11.4. Die Botschaft Jesu fordert heraus   S. 166–170

Hintergrund

Nachdem auf den vergangenen Seiten die Liebe Gottes zu den Menschen, seine »Gabe«, im Mittelpunkt stand, tritt in dieser Einheit die »Auf-Gabe« der Menschen in den Vordergrund. Die empfangene Liebe kann Liebe zum Nächsten freisetzen. Programmatisch wird dies in dem einleitend abgedruckten **Johanneszitat** (Joh 13,34) deutlich. Dass eine solche Nächstenliebe sich nicht immer auf ausgetretenen Wegen realisieren lässt, verdeutlichen die drei **Materialien** auf S. 166.
In dem **ersten Text** (Quelle unbekannt) wird deutlich, dass sich Nächstenliebe nicht ausschließlich materiell ausdrücken muss, selbst wenn sich der Nächste in materieller Not befindet.
In den **ersten acht Zeilen des Gedichts** (S. 166) von Bertolt Brecht bleibt der Fahrer ohne Ablenkung auf seinem Weg. Die »Begegnung« mit dem zerlumpten

Mann wird distanziert als ärgerlicher Zwischenfall wahrgenommen, ohne dass dieser Handlungskonsequenzen nach sich zöge. In den nächsten Zeilen wird ein Umdenkprozess sichtbar. »Wir hörten mich sagen« deutet eine innere Distanzierung zu den eigenen Worten an, die in den letzten vier Zeilen explizit wird (»Als ich plötzlich erschrak/über diese meine Stimme«). Eine Perspektivübernahme wird möglich, der Wagenfahrer bemisst die zurückgelegte Strecke nicht in Fahrtzeit, sondern nimmt die Perspektive des Fußgängers ein (»Tagesmarsch«). Diese Perspektivübernahme führt zu einer neuen Sicht auf das eigene Verhalten und öffnet es für Handlungsalternativen.

Die **Zeichnung von Ivan Steiger (S. 166)** veranschaulicht einen solchen Perspektivwechsel und führt zum Verlassen ausgetretener Wege, zur Umkehr von Handlungsgewohnheiten, zum Ausbruch aus der Alltagslogik.

> **Thomas Zacharias (*1930)**
> Thomas Zacharias war Professor für Kunsterziehung an der Akademie der Bildenden Künste in München und ist vor allem durch seine druckgrafischen und zeichnerischen Arbeiten bekannt. Insbesondere in kirchlichen Kreisen sind seit Jahrzehnten seine »Farbholzschnitte zur Bibel« weit verbreitet.

Thomas Zacharias: »Der Samariter«, 1967
Bildbeschreibung: Auf dem Farbholzschnitt (**S. 167**) lassen sich – teils nur schemenhaft – vier Personen erkennen. Die drei Figuren am oberen Bildrand sind zur hellen, gebeugt sitzenden Figur am unteren Bildrand räumlich deutlich distanziert. Durch die leuchtende Farbigkeit stellt die untere Figur eine Beziehung zu der rechten oberen Person her, während die linke und die mittlere Figur durch ihre dunkle Farbgebung fast mit dem Hintergrund verschmelzen.
Bilddeutung: Im Kontext der Geschichte vom barmherzigen Samariter (Lk 10,25–37) lassen sich die Figuren als Priester und Levit (dunkel) sowie Samariter und Überfallener (hell) identifizieren. Während der Priester und der Levit, den Blick geradeaus gerichtet, ihren Weg unbeirrt fortsetzen, weicht der Samariter vom Weg ab. Er ist leicht »gekippt« und nimmt so Beziehung zu dem Überfallenen auf, zugleich schaut er dabei aus dem Bild heraus und nimmt auch Kontakt zu den BetrachterInnen auf. Damit ist der Betrachter mit im Bild und ebenso mit in die Geschichte involviert. Wie Jesus mit seiner Erzählung, richtet auch das Bild einen Appell an seine Betrachter. Dieser wird noch verstärkt, wenn man das Bild aus der Ferne betrachtet. Dann gewinnt man den Eindruck, in den dunklen Farbflächen im mittleren Teil zeichne sich ein Gesicht ab, das einen geradewegs anschaue. (Weitere Information in: *Treffpunkt RU, 36 Farbfolien, Folie 11*.)

Dass Nächstenliebe auch eine Provokation, eine extreme Herausforderung sein kann, wird in den **Bibelversen (S. 168)** deutlich, die überwiegend der Bergpredigt entnommen sind. Diese anstößigen Forderungen zur Nächstenliebe sind um den »Christuskopf« von Rembrandt angeordnet. Jesus blickt die BetrachterInnen nachdenklich, ein wenig versunken an. In seinem Blick liegt nichts von der Schärfe seiner ethischen Forderungen.

Die **»Fragen ...« (S. 169)** können mögliche Fragen von JüngerInnen Jesu oder von Menschen sein, die sich bemühen im Geiste Gottes zu leben, dabei aber erfahren, dass sich Jesus in Wort und Tat um Sünder und Zöllner kümmert (vgl. **11.1.**). Mit der letzten Frage »Sieht das Reich Gottes bei dir anders aus?« berührt der Text das Verhältnis von ethischem Handeln und Reich Gottes. Der als **»Antwort«** überschriebene Bibeltext Lk 15,3–7 verdeutlicht in diesem Sinne einen Aspekt vom Anbruch des Reiches Gottes. Im Zentrum stehen das Auffinden der Verlorenen bzw. deren Umkehr und die Freude hierüber. Diese Zuwendung zu den Verlorenen bedeutet jedoch kein Fallenlassen der Gerechten, denn sie haben ihren legitimen, selbstverständlichen Ort bei Gott (bzw. hier beim guten Hirten).

In ähnlicher Hinsicht ist auch das Gleichnis vom barmherzigen Vater zu deuten, das hier durch **Rembrandts »Der verlorene Sohn« (1666, Detail) (S. 169)** dargestellt wird. Die Beziehung von Vater und Sohn ist zentral und leuchtend, der ältere Sohn, der den Vater nie verließ, steht im dunkel gehaltenen Hintergrund. Auf Umkehr wird von Gott mit Barmherzigkeit und Güte reagiert, Freude herrscht in beiden Gleichnissen über das Finden der längst verloren Geglaubten. (Vgl. hierzu ausführlich die Gleichnisse vom Reich Gottes in **12.4.**)

Das fünfstrophige **Lied von Gesto Bergen (S. 170)** lässt sich in zwei Teile (Strophe 1–3; 4–5) gliedern, die jeweils mit der Frage »Kennst du das alte Lied?« eröffnet werden. Die ersten drei Strophen enden stets mit einer Frage. In den ersten zwei Strophen stehen die Schwierigkeiten, die Ängste und das Leid bei der Suche nach dem gelobten Land im Vordergrund. Die dritte und damit mittlere Strophe berichtet von Jesus, seinem Licht und Kraft spendenden Leben, das den Menschen einen Weg weisen kann. Die abschließende Frage »Wollen wir diesen Weg nun gehen, selbstlos und hilfsbereit?« knüpft durch die Fragestruktur formal an die ersten zwei Strophen an, weist aber inhaltlich schon auf die letzten beiden Strophen. Hier wird Jesu Leben als wegweisend beschrieben, das die Menschen in das Reich Gottes führen kann. Jesus wird dabei zum Begleiter, alte Ängste zerbrechen, Träume geben Hoffnung und setzen Kräfte frei. Damit benennt das Lied am Ende des Kapitels »Liebt einander, wie ich euch geliebt habe« sowohl die Herausforderungen als auch die Visionen der befreienden Botschaft Jesu und setzt auf die Angst zerbrechende Kraft des Evangeliums.

Unterrichtsbausteine

- Sch erschließen die Zeichnung (S. 166) mithilfe des **AB 11.4**.
- Sch
  - erarbeiten mithilfe einer Skizze die Bewegungs- und Blickrichtung der Figuren (Bild S. 167).
  - stellen das Bild als Standbild nach (→ **Methodenkarte** »Ein Standbild stellen«).
  - versuchen ihren eigenen Platz im Bild zu finden. Vgl. weitere Unterrichtsbausteine in der Folienmappe *Treffpunkt RU, 36 Farbfolien*.
- Sch markieren, welche Bibelverse (S. 169) sie nicht verstehen (»?«), welche sie bemerkenswert finden (»!«) und welche sie persönlich ablehnen (»–«), und tauschen sich in der Klasse darüber aus. Sie sammeln Gründe für ihre Einschätzung.
- Sch veranstalten eine Pro-und-kontra-Diskussion zu besonders strittigen Versen. Sie bereiten dazu in KG Argumente für ihre Position vor (→ **Methodenkarte** »Eine Pro-und-kontra-Diskussion führen«).
- Sch versuchen sich in die Perspektive des Verlorenen und des Nicht-Verlorenen hineinzuversetzen (**AB 11.5**).
- Sch schreiben Geschichten aus der Sicht der zurückgelassenen Schafe bzw. des verlorenen Schafes (ggf. arbeitsteilige GA). Sch versuchen die zwei Perspektiven zusammenzubringen und das Handeln des Hirten bzw. Gottes zu begreifen.
- Sch schreiben eine Geschichte aus Sicht des Hirtenhundes, der die Szene beobachtet. Möglicher Arbeitsauftrag: »Stell dir vor, du bist der Hirtenhund. Wie findest du das Verhalten des Hirten? Begründe deine Meinung.«
- Sch illustrieren in GA je eine Strophe des Liedes (S. 170) auf einem großen Plakat. Anschließend werden die Plakate aneinandergefügt, sodass ein langes Bild entsteht. Das Bild kann auch als Weg (der Nachfolge) gedeutet werden. Die Bildbetrachtung geschieht ggf. in meditativer Atmosphäre, während Sch das Lied hören.
- Sch suchen sich in EA einen Satz aus dem Lied heraus, der sie besonders anspricht, und malen hierzu ein Bild. *Alternativ:* Sch schreiben zu diesem Satz einen Brief an einen Freund/eine Freundin.
- Sch werden eingeladen, sich persönlich zu der dritten Strophe zu positionieren. Sch setzen sich (schriftlich, anonym) mit der Abschlussfrage der dritten Strophe auseinander.
- Sch bearbeiten **AB 11.6**.

Weiterführende Anregung

- Das Lied bzw. die Unterrichtsbausteine können auch Teil einer Meditation oder eines Klassengottesdienstes sein, mit der die Erarbeitung des Kapitels gebündelt und abgeschlossen wird.

Mögliche Lernerfolgskontrolle:

- Das Bild (AB 11.6) eignet sich auch als Lernerfolgskontrolle mit folgenden Aufgaben:
  - Beschreibe das Bild.
  - Das Bild bezieht sich auf eine biblische Geschichte, die wir im Unterricht besprochen haben. Deute das Bild mithilfe dieser Geschichte.
  - Wie beurteilst du die Handlung der vorderen Person? Begründe deine Meinung.

Mit Jesus am Tisch sitzen

- Stellt euch vor, Jesus würde heute leben. Mit wem würde er zusammen essen? Wie sähe ein solches Essen heute aus?
- Male das Bild weiter. Du kannst auch Bilder aus Zeitschriften ausschneiden und als Collage in dieses Bild einkleben.

Pyramide: Gesellschaft zur Zeit Jesu

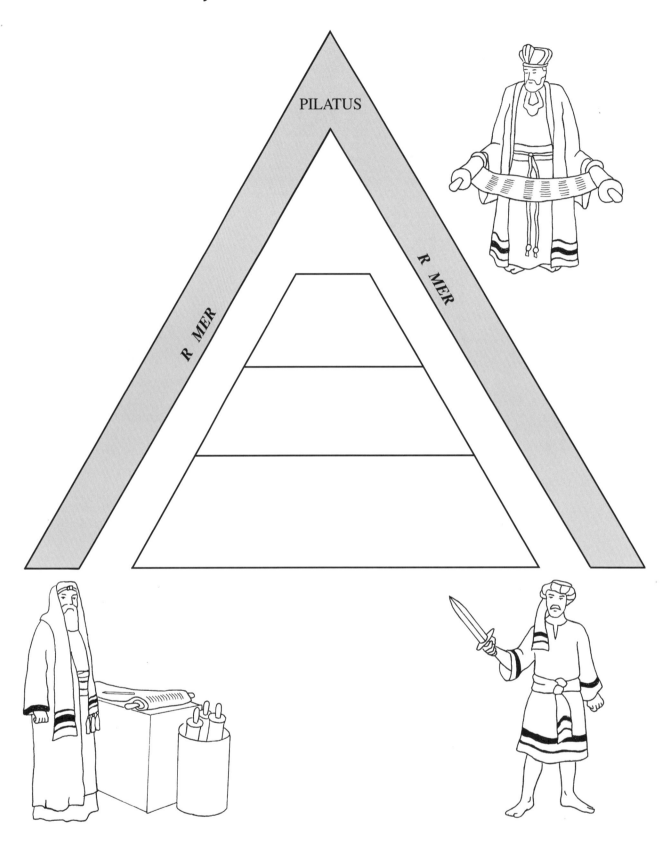

- Lies die Texte auf S. 158–159 in *Treffpunkt RU 5/6* und trage die einzelnen Gruppen und Berufe in die Pyramide ein. Achte besonders bei den »kleinen Leuten« auf die einzelnen Mitglieder.
- Die verschiedenen Zeichnungen stellen je eine Gesellschaftsgruppe zur Zeit Jesu dar. Schreibe zu jeder Zeichnung, welche Gruppe dargestellt wird.
- Du kannst diejenigen Figuren farbig ausmalen, für die sich Jesus besonders eingesetzt hat.

(Titel:) _____

- Überlege, was die einzelnen Personen auf dem Bild denken oder sagen. Schreibe deine Ideen in die Gedankenblasen.
- Überlege, wo du im Bild gerne stehen möchtest. Vielleicht kannst du einer Person deinen Namen geben.
- Finde eine Überschrift für das Bild.
- Male das Bild farbig an und verdeutliche die Gefühle und Gedanken der Personen durch die verwendeten Farben.
- Vergleiche dein Bild mit dem Bild von Emil Nolde in *Treffpunkt RU 5/6* auf S. 165.

Gedankenspiele spielen

- Besprecht in der Klasse oder in kleinen Gruppen die Zeichnung in *Treffpunkt RU 5/6* auf S. 166.
- Überlegt zu zweit oder alleine, wofür die Pfeile in eurem Leben stehen könnten, und tragt eure Gedanken in die Zeichnung auf diesem AB ein.

Sich in den barmherzigen Vater einfühlen

Wer zwei Gewänder hat,
der gebe eines davon dem,
der keines hat ...
Lk 3,11

Nicht siebenmal,
sondern siebenundsiebzig Mal
sollt ihr verzeihen.
Mt 18,21–22

Wenn dich einer auf die rechte Wange schlägt,
dann halt ihm auch die andere hin.
Mt 5,39

Die Zeit ist erfüllt,
das Reich Gottes ist nahe.
Mk 1,15

Richtet nicht,
damit ihr nicht gerichtet
werdet.
Mt 7,1

Ihr habt gehört, dass gesagt worden ist:
Du sollst deinen Nächsten lieben
und deinen Feind hassen.
Ich aber sage euch:
Liebt eure Feinde
und betet für die,
die euch verfolgen,
damit ihr Söhne und Töchter
eures Vaters im Himmel werdet.
Mt 5,43–45

Wenn ihr nur die liebt,
die euch lieben,
welchen Dank
erwartet ihr dafür?
Lk 6,32

Sammelt euch nicht Schätze hier auf der Erde,
wo Motte und Wurm sie zerstören
und wo Diebe einbrechen und sie stehlen,
sondern sammelt euch Schätze bei Gott ...
Mt 6,19

- Welche Verse könnte der Vater zu seinem verlorenen Sohn sprechen?
- Welche eher zu dem Sohn, der zu Hause geblieben ist?

Der barmherzige Vater und seine Söhne

- Betrachte das Bild genau und achte dabei insbesondere auf die Gestik und Mimik.
  Überlege, in welcher Beziehung die drei Personen zueinander stehen.
  Schreibe auf, was die einzelnen Personen wohl denken oder sagen.
- Du kannst das Bild anschließend mit dem Bild auf S. 169 in *Treffpunkt RU 5/6* vergleichen.
  Welche Gemeinsamkeiten und Unterschiede fallen dir auf?
- Wenn du dich ausführlich mit den Bildern beschäftigt hast, kannst du in der Bibel bei Lk 15,11–32 nachlesen und die Geschichte mit den Bildern vergleichen.
- Stell dir vor, du bist eine Freundin oder ein Freund der Familie. Wie beurteilst du das Verhalten des Vaters? Begründe deine Meinung.

12 Jesus erzählt vom Reich Gottes.
Bildreden und Gleichnisse

Kompetenzen erwerben

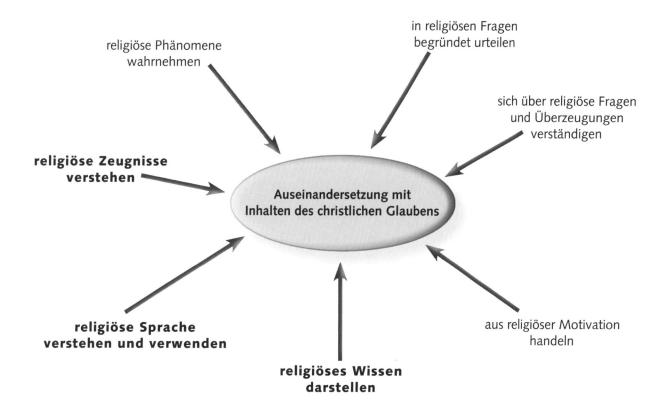

Die Schülerinnen und Schüler ...
... erkennen an Beispielen bildhafte Sprache und deuten sie;
... erkennen und deuten Gleichnisse als spezifische Sprachform der Verkündigung Jesu;
... erläutern an ausgewählten Gleichnissen verschiedene Aspekte der Reich-Gottes-Botschaft Jesu.

Didaktischer Leitfaden
Das Kapitel steht im Zusammenhang mit Kapitel 11 über die befreiende Botschaft des Evangeliums, in dem wesentliche Aspekte der Reich-Gottes-Botschaft inhaltlich gefüllt werden. Es thematisiert die metaphorische Rede als typische Sprachform der Reich-Gottes-Verkündigung Jesu. Gleichnisse machen den Begriff »Reich Gottes« anschaulicher, sind aber zugleich Erzählungen, die Menschen innerlich und äußerlich bewegen können, verdeutlichen somit Zuspruch und Anspruch der Botschaft Jesu.

Intention dieses Kapitels ist es, im Sinne religiöser Sprachlehre Sch mit dieser Sprachform vertraut zu machen sowie an einzelnen Gleichnissen verschiedene Aspekte der Reich-Gottes-Botschaft zu erschließen. Dabei ist es das Anliegen, über die gewählten Medien und Arbeitsformen existenzielle Bezüge zu den Gleichnisgeschichten zu finden, sodass sie wirken und Perspektiven eröffnen können, und sie somit nicht abstrakt begrifflich und sprachlich zu übertragen, sondern ihnen handelnd, ganzheitlich, spielerisch näher zu kommen. Über bildhafte Redewendungen, die Sch aus ihrer Alltagssprache kennen, werden sie in der ersten Einheit »In Bildern und Gleichnissen reden« **(12.1., S. 172–174)** auf die Sprachform Gleichnisse vorbereitet, die ihnen exemplarisch vorgestellt wird. Die Einheit »Visionen von einer neuen Welt« (**12.2., S. 175**) thematisiert mit Jesaja biblische Hoffnungsbilder und verknüpft sie mit eigenen Erwartungen und Hoffnungen der Lerngruppe. Die dritte Einheit »Die Zeit ist erfüllt, das Reich Gottes ist da«(**12.3., S. 176**) geht der Spannung zwischen dem »Schon« und »Noch nicht« des Reiches Gottes nach, veranschaulicht dies am Beispiel des Senfkorn-Gleichnisses und verweist auf die Heilungen Jesu als Zeichen des angebrochenen Gottesreiches. Den Schwerpunkt bildet die Einheit »Gleichnisse vom Reich Gottes« (**12.4., S. 177–182**), die an ausgewählten Gleichnissen unter verschiedenen Aspekten die Botschaft Jesu von der Gottesherrschaft beleuchtet. Weil das Reich Gottes Gabe und Auftrag zugleich ist, schließt Kapitel 12 mit dem Gedanken »Mitwirken am Reich Gottes« (**12.5., S. 183–185**).

Mögliche Verbindungen

– zu Kapitel 11 »Liebt einander, wie ich euch geliebt habe. Die befreiende Botschaft des Evangeliums«
– Metaphorik/Bildsprache als Gegenstand des Deutschunterrichts in der 5./6. Klasse

12.0. Eröffnungsseite   S. 171

Hintergrund

Vincent van Gogh (1853–1890)
Vincent van Gogh wurde nur 37 Jahre alt. Das Leben des Holländers van Gogh war geprägt von Extremen: Arbeitslosigkeit, Armut und bedingt dadurch ein Leben in den Armenvierteln Londons, Zerwürfnissen mit Eltern und Freunden, Jähzorn, Alkoholismus, Geisteskrankheit und schließlich dem frühen Tod durch die Verletzung mit einer Pistole. In den Jahren ab 1880 entstanden über 750 Gemälde und 1600 Zeichnungen, während er immer mehr dem Wahnsinn verfiel. Er war einer der bedeutendsten Anreger der Moderne und ein Wegbereiter des Expressionismus, auch wenn er erst nach seinem Tod zu Ansehen kam.

Vincent van Gogh: »Sämann bei untergehender Sonne«, 1888
Das **Bild** (**S. 171**) gehört zu einer Folge von Gemälden, die van Gogh im Laufe des Jahres 1888 in Arles gemalt hat. Neben Ernte- und Landschaftsszenen kommt dem »Sämann« eine besondere Stellung zu – verkörperte dieser doch für van Gogh einerseits seine Sehnsucht nach dem Unendlichen (*vgl. Wulf Herzogenrath/Dorothee Hansen (Hg.), Van Gogh: Felder, Bremen 2002, S. 130*), andererseits seine eigene Arbeit, die er mit der eines auf den Feldern arbeitenden Bauern verglich. »Er war für ihn eine archetypische Ausdrucks- und Identifikationsfigur, ein Garant ewiger Wiederkehr und steten Neubeginns, deren bedeutungsschweres Gegenstück in der Natur die Sonne war.« (*Vincent van Gogh an Émile Bernard, um den 22. Juni 1988; ebd.*)
Bildbeschreibung: Im Hintergrund ist die bereits untergehende Sonne sowie der Sämann, der in den Farben der Natur gemalt ist und der mit der einen, offenen Hand etwas auf den Acker streut, während die andere etwas vor der Brust trägt, zu sehen. Zur Farbkomposition gehört der Komplementärkontrast von Gelb und Violett bzw. Blau und Orange, weniger die natürlichen Farben der Natur.
Die den Blick des Betrachters auf sich lenkende Sonne durchzieht viele Bilder van Goghs. Sie ist in ihrer Leuchtkraft und Gestalt ein Symbol für die Vollkommenheit und Präsenz Gottes. Van Gogh »liebte nicht den Sonnenschein. Er liebte die Sonne. Und diese selbst wollte er malen, nicht jenen. Wenn er schreibt: ›Wie schön ist das Gelb‹, so liegt hier nicht allein die sinnliche Reaktion des Malers vor, sondern das Bekenntnis eines Menschen, für den Gelb die Farbe der Sonne, Symbol der Wärme und des Lichtes ist. Das Gelb setzt zuerst als Idee den Menschen, dann als Farbe den Maler in Ekstase« (*Albert Biesinger/Gerhard Braun, Gott in Farben sehen, München 1995, S. 109*).
Bilddeutung: Das von van Gogh rezipierte biblische Gleichnis vom Sämann (vgl. 12.5.) spricht die Unsicherheit bezüglich eines Aufgehens dieser Saat, der Verkündigung des Evangeliums Jesu Christi, an und thematisiert die Spannung zwischen Anbruch und Vollendung des Gottesreiches. Diese Spannung wird in Kapitel 12 wiederholt angesprochen, das Gleichnis selbst in der letzten Einheit explizit aufgenommen.

Unterrichtsbausteine

- L verändert mithilfe eines Computerprogramms die Farbkomposition des Bildes und präsentiert den Sch verschiedene Varianten, deren unterschiedliche Wirkung besprochen wird (→ **Methodenkarte** »Ein Bild verändern«).
- Sch vergleichen sie mit dem Bild van Goghs und erschließen so die Intensität seiner Farbgebung, insbesondere die Bedeutung des Sonnenlichts, das alles in warme Farben taucht, in ihrer Wirkung.

12.1. In Bildern und Gleichnissen reden S. 172–174

Hintergrund

Der Zugang zu Gleichnissen über **Bildworte** trägt dem Umstand Rechnung, dass manche Sch der Jahrgangsstufe 5/6 sich entwicklungsbedingt mit dem Verständnis metaphorischer Sprache noch schwertun.
Die Einführung in das Verständnis von Bild-Worten bzw. Sprach-Bildern soll den Sch verdeutlichen, dass unsere Sprache reich an Metaphern ist und was bildhafte Sprache leisten kann – im Hinblick auf Hintergründigkeit, Anschaulichkeit und Verlebendigung der Rede. Auf **S. 172** findet sich neben der **Darstellung der Bildworte** »einen Bären aufbinden«; »den Splitter im Auge des anderen, den Balken vor dem eigenen Auge jedoch nicht bemerken« (vgl. Mt 7,3) ein **Gemälde** von Pieter Breughel (1525–1569), welches das Sprichwort »Mit dem Kopf durch die Wand« aufnimmt, aber auch an die Redensarten »Sich ins eigene Fleisch schneiden« und »In Harnisch geraten« erinnert.
Eine eigene Qualität haben die Begriffe »**Pfeifenkopf**« und »**Fingerhut**«, bei denen die ursprüngliche Bedeutung »Hut«/»Kopf« in den Komposita mit metaphorischer Bedeutung (Kopf einer Pfeife. bzw. (salopp abwertend) Pfeife; Hilfsmittel beim Nähen) erhalten bleibt.
In der Auseinandersetzung mit diesen und ggf. weiteren Bildworten erfahren die Sch, dass Bildworte häufig treffender sind als lange Umschreibungen oder Erklärungen.
Es bietet sich an, in dieser Einheit neben Mt 7,3 auf weitere biblische Bildworte (z.B. Mt 5,13) zurückzugreifen. **AB 12.1** setzt dieses Bildwort vom Salz der Erde in Verbindung zu einem Märchen der Gebrüder Grimm: »Prinzessin Mäusehaut«. Die Geschichte regt an, über die Bedeutung von Salz, das ja nur vermeintlich wertlos und alltäglich ist, nachzudenken – es würzt, es reinigt, es bewahrt vor Fäulnis – und trägt zur Erschließung von Mt 5,13 bei. Dieser Vers knüpft an die Seligpreisungen der Bergpredigt an und thematisiert den Versuch Verleumdeter oder Verfolgter, sich durch Rückzug den Nachstellungen zu entziehen. Gegen diese mögliche und naheliegende Reaktion wendet sich der Doppelspruch vom Salz der Erde und Licht der Welt. Wenn sich aber JüngerInnen dieser Aufgabe entziehen, geben sie ihr eigenes Wesen preis: denn Jünger Jesu sind nun einmal Salz und Licht. Wer also seine Natur verleugnet, ist wertlos.

Die Bild-Geschichte »**Swimmy**« von Leo Lionni (**S. 173**) veranschaulicht einerseits die Wahrheit, dass große Fische kleine fressen, andererseits zeigt sie die Bedeutung gemeinschaftlichen Handelns auf. Am Beispiel einer Geschichte wird ein Zugang zum Mehr-Wert metaphorischer Sprache gegenüber bloßen Feststellungen eröffnet.

Unter der Überschrift »**Betroffen**« (**S. 174**) werden die Vorgänge in 2 Sam zusammengefasst: Davids Verhältnis mit Batseba und sein Verhalten gegenüber Urija. Der Akzent liegt hier auf dem Gleichnis, das der Prophet Natan erzählt, um David seine Schuld vor Augen zu führen und bei ihm Einsicht, Reue und Umkehr zu bewirken. David erkennt durch die Erzählung vom reichen Mann, der dem Armen das Liebste, was er hat, nimmt, seine Schuld, bereut sein Handeln und büßt. Damit werden wesentliche Funktionen der Erzählform »Gleichnis« eingeführt: Es weist auf etwas im Leben des Hörers hin und fordert ihn zur Veränderung heraus. Dadurch, dass Sch verschiedene Gedanken durchspielen, auf welche Weise Natan dem König seine Schuld und Gottes Missfallen verdeutlichen kann, werden sie sensibilisiert für das, was die Gleichnisrede vermag.
Eine Veranschaulichung findet die Begegnung Natan – David in dem **Holzschnitt von Walter Habdank (1980)** (**S. 174**), in dem der Deute-Gestus Natans und die bestürzende Erkenntnis Davids eindrucksvoll dargestellt sind. Die für Habdank charakteristischen sprechenden Augen und Hände leisten dazu ebenso wie die Konzentration auf Schwarz-Weiß ihren Beitrag.
Die Frage nach der Berufung und dem Handeln von Propheten wird hier nicht aufgegriffen, eine Unterrichtsreihe zu diesem Thema bietet *Treffpunkt RU 7/8* in Kapitel 7.

Unterrichtsbausteine

- Sch betrachten die Abbildungen auf S. 172, nennen die Bild-Worte bzw. metaphorischen Sprichworte, die darin enthalten sind, und erzählen von Situationen, die zu den Bildworten passen.
  – Jede/r Sch malt ein weiteres Bildwort (OHP-Schnipsel) und lässt andere Sch ein passendes Bildwort dazu formulieren. (*Alternative*: L verteilt an Sch je ein Bildwort, jede/r malt dieses …)
  – Sch benennen Hintergründigkeit, Anschaulichkeit und Verlebendigung als Funktionen bzw. Wirkungen metaphorischer Sprache.
- Sch bearbeiten sukzessive **AB 12.1**, das sie so gefaltet bekommen, dass sie immer nur den jeweils nächsten Arbeitsschritt lesen können.
  – Dabei gehen sie zunächst einer möglichen Reaktion des Vaters auf die »Liebeserklärung« seiner dritten Tochter nach. Sch diskutieren die Frage, was die Prinzessin zu dieser Antwort bewogen haben könnte.
  – Bei der Hochzeit klagt der Vater über das salzlose Essen, auch hier formulieren Sch eine mögliche Erwiderung, diesmal die der Tochter, und bahnen so ein Nachdenken über die Bedeutung von Salz an.
  – Nach dem Abschluss der Geschichte zeigen Sch

auf, was den Wandel im Verhalten des Vaters bewirkt hat, und benennen den Wert von Salz.
- L konfrontiert Sch mit Mt 5,13 als (weiteres) Beispiel für ein biblisches Bildwort. Sch deuten es.
- Sch lesen die Erzählung von Swimmy und nehmen arbeitsteilig die Perspektive von Swimmy bzw. die eines Fisches aus dem neuen Schwarm ein, indem sie die Geschichte in der Ich-Form neu erzählen. In der Auswertungsphase beschreiben sie, wie Swimmys Leben ohne den neuen Schwarm bzw. das Leben des neuen Schwarms ohne Swimmy aussähe, und arbeiten so heraus, dass die Erfahrung von Gemeinschaft stärkt, neue Perspektiven ermöglicht und das Leben reicher machen kann.
- Sch betrachten (**AB 12.2**/OHP) den Ausschnitt des Bildes von Habdank, das Natan allein zeigt. Sie beschreiben Natan und geben ihm eine Bezeichnung (z.B.: Der Ankläger ...), die sie auf dem AB notieren.
  - L liest aus *Treffpunkt RU 5/6* den Anfang der Erzählung »Betroffen« vor (bis: »Er schickte den Propheten Natan zu David und ließ ihm sagen ...«).
- Sch skizzieren die Ausgangssituation, formulieren, was Natan David (dem König!) sagen könnte, und füllen die Sprechblase aus.
- Sch überlegen, wie David reagieren könnte, wenn Natan zu ihm kommt und ihn anklagt.
- L liest die Erzählung weiter vor. Sch arbeiten heraus, dass Natans Anklage nicht direkt erfolgt, sondern in Form eines Gleichnisses, in dem Natan am Beispiel des Reichen zeigt, wie David sich verhalten hat und dass er sich letztlich selbst sein Urteil spricht. Sie deuten das Gleichnis, indem sie David sein eigenes Verhalten in Beziehung setzen lassen zum Verhalten des Reichen (**AB 12.3**).
- Sch betrachten und beschreiben das Gesamtbild und setzen es in Beziehung zu dem Gehörten.
- Sch halten fest, dass Natans Gleichnis die Aufgabe hat, auf Missstände im Leben Davids hinzuweisen und ihn zur Einsicht aufzufordern.

12.2. Visionen von einer neuen Welt   S. 175

Hintergrund

Diese Einheit verknüpft **alttestamentliche Hoffnungsbilder** (Jes 35) mit Zukunftsvisionen der Sch von einer neuen Welt.
Die Zusage »Habt Mut, fürchtet euch nicht! Seht, hier ist euer Gott! Er kommt und wird euch erretten!« hat in der Geschichte Israels einen besonderen Ort. Indem die Propheten des Jesaja-Buches in die gegenwärtige Leidenssituation von Menschen hinein – hier konkret die Erfahrung der Gefangenschaft im babylonischen Exil – Gottes Zuwendung und Befreiungshandeln zusichern, erinnern sie an das vergangene Geschehen des Exodus, vermitteln aber auch in gewaltigen Bildern die Hoffnung auf eine neue Heilszeit. Überall wird neues Leben aufbrechen, Menschen fassen wieder Mut und erfahren Heilung, verdorrtes Land wird zum Lebensraum, Gefahren wird es nicht mehr geben. Diese Einheit lädt dazu ein, mit den Sch zu thematisieren, ob sie sich mit ihren Wünschen und Sehnsüchten in den Hoffnungsbildern des Jesaja wiederfinden, welche Visionen sie selbst haben, wo Wünsche schon Wirklichkeit werden. Eine Einladung, sich seiner Wünsche bewusst zu werden und sich der Hoffnung auf eine neue Wirklichkeit zu öffnen, stellt das **Lied »Wenn einer alleine träumt«** (*Text: Dom Helder Camara; Musik: Ludger Edelkötter*) dar.

Unterrichtsbausteine

- Sch lesen Jes 35, wählen einen Satz aus, der sie besonders anspricht, und formulieren in Form eines Rondell-Gedichtes (→ **Methodenkarte** »Ein Rondellgedicht schreiben«), ausgehend von dieser Vision einer von Gott neu geschenkten Welt, eigene Akzentuierungen.
- Sch erschreiben den Text, indem sie Versanfänge aus Jes 35 vervollständigen.

12.3. Die Zeit ist erfüllt, das Reich Gottes ist da   S. 176

Hintergrund

Als Jesus auftrat und verkündigte, die Zeit sei erfüllt, das Reich Gottes sei da (vgl. Mk 1,15), wollte er alle Menschen seines Volkes an dieser frohen Botschaft teilhaben lassen. Jesus greift die Hoffnungen seines Volkes auf die neue Welt Gottes auf und verkündet den Anbruch der Gottesherrschaft. Der Skepsis und Unsicherheit, ob sich wirklich in Jesus und seinem Wirken uralte Hoffnungen und prophetische Heilsbeschreibungen erfüllen (vgl. Mt 11,3: »Bist du es, der da kommen soll, oder müssen wir auf einen anderen warten?«), begegnet **Mt 11** mit dem Hinweis auf die Heilungen Jesu, in denen sich das Evangelium realisiere. Dabei ist Vers 5 (Blinde sehen, Lahme gehen, Taube hören) deutlich von Jes 35 inspiriert (vgl. 12.2.). Die Einheit regt zur Vertiefung dieses Gedankens, dass sich in der Zuwendung Jesu zu Kranken und Ausgestoßenen in besonderer

Weise der Zuspruch der Reich-Gottes-Botschaft und der Anspruch Jesu zeige, die Lektüre von Heilungsgeschichten im Markusevangelium an: die Heilung eines Aussätzigen (1,40–45), die Heilung eines Gelähmten (2,1–12), die Auferweckung der Tochter des Jaïrus (5,21–24.35–43), die Heilung eines Taubstummen (7,31–37) sowie die Heilung eines Blinden bei Jericho (10,46–52). Damit ergänzt es die Ausführungen des 11. Kapitels über die befreiende Kraft des Evangeliums. Eine ausführliche Auseinandersetzung mit den Wundern Jesu erfolgt lehrplangemäß jedoch erst in *Treffpunkt RU 7/8* im 9. Kapitel.

Dass Jesu Verhalten und Anspruch die Menschen provozierten, zeigt sich an dem Hinweis in Mt 11,6: »Selig ist, wer an mir keinen Anstoß nimmt.«

Die Frage in Mt 11,3, ob Jesus wirklich der verheißene Messias ist und die Wartezeit ein Ende hat, erfährt ihre Beantwortung auch in Mk 4,30–32. Das **Gleichnis vom Senfkorn** thematisiert die Spannung des »Schon jetzt« und »Noch nicht« des Reiches Gottes. Das Reich Gottes ist zwar schon da (klein wie im Bild des Senfkorns, des kleinsten Samenkorns), längst aber noch nicht die beherrschende Wirklichkeit in der Welt (groß wie im Bild der Senfstaude, des größten aller Staudengewächse mit 3–4 m Höhe). Die Vögel des Himmels stehen dabei für die Fülle der Heiden (vgl. Ez 31,6).

Mag aber der Anfang auch ganz klein und unscheinbar sein, so ist er doch die nötige Voraussetzung, dass alle im Reich Gottes ihr Heil finden werden. Das **Lied** »Kleines Senfkorn Hoffnung« (S. 182), auf das verwiesen wird, greift diese Vorstellung auf. Denkbar ist es, in diesem Zusammenhang die Spannung zwischen »mir umsonst geschenkt«, wie es im Liedtext heißt, und dem Engagement für das Reich Gottes zu thematisieren. Dieser Gedanke lässt sich aber auch im Kontext der letzten Einheit aufgreifen.

Unterrichtsbausteine

- Um eine intensivere Beschäftigung mit dem Bild des Senfkorns zu erreichen und durch das Ansprechen verschiedener Sinne ein ganzheitliches Lernen anzubahnen, vollziehen Sch eine Gegenstandsmeditation (→ **Methodenkarte** »Eine Gegenstandsmeditation durchführen«). Sie artikulieren ihre Eindrücke und beschreiben ihr Senfkorn. Anschließend pflanzen sie die Senfkörner in eine Schale.

- Sch werden mit der Frage des Johannes (Mt 11,3) und mit der Aussage Jesu (Mk 1,14) konfrontiert (**AB 12.4**) und leiten daraus die Frage ab, woran denn der Anbruch des Reiches Gottes zu erkennen sei. Sie beantworten diese Frage nach der Lektüre von Mt 11,2–5. Sie thematisieren mögliche Einwände (z.B.: »Aber wir sehen doch noch viel Leid und Ungerechtigkeit in der Welt. Wie sollen wir denn glauben, dass das Reich Gottes schon da ist?«) und nehmen in diesem Kontext eine Deutung des Gleichnisses vom Senfkorn vor.

12.4. Gleichnisse vom Reich Gottes S. 177–182

Hintergrund

In dieser Einheit werden Sch mit einigen **Gleichnissen** bekannt gemacht, die unter verschiedenen Leitgedanken Aspekte der Reich-Gottes-Botschaft Jesu vorstellen: Ein Fund verändert das Leben (Mt 13,44–45), Eingeladen zum Reich Gottes (Lk 14,15–24), Verloren für das Reich Gottes? (Lk 15,8–10), Gott hat andere Maßstäbe (Mt 20,1–15).

Mk 1,15, das schon Gegenstand der dritten Einheit war, wird bündelnd wieder aufgegriffen und ergänzt um den Satz: »Kehrt um und glaubt an das Evangelium!«, um die Spannung von Zuspruch und Anspruch Jesu zu verdeutlichen.

Zu den einzelnen Perikopen:

Ein Fund verändert das Leben
Das **Doppelgleichnis vom Schatz und der Perle** (Mt 13,44–45; S. 177) – matthäisches Sondergut – thematisiert, dass das Reich Gottes etwas Mitreißendes ist: Wer darauf stößt, kann gar nicht anders, als alles dafür einzusetzen, um in seinen Besitz zu gelangen. Sicherlich ist es ein Glücksfall, einen Schatz im Acker zu finden – aber wer hat schon so viel Glück? Diese Sichtweise könnte dazu verleiten, nichts anderes mehr zu tun, als nur zu warten, bis wir zufällig auf einen Schatz stoßen. Diesem Missverständnis begegnet der Vergleich mit der Perle, nach der der Kaufmann gezielt sucht. Wir müssen nicht warten, bis wir zufällig auf den Schatz des Himmelreiches stoßen. Wir können ihn auch suchen! *(Meinrad Limbeck, Matthäus-Evangelium. Stuttgarter Kleiner Kommentar NT 1, Stuttgart 1998, S. 192.)*

Diese Einheit regt dazu an, darüber nachzudenken, wie diese Suche sich gestalten kann, indem sie Schatztaucher ins Spiel bringt und nach dem Einsatz fragt, den ein Schatzsucherteam aufbringen müsse. Gleichzeitig lädt sie dazu ein, die Perspektive zu wechseln und aus der Sicht des Finders bzw. des suchenden Kaufmanns zu erzählen, was ihr Fund für sie bedeutet und was sie dafür eingesetzt haben bzw. noch mit ihm vorhaben. Zu bedenken ist dabei, dass das Reich Gottes zwar schon angefangen hat und bereits jetzt ganz konkret und praktisch angesprochen werden kann, sich die *konkrete* Erfüllung aber noch zeigen wird und man sich ihr nur glaubend und hoffend annähern kann. Hier könnte sich die Grenze der Vermittelbarkeit dieser Gleichnisse zeigen. Nicht ohne Absicht beendet ja auch

Matthäus die Gleichnisse Jesu mit der Frage: »Habt ihr das alles verstanden?«

Eingeladen zum Reich Gottes (Lk 14,15–24, S. 178–179)

Das **Motiv des gemeinsamen Mahles** spielt in verschiedenen Gleichnissen eine große Rolle. Jesus belässt es aber nicht bei Worten, sondern verkündet sein Evangelium auch dadurch, dass er mit Menschen Mahl hält. Tischgenossen Jesu sind dabei nicht nur die Gerechten, sondern ganz besonders die, die am Rande stehen und nicht akzeptiert sind, die »Sünder«. In Jesu Tischgemeinschaften ist das Reich Gottes, die Zeit der Freude, bereits erfahrbar. Teilnehmen kann jede/r; möglich ist das durch die bedingungslose Liebe Gottes, die Jesus jedem Menschen zusagt, ohne Ansehen auf Verdienste oder Rechtgläubigkeit. Mit seinen Feiern greift Jesus ein altes Bild für das vollendete Reich Gottes auf, das Festmahl der Völker auf dem Berg Zion (vgl. Jes 25,6).

> **Marc Chagall (1887–1985)**
> s. *Lehrerkommentar*, S. 67

Marc Chagall: »Die Hochzeit«, 1944

Die Hinführung zum Gedanken der Mitfreude und des Mitfeierns erfolgt über das **Bild** von **Marc Chagall (S. 178)**. Chagall hat es 1944, im Todesjahr seiner Frau Bella, gemalt und spielt damit auf die Hochzeit seines Schwagers Aaron an, die Bella in ihrem Buch »Erste Begegnung« in einem beschwingten Ton beschreibt.
Bildbeschreibung: Ins Auge fallend sind die roten, sich diagonal (von links oben nach rechts unten) durchs Bild ziehenden Elemente: ein Geiger, ein Trommler (oder eine Trommlerin?), ein Mann mit erhobenem Glas, eine Frau mit einem Stock und ein lesender Mann mit Buch. Der rechte Teil des Bildes ist in grün-weiß gehalten, hier ist ein Cellospieler erkennbar sowie am rechten unteren Bildrand ein Gesicht im Profil und eine Frau mit Blumen. Die linke untere Bildecke nimmt das Brautpaar mit Festgesellschaft ein, am äußersten Rand ist auch ein vierarmiger Kerzenständer zu sehen.
Bilddeutung: Die Beschwingtheit und Freude über das Fest zeigen sich in dem Bild z.B. durch die ansprechende Farbenfülle, wenngleich sich auch melancholische Züge finden, in denen sich Chagalls Trauer über Bellas Tod niederschlägt (*Ingo F. Walther/Rainer Metzger, Marc Chagall 1887–1985. Malerei als Poesie, Köln 1987, S. 70*). Typische Bildzeichen Chagalls sind auch hier zu finden: unter den engelhaften Musikanten sind Geiger, und ein Geiger musizierte in Chagalls Heimatdorf bei bedeutenden Festen im Leben wie Geburt und Hochzeit; der Hahn – bei Chagall meist im Zusammenhang mit Liebespaaren gemalt – bedeutet Fruchtbarkeit; der Kerzenleuchter symbolisiert häufig den Chanukka-Leuchter oder die Menora und bezeichnet damit das Leben frommer Juden (vgl. **6.3.**).

Über die Thematisierung der Freude, an einem Fest mitfeiern zu dürfen, kann zum folgenden Gleichnis hingeführt werden.

Lk 14,15–24 erzählt das **Gleichnis vom Festmahl (S. 179)** im Anschluss an die Mahnung, sich bei Festen nicht die besten Plätze auszusuchen, sondern bescheiden zu sein (14,11: »Denn wer sich selbst erhöht, wird erniedrigt, und wer sich selbst erniedrigt, wird erhöht werden«), und an seine Aufforderung, als »rechte Gäste« Arme, Krüppel, Lahme und Blinde einzuladen, weil diese sich eben nicht erkenntlich zeigen können, diese Gemeinschaft besonders brauchen und diese Einladung von Selbstlosigkeit zeugt (14,14: »Du wirst selig sein, denn sie können es dir nicht vergelten«). In 14,15–24 greift Lukas auf die gleiche Gruppe zurück, die er in der vorangegangenen Perikope bereits genannt hat – deutlich wird, dass die Armen bei den gemeinsamen Mahlzeiten der Gemeinde den Vorrang haben sollen, ein Spezifikum der lukanischen Theologie mit seiner Option für die Armen. Gleichzeitig spricht das Gleichnis aber auch von dem Ausschluss jener, die Gottes Heilsangebot nicht angenommen haben, weil sie anderes (Besseres?) zu tun hatten bzw. erst später dazukommen wollten. Die Annahme der Heilsbotschaft Jesu ist nicht auf später zu vertagen, es heißt, jetzt zuzusagen und teilzuhaben – später könnte es zu spät sein. Eine klare Entscheidung wird hier eingefordert.

Verloren für das Reich Gottes? (S. 180)

Bereits in Kapitel 11.4. wurden **Gleichnisse vom Verlorenen** aufgenommen (Lk 15,3–7: Das Gleichnis vom verlorenen Schaf; mit der Abbildung Rembrandts das Gleichnis vom barmherzigen Vater Lk 15, 11–32). Der Akzent liegt jetzt weniger auf dem Gedanken, dass Jesus den Verlorenen nachgeht – dieser Aspekt wird über einen Impuls auf **S. 180** noch einmal aufgenommen – und mit den Gleichnissen den Protest der Pharisäer und Schriftgelehrten gegen sein Handeln aufnimmt und es verteidigt, sondern in der Freude Gottes über den Sünder, der umkehrt. In allen drei Gleichnissen geht es um das Verlorengehen, das Wiederfinden und die Aufforderung zur Mitfreude darüber.

Das **Gleichnis von der verlorenen Drachme** (Lk 15,8–10) ist insofern auffällig, als Gottes Engagement gegenüber den Menschen und seine Freude über das Finden des Verlorenen hier – im Kontrast zu der Freude eines Hirten bzw. eines Vaters – an der Reaktion einer Frau veranschaulicht wird, die alles daransetzt, das Verlorene wiederzufinden und anschließend ihre Freundinnen und Nachbarinnen zusammenruft und zur Mitfreude einlädt.

Es ist für das Verständnis des Gleichnisses wichtig, dass Sch sich eine Vorstellung von der Situation der Frau machen können – deshalb wird zum Vergleich die Situation einer armen Wäscherin, die für einen sehr geringen Lohn arbeitet, herangezogen. *Treffpunkt RU* setzt den geringen Verdienst von zwei Euro pro Tag in Relation zu einem (wieder-)gefundenen 100 Euro-Schein. Berücksichtigt man weiterhin, dass es sich bei den zehn

Drachmen um einen zum Brautschatz gehörenden – insgesamt aber recht dürftigen – Kopfschmuck handeln könnte (vgl. (erstmals) Joachim Jeremias, *Die Gleichnisse Jesu*, Göttingen 1962, S. 134), so käme zu der materiellen Not auch noch eine ideelle Bedeutung hinzu, die die Frau so lange suchen lässt.

Gott hat andere Maßstäbe (S. 181)

Dieses **Gleichnis von den Arbeitern im Weinberg** (Mt 20,1–15) ist für Sch dieser Altersstufe recht komplex und hat einen hohen Provokationsgehalt, bricht es doch mit dem Verständnis einer austeilenden Gerechtigkeit nach dem Prinzip *suum cuique* (Jedem das Seine), nach dem jedem das zugeteilt wird, was er sich verdient hat. Dem Gerechtigkeitsempfinden (nicht nur) der Sch dürfte dieses Gleichnis diametral entgegenstehen und sie zum Widerspruch herausfordern. Vergütet doch der Gutsbesitzer ungleiche Arbeit mit gleichem Lohn! Alle Arbeiter, die der ersten, dritten, sechsten und neunten Stunde, sogar die der letzten Stunde, die nur eine Stunde gearbeitet haben, erhalten den gleichen Lohn von einem Denar. Die zuletzt angeworbenen Arbeiter erhalten zuerst den Lohn. Sie bekommen einen Denar, den Lohn, der mit den Arbeitern der ersten Stunde ausgehandelt worden war, sodass die anderen Arbeiter sich Hoffnung auf eine höhere Entlohnung machen – die aber bitter enttäuscht wird. Der Gutsbesitzer hält zwar den Vertrag ein, den er mit ihnen geschlossen hat; es provoziert aber, dass er die Verhältnismäßigkeit nicht wahrt, sondern dem Prinzip der ausgleichenden Gerechtigkeit folgt.

Die mahnende Frage des Gutsbesitzers, ob er mit seinem Besitz nicht nach seinem Willen verfahren könne, verdeutlicht, dass man ein Mehr an Entlohnung nicht einfordern kann. Vers 15 »Darf ich mit dem, was mir gehört, nicht tun, was ich will? Oder bist du neidisch, weil ich zu anderen gütig bin?« gibt hier Aufschluss über die Motivation des Gutsbesitzers: Ihm geht es um Güte, nicht um die Beurteilung des Leistungsumfangs. Den Menschen diese nicht berechnende Güte nahezubringen, war für Jesus bei diesem Gleichnis wichtig. Es möchte die Zuhörer gewinnen für die Güte Gottes, der alle zu Ersten machen möchte – unabhängig von den Leistungen, die der Einzelne erbringt. Damit wird nicht die Arbeit der Ersten entwertet, denn sie werden ja gerecht bezahlt! Das Verhalten des Gutsbesitzers schafft eine andere Atmosphäre: Alle Arbeit im Weinberg könnte ohne Leistungsdruck geschehen. (*Vgl. Limbeck, Matthäus-Evangelium, S. 239f.*)

Das Gleichnis wird bei Matthäus von dem Satz umrahmt »So werden die Letzten die Ersten sein und die Ersten die Letzten« (V.16, ähnlich Mt 19,30) – es antwortet damit auf die Frage des Petrus: »Du weißt, wir haben alles verlassen und sind dir nachgefolgt. Was werden wir dafür bekommen?« (19,27). Bei Matthäus stellte sich die Frage nach den Ersten und den Letzten und damit nach einer Vorrangstellung in der Gemeinde – diese beantwortet er durch die Erzählung von der Güte des Weinbergbesitzers ebenfalls. Gleichzeitig wird damit auch das Denken derer zurückgewiesen, die meinen, aufgrund ihrer Leistungen einen Anspruch auf Gottes Güte erheben zu können. Die Gerechtigkeit Gottes und seine ausgleichende Güte sind ein Geschenk an die Menschen!

Zum Verständnis des Gleichnisses ist einige Sachinformation hilfreich:
– Nur solange man – täglich neu – als Tagelöhner Arbeit findet, kann man sich (und seine Familie) einigermaßen ernähren.
– 200 Denare im Jahr bilden etwa das Existenzminimum einer Familie. Berücksichtigt man, dass nicht alle Tage Arbeitstage sind (Sabbat, Feiertage), ist es dringend erforderlich, an den Arbeitstagen genug Geld zu verdienen.

Unter Einbeziehung dieser Hinweise bietet es sich an, im RU zunächst die Bedeutung der unerwarteten Entlohnung für die Arbeiter der letzten Stunde in den Blick zu nehmen. Was genau hätte ihnen denn $1/12$ Denar genutzt? Zum Leben wäre es entschieden zu wenig. Auch das Verhalten der Arbeiter der ersten Stunde ist genauer zu betrachten. Der Gutsbesitzer weist es als Neid zurück und tadelt sie deswegen. Sie haben ja tatsächlich mehr gearbeitet als die späteren Arbeiter – aber deutlich werden müsste, dass sie ja das bekommen, was sie brauchen – ebenso wie die anderen. Warum also können sie den anderen ihren Lohn nicht gönnen? Güte und ausgleichende Gerechtigkeit kennzeichnen also das Verhalten des Gutsbesitzers, nicht die austeilende Gerechtigkeit, die eher mit dem Gerechtigkeitsverständnis der Sch korrespondiert. Herauszuarbeiten sind also das Gottesbild, ferner die Maßstäbe, nach denen im Reich Gottes »honoriert« wird. Aufgegriffen werden könnte (mit Mt 20,15) auch der Gedanke, dass Gleichnisse auch auf Verhaltensänderung und Umdenken zielen.

Treffpunkt RU 5/6 (**S. 181**) bietet durch eine **Parallele aus der Lebenswelt der Sch** eine korrelative Erschließung an. Die Arbeit im Weinberg wird mit einer Aushilfstätigkeit von Schülern in der Adventszeit verglichen. Vier Schüler melden sich auf eine Anzeige, der erste arbeitet an vier Adventsamstagen, der zweite einen Tag weniger, der letzte nur an einem – alle erhalten den gleichen vereinbarten Lohn von 50 Euro. Den Schlüssel zum angemessenen Verständnis dieser Entlohnung liefert die Information, dass alle vier Arbeiter gemeinsam an einer Klassenfahrt teilnehmen wollen, für die sie genau diesen Betrag brauchen. Auch hier wäre herauszuarbeiten, dass jeder das bekommt, was er braucht, nicht das, was er verdient hat – auch der Geschäftsmann in diesem Beispiel vertritt also eine ausgleichende Gerechtigkeit.

Unterrichtsbausteine

- Um die sukzessive zu erarbeitenden inhaltlichen Aspekte der Reich-Gottes-Botschaft zu sichern, halten Sch im Verlauf dieser Einheit auf **AB 12.5** Aussagen der einzelnen Gleichnisse fest und illustrieren sie. In vergrößerter Form könnte diese Übersicht gut im Klassenraum den Unterrichtsprozess begleiten. Die Illustrationen könnten dabei an malfreudige Sch vergeben werden.
- L präsentiert an der Tafel das Bild einer Schatztruhe (die ein/e Sch vorher gemalt hat). Sch schreiben auf DIN-A4-Blättern groß auf, was ein solcher Schatz, für den sie/man alles einsetzen würde, für sie/für Menschen sein könnte.
- Sch betrachten das Bild von Chagall und nennen Begriffe, die ihnen zu diesem Bild einfallen, die das Fest umschreiben oder auf die Hochzeit Bezug nehmen, sodass die Stimmung des Festes eingefangen wird. Die Begriffe werden geclustert (→ **Methodenkarte** »Clustern«). (Bei schreibfreudigen Klassen können Sch mithilfe dieser Wörter eine Geschichte zu dem Bild schreiben.)
  - Sch erhalten **AB 12.6** und schreiben auf, was Teilnahme am Fest bzw. Ausschluss vom Fest bedeutet.
- Sch fühlen sich in die Personen im Gleichnis vom Festmahl (Gastgeber, Diener, eingeladene Gäste, »Randgruppe«) ein, indem sie »Interviews« mit ihnen vorbereiten und durchführen.
- Sch schreiben eine Geschichte in der Ich-Form, in der die Frau die Bedeutung der Drachme anspricht, von ihrer Suche und von dem Wiederfinden erzählt.
- Sch erschließen Mt 20, indem sie in einem – spontanen – Stuhltheater (→ **Methodenkarte** »Ein Stuhltheater durchführen«) die Perspektiven der Arbeiter der ersten und der späteren Stunden sowie des Gutsbesitzers einnehmen. Sch tragen zusammen, wie sie in der Aufführung die dargestellten Personen empfunden haben (empört, ungerecht ...).
  - Unter Einbeziehung der Sachinformation wird die Bedeutung des vollen Tageslohns für alle Arbeiter erarbeitet. Sch überprüfen, ob die vorgenommenen Zuschreibungen aufrechterhalten werden können.
  - Ggf. führen sie das Stuhltheater erneut auf. Zusammenfassend formulieren sie, was sie über die Personen im Gleichnis neu erfahren haben (Gutsbesitzer ist gütig, nicht »ungerecht« ...).

12.5. Mitwirken am Reich Gottes S. 183–185

Hintergrund

Die letzte Einheit dieses Kapitels greift das Verhältnis von **Anspruch und Zuspruch des Reiches Gottes** auf. Es will verdeutlichen, dass das Reich Gottes Gabe und Aufgabe ist, wobei deutlich werden sollte, dass das Wachsen des Reiches Gottes zwar auch der Mitwirkung von Menschen bedarf, dass es letztlich aber Geschenk Gottes ist und niemals das Endprodukt menschlicher Bemühungen.
Diese Spannung thematisiert die **Erzählung »Nur ein Traum?«** (S. 183): Der Mensch bekommt den Samen zur Realisierung seiner Wünsche geschenkt, an ihm liegt es aber, daraus auch etwas zu machen.
Sch denken darüber nach, was Menschen tun können, um das Reich Gottes erfahrbar zu machen, und stellen in Form einer Collage dar, wo sie Spuren des Reiches Gottes sehen (AA **S. 183**).
Dass es letztlich nicht in der Hand des Menschen liegt, was aus seinem Samen wird, greift das **Gleichnis vom Sämann** (Mt 13,1–9) (S. 184) auf, das gleichzeitig ein Hoffnungsgleichnis ist: Wenn auch nicht jeder Samen Frucht trägt und mancher – um im Bild des Gleichnisses zu bleiben – gefressen wird, verdorrt oder von Dornen erstickt wird, so gibt es doch am Ende eine gute Ernte. Matthäus antwortet mit diesem Gleichnis auf die Skepsis der Jünger gegenüber der Wirksamkeit ihrer Verkündigung. Wenn schon die alltägliche Erfahrung zeigt, dass eine Saat selbstverständlich reiche Frucht (teils hundertfach, teils sechzigfach, teils dreißigfach) trägt, auch wenn keineswegs alles aufgeht – wie sollte dann ausgerechnet jemand, der das Evangelium verkündet, an der Wirksamkeit dieser Saat zweifeln?
Das Buch stellt mit dem Gespräch der **Bauern von Solentiname** (vgl. 3.2., S. 42f.) eine allegorische Auslegung vor. Solentiname ist eine abgeschiedene Inselgruppe im Großen See von Nicaragua, die Bevölkerung besteht überwiegend aus Bauern. In den Sonntagsmessen, die sie feierten, hörten sie keine Predigt, sondern unterhielten sich über das jeweilige Evangelium und bezogen es auf ihre konkreten Lebensumstände. Der Priester Ernesto Cardenal hat diese Bibelauslegungen aufgezeichnet und veröffentlicht.
Das Kapitel schließt mit einer Abbildung des **Kreuzes aus der Ludgeri-Kirche** (S. 185) in Münster. Das Bildnis des gekreuzigten Jesus Christus wurde 1929 vom Bildhauer Heinrich Bäumer gefertigt und bei einem Bombenangriff 1944 beschädigt. Auf Beschluss der Kirchengemeinde blieb das Werk nach Ende des Zweiten Weltkrieges in dieser beschädigten Form, bei der dem Corpus beide Arme fehlen. An der Stelle, wo sich zuvor die Arme befanden, ist nun eine Inschrift mit den Worten »ICH HABE KEINE ANDEREN HAENDE ALS DIE EUEREN« angebracht.

Unterrichtsbaustein

- Sch erhalten **AB 12.7** und führen aus, wie sie ihre »Arme« konkret einsetzen können, um im Sinne Jesu zu handeln.

Literaturhinweise

Hubertus Halbfas, Stationen der Gleichnisdidaktik, in: Ders., Religionsunterricht in der Grundschule. Lehrerhandbuch 3, Düsseldorf ⁴1992, S. 542–550.

Ulrich Kropač, Biblisches Lernen, in: Georg Hilger, Stephan Leimgruber, Hans-Georg Ziebertz (Hg.), Religionsdidaktik. Ein Leitfaden für Studium, Ausbildung und Beruf, München 2001, S. 385–401.

Franz W. Niehl, Bibel verstehen. Zugänge und Auslegungswege, München 2006, bes. Kap.12.

»Prinzessin Mäusehaut« begleiten

Ein König hatte drei Töchter. Da wollte er wissen, welche ihn am liebsten hätte, ließ sie zu sich kommen und fragte sie. Die älteste sprach, sie habe ihn lieber als das ganze Königreich; die zweite sagte, lieber als alle Edelsteine und Perlen auf der Welt; die dritte aber sagte, sie habe ihn lieber als das Salz.

Schreib auf, wie deiner Meinung nach der Vater auf diese Erklärung der dritten Tochter reagiert:

.... *(hier knicken)* ....

Der König war aufgebracht, dass sie ihre Liebe zu ihm mit einer so geringen Sache vergleiche, übergab sie einem Diener und befahl, er solle sie in den Wald führen und töten. Als sie in den Wald gekommen waren, bat die Prinzessin den Diener um ihr Leben. Dieser war ihr treu und wollte sie nicht töten, sondern lieber mit ihr gehen und ihren Befehlen folgen. Die Prinzessin verlangte aber nichts als ein Kleid aus Mäusehäuten, und als er ihr das geholt hatte, wickelte sie sich hinein, gab sich den Namen Mäusehaut und ging fort. Sie kam an den Hof eines benachbarten Königs und bat ihn, dass er sie in seine Dienste nehme. Der König sagte es zu. Als sie länger am Hof war, verliebte sich der König in sie und wollte sie heiraten.

Zu der Hochzeit wurde auch der Vater der Braut eingeladen. Dieser glaubte, seine Tochter sei schon längst tot, und erkannte sie nicht wieder. Auf der Tafel aber waren alle Speisen, die ihm vorgesetzt wurden, ungesalzen. Da wurde er ärgerlich und sagte: »Ich will lieber nicht leben, als solche Speisen essen!« Da sprach die neue Königin zu ihm:

Schreib auf, was deiner Meinung nach die Königin zu ihrem Vater sagt:

.... *(hier knicken)* ....

»Jetzt wollt Ihr nicht leben ohne Salz, und doch habt Ihr mich einmal wollen töten lassen, weil ich sagte, ich hätte Euch lieber als Salz!« Da erkannte er seine Tochter und küsste sie und bat sie um Verzeihung. Und es war ihm lieber als sein Königreich und alle Edelsteine der Welt, dass er sie wiedergefunden hatte.

Nach Jacob und Wilhelm Grimm

(Titel:) _____

- Beschreibe, was dir an Natan auffällt.
- Notiere, was Natan beim König David sagen konnte.
- Gib deinem Arbeitsblatt eine passende Überschrift.

Arbeitsblatt 12.2

Arbeitsblatt 12.3

David hört das Gleichnis, das Natan erzählt ...

Ich habe gegen den Herrn gesündigt.
Der Reiche hat ...
....
....
....

Auch ich habe ...
....
....
....

Ist das Reich Gottes da?

Johannes hörte im Gefängnis von den Taten Christi. Da ließ er ihn fragen:
»**Bist du es, der da kommen soll, oder müssen wir auf einen anderen warten?**«
Mt 11,3

Jesus verkündete das Evangelium Gottes und sprach:
»**Die Zeit ist erfüllt,
das Reich Gottes ist nahe.**«
Mk 1,15

⇨ Woran können wir erkennen, dass das Reich Gottes da ist?

_____
_____
_____
_____
_____
_____
_____

⇨ Aber wir sehen doch noch viel Leid und Ungerechtigkeit in der Welt. Wie sollen wir denn glauben, dass das Reich Gottes schon da ist?

Das Reich Gottes gleicht einem Senfkorn.

Es ...

_____
_____
_____
_____
_____
_____

Arbeitsblatt 12.4

Zusammenschau der Gleichnisse vom Reich Gottes

4,30–32:
Das Reich Gottes fängt klein und unscheinbar an, wird aber aufgehen und immer größer werden.

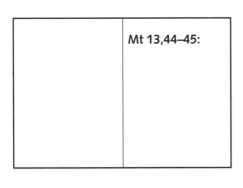

Mt 13,44–45:

GLEICHNISSE VOM REICH GOTTES

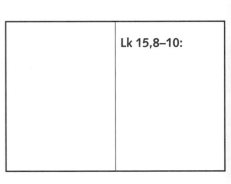

Lk 15,8–10:

Lk 14,15–24:

Mt 20,1–15:

- Welche Aussage hat das jeweilige Gleichnis?
- Male ein passendes Bild zu jeder Aussage.

Eingeladen zum Fest …

Vor einer geöffneten Tür zu stehen bedeutet …

_____
_____
_____
_____
_____

Vor einer verschlossenen Tür zu stehen bedeutet …

_____
_____
_____
_____
_____

»Ich habe keine anderen Hände als die eueren«

- Wie kann ich meine »Arme« einsetzen, um im Sinne Jesu zu handeln?

Anhang: Kompetenzen entwickeln und evaluieren

Ein RU, der sich an den konkreten Kompetenzen von Sch ausrichten will, muss in regelmäßigen Abständen Raum für Verfahren der Überprüfung und Evaluation geben. Diese Verfahren sollten allerdings nicht nur als »Testaufgaben« zur Leistungsüberprüfung und Notenfindung eingesetzt werden, sondern vor allem als »Lernaufgaben« zur Kompetenzförderung und Kompetenzentwicklung im Unterricht. Die bisherigen Erfahrungen mit einem an Standards religiöser Kompetenz ausgerichteten RU zeigen, dass L vor allem diagnostische und methodische Kompetenzen benötigen um:
- die Ausgangslage von Sch zu beurteilen;
- eine differenzierte Aufgabenkultur zu pflegen, die Sch immer wieder zur Selbsttätigkeit anregt;
- die individuellen Lernwege von Sch zu erkennen, zu beurteilen und wertzuschätzen.

Entsprechend haben sich in der Fachdidaktik inzwischen unterschiedliche Formen und Formate durchgesetzt, mit denen der Stand der Kompetenzentwicklung überprüft werden kann und die für eine am individuellen Lernfortschritt orientierte Kultur der Leistungsmessung hilfreich sein können:
- *Cahier* – ein kleines Heft, das Sch zu einer Unterrichtssequenz oder -einheit anlegen (z.B. ein eigenes Begleitheft zu einer Ganzschriftlektüre);
- *Portfolio* – eine Mappe zur Sammlung von Lernprodukten bzw. zur Dokumentation des Lernfortschritts der Sch über einen bestimmten Lernzeitraum;
- *Fragebogen* – Befragung der Sch zu einer Lektüre, einem Dilemma oder einer ähnlichen Problemstellung;
- *Wettbewerb* – projektbezogene Aufgabenlösung in spielerischer Konkurrenz zu andern Sch-gruppen (z.B. durch Teilnahme an Zeitungs- oder Stiftungswettbewerben);
- *Kreative Aufgaben* – problembezogene Aufgabenstellung mit stark handlungsbezogener Ausrichtung (z.B. das Drehen eines Films über die Arbeit der Sozialstation in der Nachbarschaft der Schule).

Aus diesem Repertoire wollen wir Ihnen im Folgenden verschiedene Materialien für die Kompetenzausrichtung anbieten:
1. Ein Raster, an dem Sie planen und reflektieren können, in welchen Unterrichtseinheiten Sie die verschiedenen Gegenstandsbereiche eingeführt bzw. weiterentwickelt haben.
2. Ein Quiz im Format eines Multiple-Choice-Tests, mit dem exemplarisch Wissen und Kompetenzen aus einem Themenkapitel aus *Treffpunkt RU 5/6* überprüft werden können.
3. Ein Projektvorschlag, der ein handlungsbezogenes Unterrichtsprojekt skizziert, in dem am Ende des zweijährigen Lernzeitraums alle behandelten Kompetenzen in selbsttätiger und integrierter Form noch einmal aufgegriffen werden können.

Alle drei Bausteine sind exemplarische Materialien. Sie sollen Ihnen einen ersten Eindruck geben, welche Instrumente für die Arbeit im kompetenzorientierten RU hilfreich sind. Weitere Anregungen zur Überprüfung von Kompetenzen im RU finden Sie in der folgenden Literatur:

Andreas Helmke, Unterrichtsqualität. Erfassen – Bewerten – Verbessern, Seelze 2003
Christoph Burkard, Gerhard Eikenbusch (Hg.), Praxishandbuch Evaluation in der Schule, Berlin 2000
Georg Gnandt, Wolfgang Michalke-Leicht (Hg.), Leistungsmessung im Religionsunterricht, Freiburg 2007
Rainer Lemaire, Die Portfolio-Methode im Unterricht. Eine Möglichkeit subjektorientierter Leistungsbewertung, Freiburg 2008
Reizwort Evaluation, Themenheft Katechetische Blätter 132 (2007) Heft 4
Wolfgang Endres, Anja Engel, Thomas Wiedenhorn (Hg.), Das Portfolio in der Unterrichtspraxis. Präsentations-, Lernweg- und Bewerbungsportfolio, Weinheim 2008

1. Gegenstandsbereiche des RU in *Treffpunkt RU 5/6*

Kapitel in *Treffpunkt RU 5/6*: Gegenstandsbereiche des RU:

Kapitel	Mensch und Welt	Die Frage nach Gott	Bibel und Tradition	Jesus Christus	Kirche	Religion und Weltanschauungen
1. Miteinander leben Ich und die anderen	x					
2. Das Leben feiern Feste – Feiern – Bräuche	x				x	
3. Geschichten zum Leben Die Bibel – ein Schatz von Glaubensgeschichten			x	x		x
4. Gott ist mit seinem Volk unterwegs Exodus	x	x	x			x
5. Menschen beten zu Gott Bitten, danken und loben mit allen Sinnen	x	x				
6. Aus einer Wurzel Juden und Christen			x		x	x
7. Ein neuer Mensch werden Paulus				x		x
8. Ein Traum von Gemeinschaft Christen leben in Gemeinden	x				x	
9. Der Islam Eine Weltreligion bei uns		x				x
10. Im Einklang mit Gottes Schöpfung leben Unsere Welt wahrnehmen und bewahren	x	x				
11. Liebt einander, wie ich euch geliebt habe Die befreiende Botschaft des Evangeliums			x	x		x
12. Jesus erzählt vom Reich Gottes Bildreden und Gleichnisse			x	x	x	

Unterricht planen und evaluieren

Mit dieser Vorlage können Sie Ihren RU evaluieren.

	Gegenstandsbereich:	Mensch und Welt	Die Frage nach Gott	Bibel und Tradition	Jesus Christus	Kirche	Religion und Weltanschauungen
1. Miteinander leben Ich und die anderen							
2. Das Leben feiern Feste – Feiern – Bräuche							
3. Geschichten zum Leben Die Bibel – ein Schatz von Glaubensgeschichten							
4. Gott ist mit seinem Volk unterwegs Exodus							
5. Menschen beten zu Gott Bitten, danken und loben mit allen Sinnen							
6. Aus einer Wurzel Juden und Christen							
7. Ein neuer Mensch werden Paulus							
8. Ein Traum von Gemeinschaft Christen leben in Gemeinden							
9. Der Islam Eine Weltreligion bei uns							
10. Im Einklang mit Gottes Schöpfung leben Unsere Welt wahrnehmen und bewahren							
11. Liebt einander, wie ich euch geliebt habe Die befreiende Botschaft des Evangeliums							
12. Jesus erzählt vom Reich Gottes Bildreden und Gleichnisse							

2. Multiple-Choice-Fragebogen zur Lernerfolgskontrolle

Kennst du den »Traum von Gemeinschaft«?

Zeige, was du in der Unterrichtseinheit »Christen leben in Gemeinden« (Kapitel 8) gelernt hast, und kreuze die jeweils richtigen Antworten an.

1. Welche vier Bereiche des Gemeindelebens stellen in der Gemeinde der ersten Christen wie auch in der Gemeinde heute die »Mitte der Gemeinde« dar? (4 Kreuze)
   - ○ Verkündigung
   - ○ St. Martins-Umzug
   - ○ Gottesdienst
   - ○ Jugendarbeit
   - ○ Gemeinschaft
   - ○ Dienst am Nächsten

2. In Psalm 139 heißt es: »... Von allen Seiten umgibst du mich und hältst deine Hand über mir ...« Das heißt auch, dass Menschen in der Kirche ... (2 Kreuze)
   - ○ schlafen dürfen.
   - ○ nicht verhaftet werden dürfen, auch wenn sie z.B. etwas geklaut haben.
   - ○ Fußball spielen dürfen.
   - ○ telefonieren dürfen.

3. Das Erkennungszeichen der frühen Christen war das Bild ... (1 Kreuz)
   - ○ von Jesus am Kreuz.
   - ○ des Fisches.
   - ○ eines Löwen.
   - ○ einer Kirche.

4. Welche Ämter gehören nicht in den Bereich der Gemeinde? (2 Kreuze)
   - ○ Messdiener/innen
   - ○ Lehrer/in
   - ○ Lektor/in
   - ○ Diakon
   - ○ Bürgermeister/in

5. Wann fand die Trennung der Kirche in katholisch und evangelisch statt? (1 Kreuz)
   - ○ vor ca. 1000 Jahren
   - ○ vor ca. 500 Jahren
   - ○ vor ca. 200 Jahren

6. »Katholisch« und »evangelisch« sind zwei unterschiedliche ... (1 Kreuz)
   - ○ Religionen.
   - ○ Konfessionen.
   - ○ Sekten.

7. Wie wird die Zeit, in der die evangelische Kirche entstand, genannt? (1 Kreuz)
- ○ Reformation
- ○ Evangelisation
- ○ Trennungszeit

8. Wie hieß der Mann, der in dieser Zeit zwar keine neue Kirche gründen wollte, jedoch den Anstoß dazu gab? (1 Kreuz)
- ○ Christoph Kolumbus
- ○ Paulus
- ○ Martin Luther
- ○ Jesus

9. In Deutschland gibt es ... (1 Kreuz)
- ○ fast gleich viele evangelische wie katholische Christen/innen.
- ○ viel mehr katholische als evangelische Christen/innen.
- ○ viel mehr evangelische als katholische Christen/innen.

10. In beiden Kirchen (evangelischer und katholischer) ... (2 Kreuze)
- ○ wird der Papst anerkannt.
- ○ dürfen Frauen Priesterin werden.
- ○ wird Gottesdienst gefeiert.
- ○ dürfen Priester heiraten.
- ○ gilt das Apostolische Glaubensbekenntnis.

11. Die Annäherung in religiösen Fragen zwischen zwei oder mehreren Kirchen (z.B. der katholischen und der evangelischen) nennt man ... (1 Kreuz)
- ○ Ökologie.
- ○ Ökumene.
- ○ Eucharistie.
- ○ Dynastie.

12. Im Apostolischen Glaubensbekenntnis bezeugt der/die Christ/in den Glauben an ... (3 Kreuze)
- ○ Gott Vater.
- ○ Jesus Christus, den Sohn.
- ○ den Papst.
- ○ den Heiligen Geist.

3. Eine andere Form der Kompetenzüberprüfung: Eine abschließende Unterrichtseinheit

»Wenn man auf der Bühne stand, war man in einer ganz anderen Welt«
Der Traum vom Sieg des Guten über das Böse

In der folgenden Unterrichtseinheit können die im Laufe des Lernzeitraums 5/6 erarbeiteten Kompetenzen an Auszügen aus dem Jugendbuch von Kathy Kacer »Die Kinder von Theresienstadt« und aus der Kinderoper »Brundibár« von Hans Krása angewendet werden.

Anzuwendende Kompetenzen	Mögliche Verbindungen	Thematische Aspekte	Angaben zu Material und Methoden
– religiöse Phänomene wahrnehmen – sich über religiöse Fragen und Überzeugungen verständigen – religiöse Zeugnisse verstehen	6.5. Aus der Leidensgeschichte der Juden	»Für Claras Familie und alle anderen Juden in Prag hatte sich das Leben dramatisch verändert, seit die deutsche Wehrmacht die Stadt am 15. März 1939 besetzt hatte ...« (S. 17) – **Jüdisches Leben in Prag 1943**	Kacer S. 13–21 in Auszügen
– aus religiöser Motivation handeln – religiöse Zeugnisse verstehen	1.5. Zwischen Angst und Vertrauen	»Das ist ein **Bescheid ... wir müssen von hier weg** ...« (S. 19) – Angst vor dem Ungewissen, Heimatlosigkeit »**Was können wir mitnehmen?**« (S. 21) – jeder nur ein Gepäckstück	*Was ich mitnehmen würde / was (mir) wichtig ist.*
– aus religiöser Motivation handeln – religiöse Zeugnisse verstehen	1.5. Zwischen Angst und Vertrauen	**Ankunft und Leben in Theresienstadt** – Was ist Theresienstadt? – Alltag in T. – Hunger – ... **Claras Ängste**	Kacer, S. 30–38 in Auszügen (evtl. arbeitsteilige GA) evtl. Kinderzeichnungen aus Theresienstadt *Information zu den Bildern schreiben (»Ausstellungskatalog«)*
		Kultur in Theresienstadt: Schule und Unterricht	Kacer, Kap. 6 in Auszügen
– religiöses Wissen darstellen – religiöse Zeugnisse verstehen – religiöse Sprache verstehen und verwenden	4.2. Erinnerung an den Exodus – Hoffnung für heute	»**Gib mir ein verzaubertes Instrument**« (S. 96) – die Aufführung der Zauberflöte in Theresienstadt – der Traum von »Erlösung« und Rettung	Kacer, Kap. 10 in Auszügen

			Anhörprobe für die Oper Brundibár – Was ist Brundibár? – Warum mitmachen? – Freudenfeld, Krasa …	S. 97, S. 100ff. in Auszügen *Plakat von der Aufführung; Sch werben in einer Zeitung für die Aufführung*
– religiöses Wissen darstellen – religiöse Zeugnisse verstehen – religiöse Sprache verstehen und verwenden	3.1. Lebens-wichtige Geschichten		**Brundibár – die Erzählung** vom bösen Leierkastenmann	Text der Oper
– religiöse Zeugnisse verstehen – religiöse Sprache verstehen und verwenden	12.1. In Bildern und Gleichnissen reden		**Brundibár – Metapher für das Böse**	
– religiöse Phänomene wahrnehmen – aus religiöser Motivation handeln – religiöse Zeugnisse verstehen – religiöse Sprache verstehen und verwenden	5.4 Beten		»**… als habe Gott diesen Ort verlassen** und wolle gar nicht mehr hervorkommen. Doch in dieser Nacht bat Clara so eindringlich wie noch nie …« (S. 136) – Claras **Gebet** (Kontext: Krankheit der Mutter)	Kacer, S. 130–136 »Mama«
			Brundibár – die Oper	CD
			Wie es mit Clara und ihrer Familie weiterging – **das Ende von Theresienstadt**	
– religiöses Wissen darstellen – religiöse Zeugnisse verstehen – religiöse Sprache verstehen und verwenden	3.1. Lebens-wichtige Geschichten		»**Aber die Welt kann schön sein**« – Zeitzeugen erzählen, was Brundibár für sie bedeutet hat	SWR-Feature (Auszüge)
				Sch gestalten ein CD-Inlay zu »Brundibár«

Methodenkarten

Die Methodenkarten bieten eine Fülle von Möglichkeiten, an ein Thema/eine Aufgabe heranzugehen, Aufgaben zu erledigen, und Kompetenzen zu trainieren.
Symbole auf den Karten geben Hinweise, um welche Art von Methode es sich handelt:

 Schreiben   Kunst erschließen   Sich bewegen/den Körper einsetzen

 Den Computer nutzen   Planen und organisieren   Lesen und analysieren

Malen/basteln   Kommunizieren

Alle Methodenkarten sind gleich aufgebaut:

Wozu? Was kann ich mit dieser Methode erreichen/erlernen/einüben?
Wie lange? Ungefähre Zeitangabe, kann nach Bedarf verändert werden
Wie? Beschreibung des Ablaufs der Methode in Ich- bzw. Wir-Form formuliert
Oder so! Alternativer Vorschlag für die Arbeit mit der Methode
Womit? Benötigtes Material, welches bei der Methode benötigt wird

---

Eine Ausstellung gestalten

Wozu? Wir schauen uns Einzelarbeiten von unseren Mitschülern und Mitschülerinnen wie in einem Museum an.

Wie lange? 5 Minuten

Wie? Wir legen unsere Kunstwerke (Bilder, Kollagen, …) an unserem Platz gut sichtbar aus.
Bei leiser Musik gehen wir durch das Klassenzimmer und schauen uns, ohne zu sprechen, die Bilder unserer Mitschüler und Mitschülerinnen an.
Wenn wir alle gesehen haben, setzen wir uns leise auf unseren Platz zurück.

Womit? Musik-CD, CD-Player

Ein Bild erleben

Wozu? Ich betrachte ein Bild und baue eine Beziehung zum Dargestellten auf.

Wie lange? Je nachdem, welche Schritte ich wähle.
Ich kann selbst entscheiden, wie intensiv ich bei dem Bild verweile.

Wie?
- Was sehe ich alles? (Bildbeschreibung)
- Was fällt besonders auf?
- Was gefällt mir gut? Was gefällt mir nicht? (Wertung)
- Welche Gestalt spricht mich an?
  - Wenn diese Gestalt sprechen könnte, würde sie sagen: …
  - Das würde sie aus ihrem Leben erzählen: …
  - Wenn ich selbst diese Gestalt wäre, würde ich von mir erzählen: …
- Ich gebe dem Bild eine Überschrift.
- Ich schließe die Augen: Was sehe ich von dem Bild innerlich?
- Was würde ich auf dem Bild verändern, wenn ich Künstler/in wäre?
- Ich schreibe zu dem Bild eine Geschichte oder einen Zeitungsartikel (Transformation).
- Was will das Bild den heutigen Menschen sagen? (Aktualisierung).

Ein Bild erschließen

Wozu? Ich nehme ein Bild (eine Skulptur o.Ä.) als Ganzes und auch in allen Details wahr und kann es dann besser verstehen.

Wie lange? Ca. 20 Minuten

Wie?
1. Spontane Wahrnehmung: Ich gehe im Bild »spazieren« und verweile hier und da. Was sehe ich? Ich teile den anderen meine Beobachtungen mit, deute aber noch nichts hinein und werte die Äußerungen der anderen Schüler/innen nicht.
2. Analyse des Bildes: Ich sehe genauer hin. Was kann ich auf dem Bild alles entdecken?

- Gestalten: Haltung, Bewegung, Gestik, Stellung zueinander?
- Landschaft: statisch, bewegt? Stimmung?
- Verlauf von Linien: senkrecht, steigend, waagrecht, aufwärts, abwärts führend?
- Farben: Welche kommen vor, welche fehlen? Hell- und Dunkel-Kontraste?
- Bildanordnung: Zusammenhang der einzelnen Teile?
- Ich schließe die Augen und gehe in der Erinnerung noch einmal im Bild »spazieren«.

3. Analyse des Bildgehalts: Was hat das Bild zu bedeuten?
- Was hat die Künstlerin, der Künstler ausgesagt oder dargestellt?
- Was kann ich über den/die Künstler/in und die Entstehungszeit des Bildes in Erfahrung bringen?
- Welchen Zusammenhang zu (biblischen) Texten, zu Motiven und Erfahrungen gibt es?
- Ich gebe dem Bild eine Überschrift.

4. Identifikation mit dem Bild: Was löst das Bild in mir aus? (Gefühle und Assoziationen)
- Wo finde ich mich wieder in dem Bild?
- Wo wäre ich gerne, nicht gerne?
- Wenn die Gestalten sprechen könnten: Was würden sie sagen?

Ein Bild verändern/variieren

Wozu? Ich verändere ein bestehendes Bild nach meinen eigenen Ideen und gebe ihm eine persönliche Aussage.

Wie lange? Ca. 20–25 Minuten (bis zu zwei Schulstunden, je nach Vorlage und Material)

Wie?
1. Ich schaue mir das Bild genau an: Was gefällt mir an dem Bild gut, was möchte ich verändern?
   (→ **Methodenkarte** »Ein Bild erschließen«)
2. Ich überlege, in welche Richtung ich das Bild verändern möchte
   (was nach der Veränderung die Aussage des Bildes ist).
   Beispiel: Ich habe das Bild eines einsamen, weinenden Kindes. Die Aussage des Bildes ist: Einsamkeit, Traurigkeit. Ich möchte die Aussage verändern, sie soll später heißen: Geborgenheit in den Armen der Mutter. D.h. ich male eine Frau zu dem Kind, die das weinende Kind in den Armen hält. Damit habe ich die Aussage des Bildes verändert.
3. Ich nehme Stifte, buntes Papier, Ausschnitte aus Zeitungen/Zeitschriften und verändere das Bild.
4. Ich gebe dem Bild einen neuen Titel.
   Beispiel: vorher: Der Schreihals; *neu:* Wein doch nicht!

Oder so! ich schneide Teile des Bildes aus und übertrage sie auf ein leeres Blatt. Dann kann ich mit den Bildteilen weiterarbeiten.

Womit? Kopie des Originalbildes, Stifte, Schere, (buntes) Papier, Zeitungen/Zeitschriften, Wasserfarben, Wachsmalstifte

Ein Bodenbild legen

Wozu? Wenn wir einen Bibeltext selbst lesen oder anderen vorlesen oder jemand anderer uns vorliest, erreicht das Gehörte den Kopf und manchmal auch die Gefühle. Bodenbilder zu legen ist der Versuch, einen Bibeltext nicht nur zu hören, sondern selbst in den Bibeltext »einzusteigen« und verschiedene Situationen mitzuerleben und dabei auch innere Erfahrungen zu machen.

Wie lange? 1 Stunde

Wie? Ein Bodenbild wird immer von einer Gruppe zusammen gelegt. Im Hintergrund läuft leise meditative Musik.
1. Zur Einstimmung machen wir gemeinsam eine Atem- und Stille-Übung.
2. Dann gestalten wir mit Tüchern eine Mitte.
3. Während der Lehrer/die Lehrerin eine Geschichte aus der Bibel satzweise vorliest, gestalten wir zu dem Gehörten mit entsprechend farbigen Tüchern die verschiedenen Szenen.
4. Dabei nehmen wir die Körperhaltungen der im Text vorkommenden Personen ein und horchen in uns hinein, was diese Körperhaltungen ausdrücken und bewirken.
5. Wenn Gott oder Jesus im Text genannt werden, wird eine große brennende Kerze in die Mitte gestellt.
6. Nach dem Ende der Geschichte gestalten wir am Platz mit Tüchern, Legematerial und evtl. einem Teelicht, was wir bei dieser Übung erlebt und gefühlt haben.
7. Danach tauschen wir uns darüber aus, was uns beeindruckt hat und was uns die Geschichte aus der Bibel jetzt bedeutet.
8. Zum Abschluss sprechen wir gemeinsam ein passendes Gebet oder singen ein Lied.

Womit?
– Raum mit einem sauberen Fußboden, in dem wir im Stuhlkreis sitzen können
– Bibeltext (oder eine andere Geschichte)
– verschiedenfarbige Tücher
– Legematerial aus Holz, Steinen, Filz und aus der Natur (Muscheln, Schnecken, Blätter, Beeren etc.)
– große Kerze für die Mitte und Teelichter für jeden Schüler/jede Schülerin
– meditative Musik von einer CD oder Orffsche Musikinstrumente, um selbst Musik zu machen
– Gebet oder Lied zum Abschluss

Brainstorming

Wozu? Wir gehen ein Problem oder eine Fragestellung an, indem wir neue Ideen entwickeln.

Wie lange? Ca. 5-30 Minuten

Wie?
1. Wir formulieren das Problem/die Fragestellung in einem Satz und schreiben diesen auf ein Plakat oder an die Tafel.

2. Wir denken über das Problem/die Fragestellung nach und nennen, ohne lang nachzudenken, Stichwörter, Assoziationen, Dinge, die wir tun könnten etc., die uns spontan einfallen.
   Dabei dürfen wir völlig frei fantasieren, bereits Gesagtes kombinieren und weiterspinnen.
   Kommentare, Korrekturen oder Kritik sind jedoch nicht erlaubt.
   Alle Gedanken und Ideen werden von einer Person an der Tafel oder auf dem Plakat stichwortartig mitgeschrieben.

3. Nach der Sammel-Phase liest eine Person die Mitschrift vor. Gemeinsam bringen wir die Ideen in eine Ordnung, und überlegen, mit welchen wir weiterarbeiten wollen.

Womit? Plakat und Stift oder Tafel und Kreide

Clustern

Wozu? Ich halte meine spontanen Ideen und Gedanken zu einem Thema schriftlich in einem Netzwerk meiner Gedanken fest.

Wie lange? 5–10 Minuten

Wie? Ich schreibe in die Mitte des Blattes einen Schlüsselbegriff/das Thema.
Ich schreibe um den Schlüsselbegriff herum weitere Wörter auf, die mir zu dem Thema einfallen. Es können auch mehrere Schüler/innen ihre Gedanken zu einem Thema im selben Cluster festhalten.

Oder so! Die Gedanken müssen nicht geordnet sein, ich schreibe alles sofort auf, ohne lange darüber nachzudenken.

Beispiel:

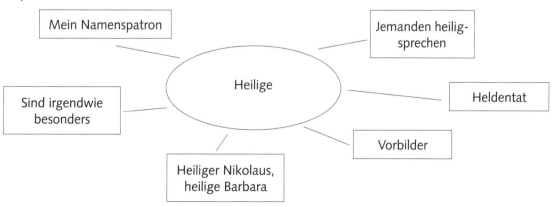

Womit? Stift und Papier oder Kreide und Tafel

Eine Collage gestalten

Wozu? Ich drücke eigene Vorstellungen, Meinungen und Aussagen zu einem Thema mithilfe von vorgefundenen Bildern aus.

Wie lange? 20–30 Minuten, 1–2 Schulstunden (je nach Variante)

Wie?
- Ich suche in Zeitungen/Zeitschriften nach Bildern/Texten, die zu meinem Thema passen.
- Ich schneide die Bilder/Texte aus, die meine Vorstellungen ausdrücken.
- Ich klebe sie auf ein Blatt Papier/Karton.
- Ich kann eigene Wörter oder Texte ergänzen.
- Ich gebe meiner Collage eine Überschrift.

Oder so!
- Wir bilden eine Gruppe und diskutieren Ideen zum Thema und zur Gestaltung der Collage.
- Wir einigen uns auf eine oder mehrer Aussagen für unsere Collage.
- Jede/r sammelt Bilder, Fotos, Texte etc. und bringt diese mit.
- Wir stellen auf einem Plakat unsere Collage mit den mitgebrachten Texten, Bildern etc. zusammen.
- Wir können auch eigene Texte und Zeichnungen ergänzen.
- Wir präsentieren unser Plakat in einer Ausstellung (→ **Methodenkarte** »Eine Ausstellung gestalten«).
- Wir hängen die Plakate für die Zeit des Unterrichtsthemas im Klassenraum auf.

Womit? Zeitungen, Zeitschriften, Schere, Klebstoff, Papier, Stifte, Plakate, weitere Materialien (Blätter, Steine, Holz, Stoffe etc.)

Ein Elfchen dichten

Wozu? Ich greife das Wesentliche eines Themas heraus und gestalte es mit elf Wörtern.

Wie lange? 10–20 Minuten

Wie? Ich schreibe ein Gedicht nach folgendem Bauplan:

1 – 2 – 3 – 4 – 1 Wort/Wörter pro Zeile

Beispiel:

Stern	(*Thema*)
Die Sterndeuter	(*Was, wer gehört dazu?*)
Sie folgen ihm	(*Was passiert?*)
Ich möchte auch mitgehen	(*Ich-Bezug*)
Hell	(*Zusammenfassender Abschluss*)

Womit? Stift und Papier

Ein Figurengebet schreiben

Wozu? Wir bauen ein Bitt- oder Lobpreisgebet auf.

Wie lange? 10–20 Minuten

Wie?
- Ein Figurengebet geht von einem Grundgebetssatz aus, der das Anliegen bzw. das Lob thematisiert.
- Dieser Satz wird zunächst mit jeder Zeile um ein Wort verkürzt. Dadurch verändert sich der Sinn des Ausgangssatzes. Er muss anders betont und gedacht werden.
- Wenn nur noch das Anfangswort übrig geblieben ist, wird das Gebet in Stufen wieder aufgebaut.

Beispiel:

> Gott, sei du mir nahe
> Gott, sei du mir
> Gott, sei du
> Gott, sei
> Gott
> Gott, sei
> Gott, sei du
> Gott, sei du mir
> Gott, sei du mir nahe

Oder so! Die entstehenden Teilsätze können als Weiterführung neu ergänzt werden, sodass andere Gebete entstehen.

Womit? Papier, Stifte, ggf. meditative Musik

Ein Gebet schreiben

Wozu? In Gebeten sprechen wir zu Gott und bringen unsere Gedanken (z.B. Freude, Befürchtungen, Sorgen ...) vor ihn.

Wie lange? Ca. 10 Minuten

Wie? Ich wähle ein Thema, das mir persönlich wichtig ist, und formuliere mein Gedanken.

Das Gebet könnte in drei Teile gegliedert sein:
1. Ich überlege wie ich Gott ansprechen möchte (»Mein Gott!« oder »Guter Gott, ...« oder »Guter Vater ...« etc.).
2. Ich schreibe meine Gedanken, die mich zum Thema beschäftigen, auf.
3. Ich formuliere zum Schluss einen Satz mit einer Bitte, einem Dank oder einem Lob (»Ich bitte ...« oder »Ich danke ...« oder »Ich lobe ...«).

Wie lang das Gebet wird, bleibt mir selbst überlassen.

Womit? Heft oder ein Blatt Papier, Stift

Eine Gegenstandsmeditation durchführen

Wozu? Wir kommen zur Ruhe und erleben einen Gegenstand mit unseren Sinnen.

Wie lange? 10–15 Minuten

Wie?
- Wir setzen uns in einen Stuhlkreis. In der Mitte steht eine Kerze.
- Wir nehmen den Gegenstand in die Hand.
- Wir schließen die Augen und werden ruhig, wir hören dazu leise (meditative) Musik. Wir kontrollieren unseren Atem und entspannen uns.
- Wir halten den Gegenstand in der Hand und konzentrieren uns auf diesen.
- Wir ertasten, wie der Gegenstand beschaffen ist: groß oder klein, kalt oder warm, rau oder glatt etc.
- Wir lassen unsere Gedanken zu diesem Gegenstand wandern und verweilen dort.
- Auf ein Zeichen öffnen wir wieder die Augen.
- Wir können das, was wir gespürt haben den Anderen erzählen, lassen die Aussagen aber unkommentiert.

Oder so!
- Der Gegenstand liegt in der Mitte.
- Wir werden ruhig, kontrollieren unseren Atem und hören leise (meditative) Musik.
- Wir lassen unseren Blick zu dem Gegenstand wandern und »ertasten« ihn mit den Augen.
- Wir schauen ihn uns genau an. Dann schließen wir die Augen und stellen uns den Gegenstand in Gedanken vor.
- Auf ein Zeichen öffnen wir wieder die Augen.
- Wir können das, was wir gespürt haben, den Anderen erzählen, lassen die Aussagen aber unkommentiert.

Einen Gottesdienst vorbereiten

Wozu? Zu besonderen Anlässen (Schuljahresanfang oder -ende, Weihnachten, Ostern etc.) oder zu einem bestimmten Thema (z.B. Eine Welt) feiern wir in der Klasse (oder mit anderen Klassen gemeinsam) einen Gottesdienst und erleben die Gemeinschaft miteinander und die Nähe zu Gott, wenn wir mit unseren Erwartungen, Wünschen, Befürchtungen, Sorgen etc. zusammenkommen.

Wie lange? Ca. 2 Stunden, je nachdem, in welchem Rahmen wir den Gottesdienst feiern wollen

Wie?
- Zunächst einigen wir uns, wen wir zu dem Gottesdienst einladen wollen und wie sein Thema lauten soll.
- Wir bilden Vorbereitungsgruppen:
  - für die musikalische Gestaltung: Diese Gruppe sucht Lieder aus (z.B. aus dem Schulbuch oder Liederbüchern etc., evtl. Musik von CD) und übt ggf. mit Instrumenten (z.B. Gitarre) Liedbegleitungen ein.
  - für die Fürbitten: Der folgende Satz ist ein Muster, mit dem Fürbitten verfasst werden können: »xy geht es so. Deshalb bitten wir, dass ...« Die Bitte endet mit dem Satz: »Gott Jesu Christi«, alle antworten: »Wir bitten dich, erhöre uns«!
  - für die Bibeltexte und Gebete: Die Gruppe wählt passende (Bibel-)Texte und Gebete aus und trägt sie während der Gottesdienstfeier vor. Gebete können auch gemeinsam gesprochen werden (z.B. Vaterunser).
  - für die Gestaltung des Raumes, in dem wir den Gottesdienst feiern: Wie stehen die Stühle? Brauchen wir einen Tisch, Kerzen, ein Kreuz? Wie sollen die Wände geschmückt sein?
  - für die Begrüßung und den Schluss des Gottesdienstes.

Womit? Liederbücher, Gebetbücher, Bastelmaterial, CD-Player, CDs, Instrumente etc.

Ein Haiku dichten

Wozu? Ich konzentriere mich auf das Wesentliche eines Themas und schreibe dazu ein Gedicht.

Wie lange? 10–20 Minuten

Wie? Ich schreibe ein Gedicht nach folgendem Bauplan:

5–7–5 Silben pro Zeile

Beispiel:

Der Stern leuchtet hell.	*1. Zeile: Gegenstand/Person und die Eigenschaft (5 Silben)*
Die Sterndeuter folgen ihm.	*2. Zeile: Was passiert? (7 Silben)*
Ich will dabei sein.	*3. Zeile: Ich-Bezug (5 Silben)*

Womit? Stift und Papier

Ein Interview führen

Wozu? Wir befragen andere, um mehr über ein bestimmtes Thema zu erfahren.

Wie lange? *Vorbereitung:* ca. 25 Minuten
Interview: ca. 30 Minuten (je nach Fragenanzahl)
Dokumentation: ca. 30 Minuten

Wie?
- *Vorbereitung:* Wir bilden Gruppen und überlegen uns Fragen, die wir unserem späteren Interviewpartner stellen wollen. Wir schreiben diese Fragen auf. Im Anschluss tragen wir alle Fragen zusammen und entscheiden uns gemeinsam für etwa 10 bis 15 Fragen.
Wir stellen möglichst offene Fragen, die nicht einfach mit »ja« oder »nein« beantwortet werden können.
Wir verwenden Fragewörter: wer?, wo?, was?, wann?, wie?, warum?, woher?, wozu?
- *Interview:* Vor Beginn des Interviews erklären wir unserem Interviewpartner kurz, warum wir dieses Interview mit ihm/ihr führen. *Beispiel*: »Sehr geehrter Herr Pfarrer XY, wir beschäftigen uns gerade mit dem Thema »Sakramente« und haben dazu ein paar Fragen an Sie.«
Wir stellen unsere Fragen nacheinander und lassen genug Zeit für die Antworten.
Am Ende des Interviews bedanken wir uns, dass unser Interviewpartner sich die Zeit genommen hat, unsere Fragen zu beantworten. *Beispiel*: »Danke, dass Sie Zeit für unsere Fragen hatten.«
- *Dokumentation:* Um mit dem neuen Wissen weiterarbeiten zu können, müssen wir das Interview dokumentieren. Dafür gibt es verschiedene Möglichkeiten:
  – Eine/einer schreibt die Antworten während des Interviews mit (Stichwörter).
  – Wir verwenden ein Aufnahmegerät (mp3/Diktiergerät) und schreiben die Antworten nach dem Interview von der Aufnahme ab.
  – Wir nehmen das Interview mit einer Video-/Digitalkamera auf und schreiben die Antworten nach dem Interview von der Aufnahme ab.

Womit? Papier, Stift, Fragen, evtl. Aufnahmegerät

Eine Klassenkonferenz abhalten

Wozu? Wir diskutieren ein Thema und halten dabei die Diskussionskultur ein.

Wie lange? Ca. 20 Minuten bis 1 Stunde

Wie?
1. Wir wählen ein Thema, das alle in der Klasse angeht und interessiert, und bilden zwei Gruppen, die gegensätzliche Positionen zum Thema beziehen.
2. Wir bestimmen eine Diskussionsleiterin oder einen Diskussionsleiter, die oder der
   - das »Streitthema« nennt und neutral durch die Diskussion führt,
   - zwischendrin den Stand der Diskussion zusammenfasst (Notizen machen!),
   - versucht, zwischen den Parteien zu vermitteln,
   - eine Redner/innenliste führt und Wortmeldungen aufruft,
   - für Ruhe sorgt und die Diskussionspartner zu fairem Verhalten ermahnt.
3. Beide Gruppen bereiten Stellungnahmen vor und tragen ihre Argumente vor. Sie versuchen, die andere Partei zu überzeugen, beachten, dass sie fair und sachlich bleiben und nur durch ihre Worte überzeugen.
4. Wenn nötig, ziehen sich die Gruppen während der Diskussion kurz zur Beratung zurück.
5. Beide Gruppen versuchen durch Austausch von Argumenten und »Diplomatie«, zu einem Ergebnis zu kommen, mit dem alle zufrieden sein können.
6. In einer kurzen Auswertung (z.B. Blitzlicht) können alle »Konferenzteilnehmer/innen« mitteilen, wie sie z.B. die Diskussion empfunden haben, wie sie sich danach fühlen etc.

Oder so!
- Die Aufgabe der Diskussionsleitung kann auch von zwei Schülern oder Schülerinnen wahrgenommen werden, die sich absprechen und die Aufgaben teilen.
- Um sicherzustellen, dass Jungen und Mädchen gleichviel Anteil an der Diskussion erhalten, kann beim Aufrufen der Wortbeiträge das sogenannte »Reißverschlussverfahren« angewendet werden: Es werden immer abwechselnd ein Junge und ein Mädchen aufgerufen, solange Jungen und Mädchen auf der Redner/innenliste stehen.

Womit? Plakat/Flipchart für Notizen, Stifte

Ein Leporello anfertigen

Wozu? Wir vertiefen und veranschaulichen eine längere Erzählung/eine thematische Einheit.

Wie lange? 1–2 Stunden

Wie?
- Eine längere Erzählung oder eine thematische Einheit wird als Bilder-/Textfolge als zick-zack-artiges Faltbuch gestaltet.
- Aus der Erzählung wählen wir Szenen aus/aus der Einheit wählen wir wichtige Inhalte aus und ordnen sie Gruppen zu.
- Wir legen die Gestaltungsform fest: Größe der Bilder, Maltechnik, Material, Textfeld, Schiftart/-größe.
- Jede Gruppe malt die vereinbarten einzelnen Bilder/schreibt die entsprechende Information, wie besprochen, auf (Texte können wir am Computer gestalten und ausdrucken).
- Wir kleben ein Bild mit der rechten Kante an die linke Kante des nächsten Bildes usw. zu einem Leporello zusammen.
- Zum Schluss gestalten wir einen passenden Umschlag und ein Band.

Oder so! Ein Riesenleporello entsteht als Gemeinschaftsarbeit für den Klassenraum.

Womit? Pappe oder Malpapier, Farbstifte, Klebestreifen, Band

Ein Memory entwerfen und spielen

Wozu? Ich fasse Inhalte des Unterrichts in passenden Paaren (z.B. Begriff – Definition; Abbildung – Bezeichnung) knapp zusammen und präge sie mir beim Memory-Spiel ein.

Wie lange? Zum Erstellen des Memory ca. 45 Minuten, zum Spielen (je nach Anzahl der Paare) 10–20 Minuten.

Wie?
- Ich überlege mir zunächst passende Paare und notiere sie mir in Stichworten. Für Begriffserklärungen suche ich möglichst genaue, kurze Formulierungen.
- Ich schneide ausreichend Kärtchen für die Paare meines Memorys aus einem Blatt Papier aus (ca. 5x5cm).
- Ich gestalte die Paare des Memorys, indem ich Begriff und dazugehörige Definition, eine eigene Zeichnung und die richtige Bezeichnung für das Dargestellte o.ä. auf jeweils eine Seite von zwei Karten aufbringe. Die Rückseite bleibt frei oder wird einheitlich farbig gestaltet.
- Vor dem Spielen laminiere ich die einzelnen Memorykarten.
- Ich suche mir ein oder mehrere Mitspieler und spiele mit ihm/ihnen mein Memory nach den bekannten Regeln. Gewinner ist, wer am Ende die meisten Pärchen hat.

Oder so!
- Wir gestalten und spielen ein Memory in Gruppenarbeit.
- Jeder gestaltet 3–5 Pärchen zu einem Thema und legt diese mit den Pärchen seiner Mitspieler zu einem Memory zusammen.
- Für Profis: Memory mit drei Karten! Es werden jeweils drei zueinander passende Karten (z.B. Abbildung – Bezeichnung – Erklärung) hergestellt. Beim Memory-Spielen werden jeweils drei Karten aufgedeckt und Trios gesammelt!

Womit? Papier, Schere, Stifte, wenn möglich Laminiergerät

Eine Mindmap erstellen

Wozu? Ich strukturiere meine Vorschläge und Ideen zu einem Thema.

Wie lange? 5–10 Minuten

Wie?
- Ich schreibe meine Ideen auf kleine Kärtchen.
- Ich ordne sie zunächst in einem Cluster (→ **Methodenkarte**) rund um meinen Schlüsselbegriff an.
- Ich überlege mir Schlüsselwörter oder Hauptthemen.
- Ich schreibe diese Themen in einem Wort auf einen Hauptast.
  Hauptäste sind Äste, die mit dem Begriff in der Mitte verbunden sind.
- Ich zeichne von den Hauptästen aus dünnere Linien (Nebenäste). Zu den Nebenästen schreibe ich die Wörter an, die zum Begriff auf dem Hauptast passen.

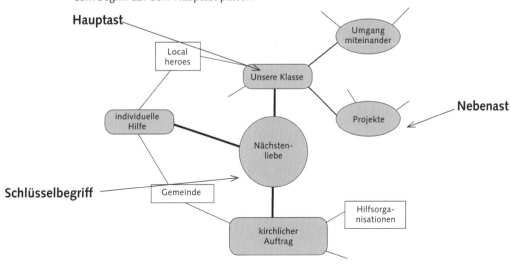

Womit? Kleine Papierkärtchen, Stifte oder eine Software zur Erstellung von Mindmaps

Ein Plakat gestalten

Wozu? Wir fassen Ergebnisse unserer Arbeit oder Recherche übersichtlich und ansprechend auf einem Plakat zusammen. Der Betrachter/die Betrachterin soll in kurzer Zeit alles Wesentliche erfassen können.

Wie lange? Ca. 1 Stunde

Wie?
1. Wir sammeln Material: Fotos, Zeitungsartikel, Broschüren, selbstverfasste Texte, Bilder, Gegenstände etc.
2. Wir bilden kleine Gruppen, sodass jede/r bei der Plakatgestaltung mitwirken kann. Jede Gruppe erhält einen oder mehrere große Bögen Papier, Stifte, Klebstoff.
3. Plakatgestaltung:
   – Wir wählen das wichtigste Ergebnis aus und formulieren eine ansprechende Überschrift für unser Plakat. Welche weitere Information ist wichtig? In welcher Reihenfolge wollen wir sie präsentieren?
   – Wir schreiben die Überschrift gut lesbar auf das Papier und kleben Texte und passende Fotos übersichtlich darunter. Brauchen die Fotos, Bilder etc. erläuternde Bildunterschriften?
   – Durch Rahmen oder unterschiedliche Farben geben wir dem Material eine Struktur, die den Leser/die Leserin durch das Plakat führt.
   – Wir achten darauf, dass wir nicht zu klein schreiben (ob mit der Hand oder dem Computer) und die Texte nicht zu lang sind.
4. Wir hängen unser Plakat gut zugänglich an der Wand oder an einer Stellwand auf, z.B. im Rahmen einer Ausstellung an einem Projekttag.

Womit? Stifte, Papier, Zeitschriften, Informationsmaterial etc.

- -

Eine Pro-und-Kontra-Diskussion führen

Wozu? Wir diskutieren über ein Thema, um neue Seiten des Themas zu entdecken und die Meinung der anderen kennenzulernen.

Wie lange? 20–30 Minuten

Wie?
- Wir schreiben das Thema gut sichtbar an die Tafel und teilen uns in zwei Gruppen auf.
- Wichtige Regeln für die Diskussion:
  Gruppe 1 steht dem Thema positiv gegenüber (»pro«), Gruppe 2 negativ (»kontra«).
  – Wir sammeln Argumente.
  – Wir wählen eine/n Diskussionsleiter/in (es bietet sich an, die Lehrkraft zu bitten, diese Rolle zu übernehmen).
  – Zunächst stellt die eine, dann die andere Gruppe ihre Argumente vor.
  Dann nehmen wir Stellung zu den Argumenten der anderen
- Gesprächsregeln:
- Wir lassen den anderen immer ausreden.
- Wir reden in normaler Lautstärke.
- Wir bleiben freundlich in unseren Aussagen/Antworten.
- Wir akzeptieren die Meinung der anderen, wenn diese gut begründet ist.

Eine Recherche durchführen

Wozu? Wenn ich Information benötige, z.B. für ein Referat/einen Vortrag/eine Präsentation, muss ich vorher auf die Suche gehen (recherchieren).

Wie lange? Je nach Thema/Aufwand verschieden.

Wie?
- Ich grenze mein Thema ein und überlege, welche Information wichtig ist und wie ich sie beschaffen kann.
- Ich kann in der Bibliothek recherchieren:
  - Ich benutze den Schlagwortkatalog und finde so Hinweise auf Literatur zu meinem Thema.
  - In den so gefunden Büchern/Zeitschriften finde ich Hinweise auf mein Spezialthema.
- Ich kann im Internet recherchieren:
  - Vorsicht: Im Internet kann jeder Information einstellen, auch solche, die nicht geprüft wurde.
  - Ich suche auf Seiten von Behörden, Universitäten und anerkannten Einrichtungen nach der für mich passenden Information.
- Ich schreibe alles Wichtige heraus (*exerpieren*).
- Ich schreibe zu jedem Text/Bild etc. auf, wo ich ihn/es gefunden habe: Autor, Titel, Verlag und Erscheinungsjahr; bei Zeitschriften: Autor, Titel des Artikels, in: Zeitschriftentitel, laufende Nummer und Erscheinungsjahr; bei Bildern: Fotograf/Künstler, Titel des Bildes, Erscheinungsjahr und Fundort (Angabe wie oben beschrieben für Texte/Artikel); bei Internetadressen: die vollständige Internetadresse mit Datum, wann ich sie gefunden habe.

Beispiel:

- *Buch:* Jacob Grimm, Wilhelm Grimm, Hänsel und Gretel, XX-Verlag, 1928
- *Zeitschrift:* Jacob Grimm, Wilhelm Grimm, Hänsel und Gretel, in: Die böse Hexe, Nr. 3, 1989
- *Bild:* Wilhelm Grimm, Jacob beim Schreiben, 1912, in: Jacob Grimm, Wilhelm Grimm, Hänsel und Gretel, XX-Verlag, 1928
- *Internet:* www.haensel-und-gretel.xx/xyz_123/html, 23.4.2009

 ....

Ein Referat halten

Wozu? Ich halte ein Referat über ein bestimmtes Thema, um meinen Mitschülern und Mitschülerinnen Information zu diesem Thema zu geben.

Wie lange? 10–15 Minuten

Wie?
1. Ich bereite mich auf das Referat gut vor: Ich sammle die nötige Information (→ **Methodenkarte** »Eine Recherche durchführen«); ich mache mir einen Stichwortzettel; ich übe das Referat zu Hause.
2. Am Anfang meines Referats sage ich meinen Mitschülern, über welches Thema ich sprechen werde und wie lange. Tipp: Ich schreibe die Gliederung meines Referats an die Tafel oder teile sie meiner Klasse auf einem Blatt aus.
3. Ich achte darauf, dass
   - ich langsam, laut und deutlich spreche;
   - ich bei meinem Thema bleibe;
   - meine Hilfsmittel (z.B. OHP, Plakat, Beamer, Wandkarte, Modelle …) gut lesbar/sichtbar sind und funktionieren;
   - ich die Zeit einhalte.
4. Am Ende meines Referats gebe ich meinen Mitschülern die Möglichkeit mir Fragen zum Thema zu stellen.
5. Ich bedanke mich fürs Zuhören.

Womit? je nach Art der Vorbereitung benötige ich: OHP, Folien, Beamer, Plakate, Zettel mit meiner Gliederung, Kreide (um die Gliederung an die Tafel zu schreiben) etc.

Ein Rollenspiel spielen

Wozu? Wir simulieren eine reale Lebenssituation und empfinden z.B. Erfahrungen, die andere gemacht haben, im Spiel nach. Wir versuchen, durch das Einnehmen einer Rolle, Verständnis für andere Menschen zu entwickeln oder unser eigenes Verhalten zu überdenken und neues auszuprobieren.

Wie lange? 10–20 Minuten

Wie?
1. Wir teilen uns in Gruppen auf. Jede Gruppe wählt eine Situation aus, die sie spielen möchte.
2. Wir beschreiben die einzelnen Rollen in Stichworten: ihren Charakter, ihre Situation und ihre Anliegen (auf DIN-A6-Karte). Evtl. legen wir auch fest, was die Rollenperson am Ende des Spiels erreicht haben soll.
3. Jede/r erhält eine Rollenkarte, liest sie gut durch und überlegt sich kurz, was die Person sagen und tun könnte.
4. Eine Gruppe spielt ihre Szene. Alle anderen sehen zu und machen sich evtl. Notizen.
5. Nach dem Spiel geben die Beobachter/innen den Darsteller/innen Rückmeldung, wie sie die Charaktere und den Spielverlauf empfunden haben. Die Darsteller/innen äußern sich zu ihren eigenen Beobachtungen und Gefühlen während des Spiels.

Oder so!
- Wir legen nur den Ausgangspunkt für jede Rollen-Figur fest. Die Entwicklung der Figur entscheidet jede Darstellerin/ jeder Darsteller während des Spiels spontan selbst.
- Die Charaktere und ihre Entwicklung können auch durch den Lehrer bzw. die Lehrerin vorgegeben werden.

Womit? ggf. DIN-A6-Karten, Stifte

Ein Rondellgedicht verfassen

Wozu? Ich reduziere (vereinfache) ein Thema auf das Wesentliche und gestalte es kreativ mit Worten.

Wie lange? 20–30 Minuten

Wie? Ich schreibe ein Gedicht nach folgendem Bauplan:
Überschrift/Thema
1. Zeile: ein Satz mit einer zentralen Aussage zum Thema
2. Zeile: ein Satz mit einem Höreindruck zum Thema
3. Zeile: ein Satz mit einem Seheindruck zum Thema
4. Zeile: ein Satz mit einer zentralen Aussage zum Thema
5. Zeile: ein Satz mit einem Gefühl zum Thema
6. Zeile: ein Satz mit einer Tat zum Thema
7. Zeile: ein Satz mit einer zentralen Aussage zum Thema
Die Zeilen 1–4–7 wiederholen sich

Beispiel:

> Weihnachten
> Alle Menschen wünschen sich Frieden.
> Weihnachtslieder klingen durch die Luft.
> Der Stern weist uns den Weg.
> Alle Menschen wünschen sich Frieden.
> Wir sind erwartungsvoll.
> Gemeinsam wandern wir zur Krippe.
> Alle Menschen wünschen sich Frieden.

Womit? Stift und Papier

Ein Schreibgespräch führen

Wozu? Wir stimmen uns auf ein Thema ein.

Wie lange? 20–30 Minuten

Wie?
- Wir legen auf einem Tisch eine Tapetenbahn aus. Hierauf schreiben wir Fragen, Aussagen oder andere Impulse zu einem Thema.
- Nun gehen alle Teilnehmerinnen und Teilnehmer mit Stiften um den Tisch herum.
- Jede/r darf seine/ihre Gedanken zum Impuls auf der Tapete notieren.
- Die anderen lesen das Geschriebene und kommentieren das bereits Geschriebene oder ergänzen es um ihre eigenen Gedanken.
- Wir nehmen uns Zeit, die Ergebnisse anzuschauen, Fragen zu stellen und Verständnisprobleme zu lösen.
- Während des Schreibgesprächs darf nicht geredet werden. Nach einer festgesetzten Zeit endet das Schreibgespräch.

Oder so!
- Wir sitzen im Kreis.
- Anstelle der Tapete nimmt jede/jeder ein DIN-A4-Blatt und notiert darauf eigene Gedanken zu einem Impuls.
- Anschließend wird das Blatt zur Kommentierung an die rechte Nachbarin/den rechten Nachbarn weitergegeben.

Womit? Stifte, Tapete oder Papier

Ein Standbild stellen

Wozu? Wenn wir einen (Bibel-)Text nur lesen, vorlesen oder hören, kann er seine Wirkung in unserem Inneren meist nicht genug entfalten. Wenn wir aber selbst eine Rolle aus dem (Bibel-)Text übernehmen, spüren, wie wir vom (Bibel-)Text und den darin handelnden Personen berührt und betroffen werden.

Wie lange? Ca. 45 Minuten

Wie?
- Standbilder werden immer in Gruppen gestellt.
- Wir bilden Gruppen, wählen einen (Bibel-)Text aus und lesen ihn gemeinsam.
- Wir besprechen, welche Szene aus der Geschichte wir darstellen wollen und wer welche Rolle darin übernehmen soll.
- Jede/r in der Gruppe überlegt sich, was er/sie in dieser Szene tun und welchen Satz er/sie sagen könnte. Wer möchte, schreibt sich den Satz auf.
- Gemeinsam proben wir das Standbild und stimmen unsere Körperhaltungen aufeinander ab. Danach legen wir fest, in welcher Reihenfolge wir unsere Sätze sprechen wollen.
- Nun stellt jede Gruppe reihum schweigend ihr Standbild. Die übrigen Schülerinnen und Schüler treten nacheinander jeweils hinter eine der Personen im Standbild, legen eine Hand auf deren Schulter und sprechen einen Satz, von dem sie meinen, dass er zu der dargestellten Haltung passen könnte.
Die Mitschülerinnen und Mitschüler raten, welche (biblische) Szene dargestellt ist und geben dem Standbild einen Titel.
- Danach sprechen die Personen des Standbildes ihre Sätze, bestätigen oder korrigieren den Titel und erzählen die von ihnen dargestellte Szene nach oder lesen den Text vor.
- Dann »schütteln« die Darsteller und Darstellerinnen ihre Rollen ab und treten wieder aus dem Bild heraus.
Wenn alle Gruppen ihre Standbilder vorgeführt haben, tauschen wir uns aus, wie wir unsere Rolle erlebt haben und ob wir die biblische Geschichte jetzt besser verstehen können.

Oder so!
- Wir wählen einen »Erbauer« für das Standbild aus.
- Der Erbauer bildet aus den Mitschülerinnen und Mitschülern ein Standbild und bringt zum Ausdruck, wie er die Situation sieht.
- Wir kommentieren das Standbild: ich stelle mich hinter eine Person und sage, was diese Person gerade denkt (in Ich-Form) oder die Person sagt selbst, was sie denkt/fühlt etc.
- Anschließend befragen wir den Erbauer: Ist er mit unserer Interpretation einverstanden?

Womit? Bibeln/Texte, unser Körper, evtl. Stift und Papier

Ein Stuhltheater aufführen

Wozu? Wir nehmen die Perspektive von Personen aus einem Bibeltext oder anderen Erzählungen ein und bringen zum Ausdruck, was sie gerade denken und fühlen könnte.

Wie lange? Ca. 25 Minuten

Wie?
1. Wir lesen den Text, den wir darstellen wollen, gemeinsam.
2. Wir überlegen, welche Szene wir darstellen wollen und welche Rollen zu besetzen sind.
3. Wir sitzen in einem halb geöffneten Stuhlkreis.
4. Auf der offenen Seite (der »Bühne«) stehen einige Stühle. Jeder Stuhl steht für eine Rolle aus der Geschichte – um die Stühle zuordnen zu können, beschriften wir sie mit Personenangaben, z.B. ein Stuhl für Jesus, einer für die Schriftgelehrten ...
5. Wer sich mit einer der Rollen identifizieren kann bzw. dies einmal ausprobieren möchte, setzt sich auf den entsprechenden Stuhl und beginnt mit der Formulierung: »Ich bin ...« Er/sie kann Näheres über seine/ihre Gefühle berichten, was er/sie gerade macht, was wohl passieren wird, was gerade geschehen ist ... Der Schüler/die Schülerin bringt zum Ausdruck, was er/sie in der Rolle denkt oder fühlt.
6. Wer einen schon besetzten Stuhl einnehmen will, stellt sich hinter diesen Stuhl, legt die Hand auf die Schulter des jeweiligen Spielers und wartet, bis dieser mit seinem Beitrag fertig ist und Platz macht.
7. Wenn das Stuhltheater durch die Lehrkraft beendet ist, schreiben wir mit ein paar Sätzen in unsere Hefte: »Ich habe heute über die Person/Rolle des ... nachgedacht und denke, dass ...«

Womit? Text, Stühle, Stifte und Papier

Einen Text erlesen

Wozu? Ich erfasse die wesentlichen Aussagen eines Textes.

Wie lange? 10-45 Minuten (je nach Textlänge)

Wie?
- Ich lesen den Text genau und kläre schwige Wörter mithilfe des Lexikons.
- Ich stelle Fragen an den Text: Wer? Wo? Was? Wann?
- Ich gliedere den Text in Abschnitte.
- Ich finde wichtige Stichwörter in den einzelnen Abschnitten und markiere sie farbig oder unterstreiche sie.
- Ich fasse den Text in eigenen Worten zusammen.

Beispiel:

> **Die Heilige Barbara**
> Im Lexikon nachschlagen: Fassung, Legende, Nikomedia, heidnisch, verführerisch, Opferbecken, Johannes der Täufer etc.
> *1. Abschnitt:*
> Nach anderen Fassungen der Legende wurde Barbara von ihrem heidnischen Vater, dem reichen Handelsmann von Nikomedia, in einen Turm geschlossen, weil er auf seine bildschöne und verführerisch junge Tochter eifersüchtig war und sie am Heiraten hindern wollte.
> *2. Abschnitt:*
> Während der Vater auf Reisen war, ließ Barbara sich taufen: vom Heiligen Geist erleuchtet, sei sie in ein heidnisches Opferbecken gestiegen und habe die Taufe durch Johannes den Täufer, der ihr erschien, erhalten.
> *Zusammenfassung in eigenen Worten:*
> Die Heilige Barbara lebte in einer Stadt in der heutigen Türkei, Nikomedia. Ihr Vater war ein Geschäftsmann und sperrte Barbara in einen Turm, weil er nicht wollte, dass sie einen Mann heiratete. Als der Vater auf Reisen war, ließ sich Barbara heimlich taufen, ...

Womit? Textvorlage, Stift und Papier, evtl. Computer

Ein Texttheater aufführen

Wozu? Wir bringen unser Verständnis und unsere Interpretation eines Textes zum Ausdruck, indem wir ihn unseren Mitschülern und Mitschülerinnen in Form eines kleinen Theaterstücks präsentieren.

Wie lange? Ca. 45 Minuten (je nach Textlänge)

Wie?
- Wir lesen in Gruppen den Text, den wir darstellen wollen.
- Wir markieren mit unterschiedlichen Farben alle Formulierungen, die wir wichtig finden, denen wir zustimmen – aber auch die, mit denen wir nichts anfangen können oder denen wir widersprechen wollen.
- Wir bauen die Stellen, die wir markiert haben, zu einem neuen Text um, den wir anschließend aufführen. Dabei betonen wir die herausgesuchten Textstellen so, dass deutlich wird, was wir davon halten: ob wir zustimmen, ob wir Fragen dazu haben, ob wir sie falsch oder lächerlich finden, …
- Bei der Vorführung sind einige *Regeln* zu beachten:
  - Die herausgesuchten Wörter, Satzteile … dürfen nicht verändert werden, können aber neu zusammengesetzt werden.
  - Wir können einzeln oder gemeinsam vortragen und können uns dazu an verschiedenen Plätzen im Klassenraum verteilen.
  - Wir können die Zitate mehrfach wiederholen.
  - Was wir ausdrücken wollen, können wir durch unsere Körperhaltung, durch Pantomime … unterstreichen.
- Nach der Vorführung jeder Gruppe überlegen wir, was sie ausdrücken wollte, was ihr wichtig war, und befragen sie anschließend, ob wir die Aufführung richtig gedeutet haben.

Womit? Text, Stifte und Papier

 ··

Einen Vortrag halten

Wozu? Ich teile meinen Mitschülern und Mitschülerinnen z.B. das Ergebnis einer Gruppenarbeit oder einer Rechercheaufgabe mit.

Wie lange? Ca. 5–10 Minuten

Wie?
1. Ich atme tief ein, halte die Luft etwa vier Sekunden an und atme dann langsam aus. Das beruhigt.
2. Ich suche mir einen festen Stand und nehme eine aufrechte Körperhaltung ein. Ich überlege, wie ich meine Hände halte.
3. Ich schaue meine Zuhörer und Zuhörerinnen ruhig an und lasse den Blick langsam schweifen. Das gibt mir Sicherheit. Schließlich bin ich der Experte/die Expertin.
4. Ich nenne das Thema und erläutere den Aufbau des Vortrages überblicksartig, so wissen die Zuhörenden, was sie erwartet.
5. Ich mache die Zuhörer und Zuhörerinnen mit einem interessanten Einstieg hellhörig und gewinne sie so für den Vortrag. Ich spreche sie z.B. direkt an.
6. Ich argumentiere frei und lebendig, damit niemand einschläft. Ich setze dafür Mimik und Gestik ein.
7. Ich verwende lebensnahe Beispiele und Anregungen, rhetorische Fragen, so fühlen sich die Zuhörenden angesprochen.
8. Ich variiere meine Stimme und Tonlage und unterstreiche so meine Ausführungen. Der Ton macht die Musik!
9. Ich gönne meinen Zuhörern und Zuhörerinnen auch Zeit zum Verschnaufen und zum Nachdenken. Ich mache deshalb kleine Pausen und wiederhole besonders wichtige Punkte, das macht die Rede eindringlich.
10. Ich finde einen guten Schluss, denn der letzte Eindruck bleibt auf jeden Fall haften. Das muss nicht unbedingt etwas Witziges sein.

Womit? Stift und Papier für Notizen, ggf. ein Glas Wasser gegen einen »Frosch im Hals«

Text- und Bildverzeichnis

1.2 Barbara Spohn, in: Rainer Oberthür, Kinder und die großen Fragen. Ein Praxisbuch für den Religionsunterricht, Kösel-Verlag, München 1995, 45 – **1.3** Reinhard Bürger u.a., Auswuchten. Stundengebete mit jungen Christen, Verlag BDKJ Information, Paderborn 1988, 93–100 – **1.5** Grafik unter Verwendung von Microsoft Office, Clipart elefnt9.wmf – **1.6; 1.7** Zbigniew Lengren, **1.8** unbek. Zeichner, alle in: Barbara Leicht (Hg.), Grundkurs Bibel. Altes Testament, Katholisches Bibelwerk, Stuttgart 2003, 2/L/14 – **1.9** Cor Hoekstra, Heerenveen © ursprgl. Benziger Verlag, Zürich/Köln 1974, aktueller Rechteinhaber nicht zu ermitteln – **1.10** Edvard Munch (1863–1944), Der Schrei (Ausschnitt), 1893, 83,5x66 cm, Öl, Tempera und Kreide auf Karton, The Munch Museum, Oslo © VG Bild-Kunst, Bonn 2010 – **1.11** Edvard Munch (1863–1944), Der Schrei, 1893, 83,5x66 cm, Öl, Tempera und Kreide auf Karton, The Munch Museum, Oslo © VG Bild-Kunst, Bonn 2010 – **1.12** Gute-Nachricht-Bibel, revidierte Fassung, durchsehen Ausgabe in neuer Rechtschreibung © 2000 Deutsche Bibelgesellschaft, Stuttgart – **2.2** Max Hunziker, in: Ders., Neun Lithographien zum Cherubinischen Wandersmann © Benziger Verlag, Zürich/Einsiedeln/Köln (Nachzeichnung) – **2.3** Christine Nöstlinger, Wir pfeifen auf den Gurkenkönig © Beltz & Gelberg in der Verlagsgruppe Beltz, Weinheim & Basel 2003 – **2.6** T: Jesaia 60,1/M: Kommunität Gnadenthal © Präsenz-Verlag, Gnadenthal – **3.1** Book of Armag, 9. Jahrhundert (f. 32v), Trinity College, Dublin (Nachzeichnung) – **3.2** Léon-Joseph Suenens, Täglich christlich leben © Otto Müller Verlag, 4. Auflage, Salzburg 1970 – **3.3** Dussio di Buoninsegna, gen. Maestà (1255–1308), Jesus beruft Simon und Andreas, 1311 – **3.4** Julia Sassenroth, München – **3.8** Hitda-Codex, Ms. 1640, fol 117r, Hessische Landes- und Hochschulbibliothek, Darmstadt – **4.1** Astrid Hille, Der Aufbruch, 1982, 29,7x42 cm, Öl auf Leinwand, Privatbesitz, in: 12 Bilder unserer Zeit zu Mose-Erfahrungen, Diaserie © Kösel-Verlag, München 1982 – **4.5** »Mirjam« aus dem Misereor Hungertuch »Hoffnung den Ausgegrenzten« von Sieger Köder © MVG Medienproduktion, Aachen 1995 – **5.1** Helmut Bourger, Der Lauscher, 1985, Innenhof der Stephanuskirche in Dießen, Foto: Atelier B. Gerz, Nomborn – **5.2** Klaus W. Vopel, Sabine Alex, Lehre mich nicht, lass mich lernen. Interaktionsspiele für Kinder und Jugendliche, Band 3, 4. Auflage, iskopress VerlagsGmbH, Salzhausen 2002, 64 ff. – **5.4** Alexander Eliasberg, Sagen der Chassidim. Rechteinhaber nicht zu ermitteln – **5.5** Der Glaukler von Hubertus Halbfas, in: Ders., Der Sprung in den Brunnen. Eine Gebetsschule © Patmos-Verlag der Schwabenverlag AG, Ostfildern/Düsseldorf 1981 – **7.1** Kösel-Archiv – **7.2** Marc Chagall, Rabbiner, nicht datiert (Nachzeichnung) – **S. 121** Karl Lehmann, Franz-Xaver Kaufmann, Heinrich Fries, Christlicher Glaube in moderner Gesellschaft [29] © Verlag Herder GmbH, 2. Auflage, Freiburg i.Br. 1988 – **8.2** Einheitsübersetzung der Heiligen Schrift © 1980 Katholisches Bibelanstalt, Stuttgart – **8.4** T: Mt 18,20/M: Kommunität Gnadenthal © Präsenz Verlag, Gnadenthal – Fotos: B. Zein-Schumacher, Arnsberg – T/M: Kurt Rommel © Strube Verlag, München-Berlin – **9.2** Günter Eitenmüller, Meine Feste – Deine Feste. Interkultureller Festtagskalender, in: entwurf 1/1997, 93 – **9.3** Das erste Haus, ... (Sure 3, 96–97), in: Der Islam – erschlossen und kommentiert von Peter Heine © Patmos-Verlag der Schwabenverlag AG, Ostfildern/Düsseldorf 2007, 157; 161 – Grafik: Quelle nicht zu ermitteln – **9.4** Aloys Butzkamm, Im Namen Allahs, des Allbarmherzigen. Eine kleine Einführung in den Islam, Abb. 55-62 © 2002 by Bonifatius Verlag, Paderborn – **9.5** Foto: dpa – picture alliance – Interview: Reinhard Baumgarten, Muslime und Christen im Gespräch (gekürzt), www.swr.de – Fotos: Boris Schmalenberger, Stuttgart – **10.3** Arnulf Zitelmann, Kleiner Weg. Abenteuer-Roman aus der Frühzeit © Beltz & Gelberg in der Verlagsgruppe Beltz, Weinheim & Basel 1988 – **11.1** Jesus speist mit Zöllnern und Sündern, Miniatur aus dem Perikopenbuch Heinrichs II., Reichenau, um 1012, München, Bayerische Staatsbibliothek clm 4452, f 200r (bearbeitet) – **11.3** Emil Nolde (1867–1956), Christus und die Kinder, 1910 (Nachzeichnung) – **11.4** Ivan Steiger sieht die Bibel, Verlag Katholisches Bibelwerk und Deutsche Bibelgesellschaft, Stuttgart (bearbeitet) – **11.6** Silke Rehberg, Barmherziger Vater, in: Meine Schulbibel. Ein Buch für Sieben- bis Zwölfjährige, Kösel-Verlag u.a., München u.a. 2003, 98 – **12.1** Märchen »Prinzessin Mäusehaut«, nach den Gebrüdern Grimm – **12.2; 12.3** Walter Habdank (1930–2001), Natan vor David, in: 24 Holzschnitte zur Bibel © Kösel-Verlag, München 1980 – **12.7** Kruzifix in der St. Ludgeri-Kirche, Münster

Alle Grafiken, sofern nicht anders benannt, von Maria Ackmann, Hagen.
Alle namentlich nicht gekennzeichneten Beiträge stammen von den Autorinnen und Autoren und sind als solche urheberrechtlich geschützt. Trotz intensiver Recherche konnten einzelne Rechtsinhaber nicht ermittelt werden. Für Hinweise sind wir dankbar.